浙江工商大学引进博士人才科研启动经费项目为本书的出版提供了部分资助

广告文化研究

CULTURAL STUDIES IN ADVERTISING

批判导论

A Critical Introduction

葛在波 著

厦门大学出版社 国家一级出版社
XIAMEN UNIVERSITY PRESS 全国百佳图书出版单位

图书在版编目(CIP)数据

广告文化研究:批判导论/葛在波著.—厦门:厦门大学出版社,2018.6(2025.8 重印)
ISBN 978-7-5615-6361-8

Ⅰ.①广…　Ⅱ.①葛…　Ⅲ.①广告文化-研究　Ⅳ.①F713.80

中国版本图书馆 CIP 数据核字(2016)第 311182 号

责任编辑　王鹭鹏
封面设计　李嘉彬
技术编辑　朱　楷

出版发行　厦门大学出版社
社　　址　厦门市软件园二期望海路 39 号
邮政编码　361008
总 编 办　0592-2182177　0592-2181406(传真)
营销中心　0592-2184458　0592-2181365
网　　址　http://www.xmupress.com
邮　　箱　xmup@xmupress.com
印　　刷　广东虎彩云印刷有限公司

开本　720 mm×1 000 mm　1/16
印张　17
插页　2
字数　305 千字
版次　2018 年 6 月第 1 版
印次　2025 年 8 月第 2 次印刷
定价　60.00 元

本书如有印装质量问题请直接寄承印厂调换

厦门大学出版社
微信二维码

厦门大学出版社
微博二维码

序一

　　广告既是一种经济现象,也是一种社会现象,更是一种文化现象,而在当代的经济文化化、文化经济化的现实语境下,广告的文化属性愈益显得重要。因此,对广告开展文化式的研究正在成为广告学研究的一个重要维度。葛在波博士的这部《广告文化研究:批判导论》正是在这样的背景下完成的。该著的杀青问世,可以说是将对广告的文化研究事业向前推进了一大步。

　　文化式地研究广告必然要涉及到运用怎样的理论与方法的问题。以往的对广告文化的研究多以"广告文化学"为题展开,这方面的著作可以说是比较多了。比如宋玉书与王纯菲的《广告文化学》(2004)、李建立的《现代广告文化学》(2007)、李忠诚的《广告文化学》(2008)、陈卓等人的《广告文化学教程》(2012)、鞠惠冰的《广告文化学》(2013),等等,这些著述的研究对象无一例外地指向了广告文化,围绕广告文化来剖析其对于当代人类社会的经济、政治、文化等多维度的作用与影响。毋庸置疑,这些研究对于人们了解广告文化在当代社会中的作用与影响都做出了不同程度的贡献。

　　而与前述著述不同,葛在波的这部著作,用作者本人的话说,是对广告开展的一项"文化研究"。这便点明了本研究所运用的主要的理论与方法来源——"文化研究"。

　　"文化研究"发端于1960年代的英国,伯明翰的"当代文化研究中心"(Centre for Contemporary Cultural Study,CCCS)是其理论策源地,其先驱人物包括威廉斯、霍加特、汤普森、霍尔等20世纪西方文坛的一些重量级人物。文化研究在其半个世纪多时间的发展演变历程中深受西方马克思主义批评思想的影响,其与葛兰西的"文化领导权"理论,与路易·阿尔都塞的"结构主义"意识形态分析理论,与法兰克福学派的社会与文化批判思想等都有着剪不断理还乱的勾连。正是由于受到马克思主义批评思想的全面渗透与影响,文化研究几乎是从一开始就隐含着一条忽显忽隐的对于"权力关系"问题的考察线索。这样的考察线索,及至 20 世纪 90 年代以后变得愈益显明起来,一些学者(如道格拉斯·凯尔纳)甚至开始呼吁将文化研究与马克思主义政治经济分析"接合"起来。这便为文化研究与传播政治经济学以及西方"新左翼"学者所倡导的文化、社会与传播一体化研究的融汇开辟了通途。

葛在波的这部《广告文化研究:批判导论》运用的正是融汇了法兰克福学派的社会与文化批判思想之精髓的文化研究理论与方法,对广告开展的一项综合性、立体式的研究。为了开展这样的研究,作者精心搭建了一个由"近观"到"中观"直至"远观"的立体框架,以对广告本体的符号阐释为开端,逐次过渡到"广告社会文化研究"、"广告政治经济学批判"、"广告历史文化研究";运用的研究方法也很丰富、全面,既有文献研究法,也有符号分析和社会分析以及政治经济分析,更有哲学思辨,真正体现了文化研究所提倡的"跨学科、超学科、反学科"式的研究旨趣,是一项对于广告的真正的综合性、多维度、全视野的考察。在广告理论的工具理性研究路径几乎一统天下的今天,相信类似这样的具有一定理论深度的批判研究对于加深人们对于广告的认识,匡扶广告理论研究的"价值偏向",丰富广告学的学理性,增强广告学学科的合法性都会大有助益。

本著系葛在波在其博士学位论文的基础上修改、完善而成。葛在波是我的硕士研究生,他于 2008—2011 年在厦门大学新闻学专业学习。研究生毕业后的次年,他考入中国传媒大学继续攻读广告学博士学位,并于 2015 年如期毕业。其博士学位论文《广告文化研究:批判导论》受到了多位学界专家的好评。对于他这些年来在学术上的成长与进步,我感到由衷的高兴,并相信他一定会在已有成绩的基础上,百尺竿头更进一步,不断有新的更加丰硕的成果问世!

是为序。

陈培爱
2018 年 2 月于厦门大学

序二

现代广告是一个西方舶来品。对现代广告开展研究无论是在西方还是在中国，一统天下的都是营销学的研究路径。这种研究路径视广告为一种重要的营销工具，研究的重心聚焦于如何实现广告效果的最大化；研究的主体担纲者基本上也都是广告从业者，其中又以广告大师为甚。20世纪20年代，随着广告课程进入美国的一些高等学府，一些商科和新闻学科的学者也加入了对广告的研究队伍，但他们的研究基本上也还是沿袭了营销学的研究套路。

不过，广告既是现代社会中的一种彰明较著的文化景观，就不能不引起人文与社会科学学者们的注意。而与营销学的研究路径不同，人文与社会科学学界对广告的研究视角要丰富得多，也宏观得多。约翰·辛克莱（John Sinclair）在《广告、传媒与全球化：一个变动不居的世界》（2012）一书中将西方人文与社会科学学界对广告的研究路径归纳为四种：马克思主义批评研究、"文化转向"研究、民族志研究、消费文化研究。其中，"文化转向"研究的核心指导思想仍然是马克思主义批评，只不过它将对广告的分析从马克思主义政治经济学的价值和经济分析转向了文化与上层建筑，即意识形态分析，体现的是文化马克思主义的批判取向。因此这种研究范式依旧从属于马克思主义批评的范畴。

在上述几种研究范式之外，对广告的研究还存在着一种全球化的研究视角。就人文与社会科学的研究旨趣而言，这种研究视角倾向于将广告传播系统置于全球化的背景下来考察其前世今生及其对全球文化多样性乃至第三世界国家主权的影响，它与文化帝国主义、媒介帝国主义、东方主义、殖民主义与后殖民主义、后现代主义等各种当代西方社会理论都有着密切的勾连。

如果说营销学框架内的广告研究是工具理性的话，那么总体来看,人文与社会科学领域的广告研究则是价值理性的。毫无疑问,葛在波博士的这部《广告文化研究:批判导论》属于后者,其研究架构则融汇了西方人文与社会科学领域对广告开展研究的多种路径与方法,其中就包括马克思主义批评研究、"文化转向"研究、消费文化研究以及全球化研究。可以想见,将如此之多的理论与方法融汇于一项研究之中需要扎实的理论功底和多学科的材料涉猎。令人欣喜的是,作者做到了这一点,其驾驭多种广告研究手段,自由穿插于各种研究路径之间的能力在这部著作中得到了检验。应该说,类似此著这样的全视野、多维度的对于广告的批判研究无论是在国内还是国外都是少见的。唯其如此,更显珍贵!

　　葛在波是我后期带的一名博士,本著系在其博士学位论文的基础上修改、完善而成。作为他的导师,对于此著的出版我感到由衷的高兴!读博三年中,"大葛"同学勤奋好学,善于思考,在各方面都取得了不错的成绩,给我留下了非常深刻的印象。我相信,对于作者而言,此著的出版只是个开端,更加丰硕的成果一定还在后头!

　　是为序。

刘立宾
2018 年 4 月 15 日于北京

自序

  举凡一门学科的建立,基本上都先有术后有学,广告学也不例外。现代意义上的广告学滥觞于 19 世纪末 20 世纪初。这也是资本主义现代性全面勃发的关键时期。作为学科的广告学能够在此时建立,与现代意义上的广告公司在此之前已经积累了相当丰富的"广告术"之间存在直接因果关系。现代意义上的广告公司于 19 世纪 60 年代在美国应运而生,经过近半个世纪的发展演变,至 20 世纪初已经完全确立了自身在广告行业中的核心地位。至 1917 年,由美国的一些广告公司倡导并得到广告主和广告传播媒介认可的现代广告代理制度正式确立并逐渐发展成熟,成为现代广告运行的机制性保障。

  广告业的快速发展引起学界和业界对广告研究的关注。在近半个世纪的行业实践中,广告公司通过代理制等运作手段积累起来的丰富的"广告术"也为广告学的建立打下坚实的基础。广告是一门实践性极强的学科,从一定意义上来讲,所谓的"广告学"其实指的就是"广告术";从事广告研究的主体也基本上是广告从业人员,包括克劳德·霍普金斯、大卫·奥格威、罗瑟·瑞夫斯等在内的广告大师们都曾在广告研究的领域留下自己的显赫印迹。这一现象在 20 世纪以来的广告研究领域里表现得非常明显,直至今日仍然没有大的变化。

  不过,广告既然是现代社会中一种彰明较著的社会和文化现象,就不能不引起学界人士的关注。文化学者如约翰逊博士和雷蒙·威廉斯,历史学家如阿诺德·J.汤因比,经济学家如阿尔弗雷德·马歇尔,社会学家如格奥尔格·西美尔,后来的法兰克福学派理论家们如赫伯特·马尔库塞、西奥多·阿多诺、马克斯·霍克海默、利奥·洛文塔尔,都从各自的学科视野出发对广告进行思考,他们的结论基本上都是批判性的。这不得不引起广告学者思考这样一个问题:广告如何研究? 换言之,我们该如何进一步推进广告学的基础理论研究?

笔者曾将广告学一个世纪多时间的研究成果笼统地归结为马克斯·韦伯意义上的两大派别——工具理性派别和价值理性派别。不难想见,由广告业界人士,特别是广告大师们发展出来的广告理论基本上都是工具理性的,以达成广告效果为旨归,其核心思想是西方经济学中的"经济人"(homo economicus);学界人士特别是社会和文化学界人士发展出的对广告的反思性认识却大体上是批判性的,学者们尤其诟病广告对消费者乃至大众的意识形态操纵,对社会中既存的不平等的权力关系的维护与强化,对消费主义的助长,对社会风尚的蚀化等社会和文化问题。两相对照,我们可以清楚地发现,20世纪以来的广告理论研究基本上是工具理性研究一统天下,价值理性研究处于边缘的地位。从根本看,这种发生在广告研究领域的价值偏离与"现代百年"以来启蒙现代性对审美现代性的全面压抑有关。而在现代向后现代、现代性向后现代性、现代主义向后现代主义过渡的当代语境下,广告学研究越来越呼唤价值理性的回归。因此,加强价值理性的研究已成为当代的广告学界拓宽广告学基础理论研究路径,加强自身学理化建设的必由之路。

从价值理性出发研究广告必然涉及运用怎样的理论与方法的问题。我以为,在这方面,不论是从哪方面来看,在批判性研究视野中,我们都绕不开当代两大批判学术流派——起源于英国伯明翰的"文化研究"派和起源于德国法兰克福的法兰克福学派。这两大派别自20世纪70年代文化研究全面转向"结构主义"研究范式,随后又实现"葛兰西转向",逐渐在马克思主义批评传统的思想轨迹上实现合流,使这两大流派成为当今社会和文化批判研究领域中的两个主要的"潮头"。显然,这两大流派的批判基因都来自马克思,正如英国文化研究理论家理查德·约翰森所言:"条条大路回归马克思,只不过对马克思的种种占用需要更加宽阔的路面而已。"

基于以上的分析,本书坚持从价值理性出发,在马克思主义批评的框架内,运用融汇法兰克福学派社会批判理论之精髓的文化研究理论与方法,对广告进行从本体诠释到社会分析再到政治经济学分析的综合性、立体式研究，以期全面揭示广告这一当代最重要的社会和文化文本背后潜隐的权力关系及其运行机制。本书之所以采用文化研究的总体框架来融汇法兰克福学派社会批判理论体系而非相反，是由广告的当代属性决定的。不可否认的是，广告既是经济现象，也是社会现象，更是文化现象。在当代的经济文化化、文化经济化的语境下，广告的文化属性上升到更为突出的地位，人们对文化问题的关注已经超过对经济和政治问题的关注，英国著名的马克思主义历史学家埃里克·霍布斯鲍姆敏锐地指出，就当代的社会结构和学术趣味而言，"它的主要批判方向不是经济，而是社会或者文化"；广告的负面作用也多与文化问题有关，或许这正是后现代社会区别于前现代社会和现代社会的根本特征。与前现代社会和一定意义上的现代社会中的"匮乏"不同，后现代社会是"丰裕"的社会，而在这样的社会中，人与人之间的社会关系更多地以文化的形式反映出来，尽管经济仍在远远的地方发挥着最终的裁决作用。这也正是本研究最终定名为"广告文化研究：批判导论"的根本原因。"广告文化研究"意指本研究是一项以广告为研究对象的文化式的研究；"批判导论"则意味着本研究坚持马克思主义批评的宏旨，坚持对广告这一当代社会中最重要的社会和文化现象开展反思性的考察，且这种考察只是初步性的，更多、更深入的考察有待学界同仁今后的共同努力。这种反思性的考察在本研究的第六章"广告历史文化研究"中将暂时走向终点。

　　贯穿本研究全文各处的核心思想可归结为：（1）广告是当代社会中的一种强大的（如果不是最强大的话）社会控制机制；（2）广告是对社会中既有不平等权力关系的一种维护和固化性力量而非相反；（3）广告加深了人的不自由而非相反，它在一定程度上为马克斯·韦伯意义上的理性化"铁笼"加上一根坚固的钢条。因此之故，本研究的主要目的就在于通过对广告传播中潜隐的不平等权力关系及其运行机制的揭示来为现代人提供针对广告的批判性的解读视角，提高人们的"广告素养"，培养和增强人们打破不平等的权力关系的"主体性"，以期为建设一个更加民主、平等、和谐的后现代社会乃至马克思主义意义上的"自由人的联合体"的共产主义社会输送正能量。这也是本研究的最大意义与价值之所在。

目　录

第一章 绪论

第一节 研究目的和意义

现代意义上的广告学滥觞于 19 世纪末、20 世纪初。这期间一些标志性的事件在广告学的发展史上留下深远的影响。1898 年,美国人路易斯提出 AIDA 广告法则。三年后,美国西北大学教授沃尔特·狄尔·斯科特在芝加哥的一次集会上提出要把广告发展成为一门科学,他于 1903 年和 1908 年先后出版了《广告理论》(*The Theory of Advertising*)和《广告心理学》(*The Psychology of Advertising*)二书。随后不久,希克斯出版《广告学大纲》和《广告心理学》两部著作,被认为是广告学的两块基石。1923 年,美国人克劳德·霍普金斯出版了著名的《科学的广告》(*Scientific Advertising*)一书,对广告科学化产生深远的影响。1926 年,全美营销学与广告学教员协会成立。《科学的广告》的出版和协会的成立标志着广告学作为一门独立学科的正式确立。①

从诞生至今,广告学已走过了一个世纪多的历程,其中,20 世纪无疑是广告学从诞生到勃兴的关键时期,也是广告学者着墨最多的一个时期。我们今天广为熟知的许多广告传播理论,如自 20 世纪初到 50 年代的"推销"理论——从"硬推销"到"软推销"再到"独特销售主张"(Unique Selling Proposition,USP);60 年代的"品牌形象"(Brand Image)理论;70—90 年代的品牌理论、定位(Positioning)理论、企业识别系统(CIS)理论和整合营销传播(Integrated Marketing Communication,IMC)理论,等等,都诞生于这一时期。然而,在对 20 世纪广告传播理论进行回顾性研究之后发现,它们"大多是操作

---

① 陈培爱.中外广告史新编[M].北京:高等教育出版社,2009:145.

性、技术性的浅层理论,是围绕广告如何促成销售的,是以达到经济目的为指向的。之所以如此,与 20 世纪人类片面追求经济发展和过分重视物质文明有直接关系"。①

事实上,张金海在此指出一个十分重要的问题,即 20 世纪以来的广告传播理论,就其主体而言,是与古典经济学所推崇的功能主义原则一脉相承的。古典经济学从"经济人"(homo economicus)概念出发,认为人的行动是理性的,以追求自身利益最大化为原则的,因此,实用、功能主义是资本主义经济体系、政治体系、文化体系中的核心要素。而这也深深体现在 20 世纪以来广告学的研究实践中。

在他那本在社会学发展史上影响深远的《新教伦理和资本主义精神》一书中,20 世纪最伟大的三大社会学大师之一的马克斯·韦伯曾经系统、深入地研究了新教伦理和资本主义的起源之间的关系。他最终将资本主义精神的起源与新教伦理(更具体地说就是加尔文宗的新教伦理)联系了起来。史蒂芬·卡尔伯格通过对韦伯社会学思想的研究认为,"17 世纪对加尔文教义的重新阐释最终导致信徒抱持一种'支配世界'(world mastery)的社会精神氛围,并使他们的全部身心导向工作和物质成就。于是,清教催生了'新教伦理'"②。新教伦理直接催生以理性、法律中的形式主义、社会管理中的科层化和官僚制化为特征的资本主义精神气质。"理性化"(rationalization,或称"合理化")在韦伯社会学中有十分重要的地位,在他看来,资本主义精神的核心价值体现为工具合理性(instrumental rationality)而非价值合理性(value rationality)。不难看出,工具合理性也正是 20 世纪以来广告传播理论研究领域占压倒性优势的一个取向,从 AIDA 法则到 DAGMA 效果评估模式,从"硬推销"到"软推销",从"4P"和"4C"到独特销售主张,从"品牌形象"到"定位"直至整合营销传播,等等,莫不如此。

尽管现代广告理论研究中工具性研究占据主导地位,我们依然可以听到诠释和批判者们的声音,尽管这种声音在工具理性研究学派的洪流对照下显得十分弱小。这些批判的声音大都采取了置身于广告本体之外的中观与宏观观照视角,以对广告和广告文化采取符号学的诠释性研究、社会分析及政治经济学分析,价值取向多为价值理性,将广告和广告文化置于社会宏观背景中来综合考察其对媒介文化、社会风尚、消费主义、意识形态、人与人以及人与物的关系等的影响,尤其是负面影响。

---

① 张金海.20 世纪广告传播理论研究[M].武汉:武汉大学出版社,2002:218.
② 韦伯.新教伦理与资本主义精神[M].斯蒂芬·卡尔伯格,英译.苏国勋,覃方明,赵立玮,秦明瑞,译.北京:社会科学文献出版社,2010:326.

　　将广告学与与其关系密切的传播学研究对照,就会发现,二者不仅在研究传统和研究方法方面十分相似,甚至发展历程上也大致相当。传播学孕育于 20 世纪前二十年,诞生于四五十年代,较广告学略晚。在传播学的发展过程中,一直存在着两种研究传统——行政研究(Administrative Research)和批判研究(Critical Research),它们两者之间的区别在文森特·莫斯可看来是传播学中的主要"断层线"(fault line)之一①。根据赵月枝的研究,在美国传播学的发展史上,有两大事件使得传播学研究领域两条路径的分野得以确立。一是传播学四大奠基人之一的保罗·拉扎斯菲尔德于 1941 年发表《关于行政和批判传播学研究》一文。在该文中,拉扎斯菲尔德首次指出行政研究与批判研究之间的区别。他认为行政研究是"服务于某种带有公共或私人性质的行政机构"②,显然,拉扎斯菲尔德所谓的行政研究即是地道的工具理性研究。行政研究学者视媒体为有用的工具,这从他们的提问方式即可见一斑:"暴露于不同媒体的是哪些人? 他们具体偏爱什么? 不同的表现方式会产生什么样的效果?"③简言之,行政研究关注的核心是传播的效果以及如何提高传播效果的问题,它遵循的是功能主义的研究范式。

　　如果考虑到美国作为新兴国家只有短短 250 多年的发展史以及与此相应的美国人的心性结构,我们便不难理解美国传播学中的这种强烈的功能主义倾向。美国人对于技术、确定性有强烈的偏爱,他们选择的问题往往都是适合于技术调查的,追求实用和效用是他们的基本价值取向。对于技术上无法解释、"超自然"的东西,美国人不是置之不理,就是痛恨之至。对于这一点,法国社会学家托克维尔早在 100 多年前即已指明,他写道:

　　　　美国人的实践导致他们形成只依靠本身就确立判断标准的心理。由于他们认为他们无需帮助就可以成功解决现实生活中所遇到的所有困难,所以他们就轻易地下结论说,世界上的每一件事情都是可以解释的,并且没有什么事情能超出人类理解力的范围。因此,他们不愿意承认有什么是他们不能理解的,也很少相信什么反常情况,而对超自然的东西几乎到了深恶痛绝的地步。他们因为习惯于信赖自己的证据,所以喜欢对研究对象进行彻底地辨析;他们要尽其可能地剥去掩盖着事物的层层外皮,去除自己与事物之间的一切阻碍,排除任何遮蔽视线的东

　　① MOSCO V. The Political Economy of Communication: Rethinking and Renewal [M]. London: Sage, 1996: 247.

　　② LAZARSFELD P. Remarks on Administrative and Critical Communications Research[J]. Studies in Philosophy and Social Science, 1941, 9: 8.

　　③ 赵月枝. 传播与社会: 政治经济与文化分析[M]. 北京: 中国传媒大学出版社, 2011: 5.

西,以便在充分的光照下更密切地观察它。这种思维性格导致他们很快就宣布形式是隔在他们与真理之间的毫无用处的、极不方便的面纱。①

与此相对应,起源于德国法兰克福学派的社会研究更加强调诠释性"理解"(Verstehen)的重要性,他们强调应把传播放到整个社会和历史背景下予以全景式的考察,研究的焦点也多集中于传播背后的权力关系及其运行机制。这便不可避免地引向社会批判的方法论,为传播学开辟了一条批判的研究路径,形成当代传播学研究的"硬学与软学相结合""科学实证与人文反思相结合""工具理性和社会批判相结合"②的总体发展态势。正如赵月枝指出的那样,行政性研究解决的是一般意义上的具体问题,其局限性在于无法说明历史;"相比之下,批判研究聚焦于媒体在社会体系中的普遍性角色,关注人类的尊严和价值观所面临的威胁"③。

笔者以为,传播学中的行政研究和批判研究两大传统很好地体现在广告学的研究中。笔者发表过《广告工具理性批判——从传播研究范式看广告理论研究》一文,对照研究了传播学的上述两大研究传统在广告理论研究中的反映,并据此将广告学自20世纪以来的研究成果划分为两个阵营——工具理性研究阵营和价值理性研究阵营。④ 本书将承袭该文对广告传播理论研究中的这一区分,并认为:20世纪以来的广告学研究多抱持功能主义的研究取向,所得出的研究成果也多为工具理性的。这一判断在张金海(2002)对20世纪广告传播理论的梳理和研究中也得到印证。在现代化向后现代化、现代性向后现代性、现代主义向后现代主义过渡的当下,越来越要求我们结合价值和道德哲学的准则来将广告置于整个社会背景下来综合考察其传播过程的各个环节中可能存在的权力不平等及因此产生的对人性的戕害。这便要求我们必须超越广告的工具理性研究而转向价值理性研究,而这恰恰正是广告传播理论研究中较为薄弱的环节。

本书将坚持以价值理性为统领,以诠释、社会分析和政治经济学批判研究的方法论为指导,拟对广告这一社会和文化文本展开跨学科式的研究,以期全面揭露其背后的权力关系及其运行机制。希望为加强广告学的学理建设和理论发展做出些微薄的贡献。

---

① 洛文塔尔.文学、通俗文化和社会[M].甘锋,译.北京:中国人民大学出版社,2012:18-19.

② 陈卫星.传播的观念[M].北京:人民出版社,2004:3.

③ 赵月枝.传播与社会:政治经济与文化分析[M].北京:中国传媒大学出版社,2011:5.

④ 葛在波.广告工具理性批判:从传播研究范式看广告理论研究[J].现代广告:学术刊,2014(7):4-12.

（第二节）研究思路

　　20 世纪以来的广告理论研究中有两块最重要的基石——传播学和营销学，它们一直是广告传播理论研究中主要的理论和方法来源。另外，在现代广告理论研究的发展过程中，心理学的贡献也功不可没。事实上，心理学从一开始即与广告学研究有密不可分的联系，心理学中的研究成果——动机研究和行为主义研究，一直是广告学研究中的重要的理论支撑。因此，我们不妨将心理学视作现代广告学的第三块"基石"。

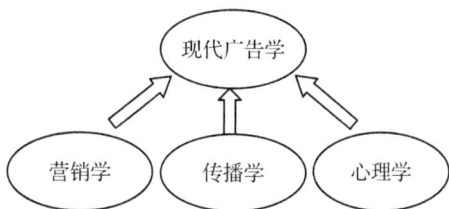

图 1.1　现代广告学的三块基石

　　然而，正如前文言及的那样，20 世纪以来的现代广告理论研究基本上遵循功能主义、实用主义的研究传统，所得到的研究成果或理论也基本上是技术操作型的，是工具理性的。造成这一结果的原因当然与选择什么样的理论方法，选用什么样的研究工具有直接的因果关系。以传播学、营销学、心理学为基石的现代广告研究难免会指向对广告传播效果和营销目的的聚焦，这几乎是从一开始就确定了的。诚然，传播学中还能听见批判学派的声音，但考虑到现代广告和现代广告学产生于美国这么一个技术理性和工具理性占统治性地位的国家，考虑到广告本身的"应用传播"之性质，这种批判的传播学对广告研究的影响微小到可以忽略不计。这就是广告学研究领域的基本现状。

　　当然，虽然显得有点"不入流"甚至"不合时宜"，但在现代广告的研究长河中，诠释和批判的声音一直存在。这一点在本章第四节"研究现状"中将进一步论述。但这些诠释和批判的声音往往不成系统，散见于各领域学者的支言片语中，学者们或是在自己擅长的研究领域在某一个关联点上陈说广告的"不是"，或是从单一视角对广告开展诠释性或批判性的思考，系统、深入、广角度、综合性的诠释和批判研究成果极为少见。这恐怕也是广告学科长期被人诟病为"无学"的重要原因。

　　20世纪末以降,一些学者逐渐意识到广告学科领域的这一令人尴尬的"学理性匮乏"现状,开始在各种场合表达了对这一研究现状的忧虑。他们试图将社会学和文化学的研究视角引入广告研究领域以摆脱这一困境。例如,陈宏军和江若杰就曾指出:"综观学术界对广告学的研究动态,基本上是从两个方面进行的。一方面是从广告学所涉及的学科内容去研究广告活动的内在规律,另一方面则从是广告与市场的关系中去研究广告的外在因素。迄今为止,二者都未把广告放在整个社会这个大系统中去加以考察、分析和研究,以便从全新的角度(人、社会、广告)去进行系统的研究。"①欧阳康也阐述了将社会学视角引入广告学研究的必要性和重要意义,他指出:"社会学总是将它的研究对象,作为一个整体来分析,它认为任何脱离整体的个体都是不存在的……社会学研究的整体性原理,对广告活动的研究具有指导意义……只有运用社会学的整体原理,从社会这个整体出发去研究广告活动,才能找到广告活动的许多内在特征。"②2002年,张金海在《20世纪广告传播理论研究》一书中通过对20世纪以来广告传播理论研究领域的现状梳理和总结,敏锐地发现了广告研究领域的工具理性传统。2006年,刘泓的《广告社会学》一书出版,算是将社会学研究视角纳入广告研究领域的阶段性成果。2007年,张殿元在《广告视觉文化批判》一书中对广告的功能主义价值观、对消费主义的助长及对人性的戕害展开系统性的批判。

　　就对广告研究方法论的探索而言,尤其值得提及的是美籍华裔学者王瑾的尝试。2008年,王瑾所著《品牌新中国:广告、媒介与商业文化》(*Brand New China：Advertising，Media，and Commercial Culture*;以下简称《品牌》)(中译本③ 2012)一书由美国哈佛大学出版社出版。尽管该书不能算作对广告的批判性研究之作,但它对中国的广告与商业文化的有力洞察还是令人印象深刻。值得注意的是,作者在该书的写作过程中试图超越传统的传者与受者、生产者与消费者、全球化与本土化、政府与市场等诸如此类的二元对立,通过为各方都赋予"说话"的权利来弥合"浪漫化受众/消费者"和"理论化媒体机构的总体控制"之间的裂缝④。为了做到这一点,王瑾提出"以生产为中心"(production-centered)的广告研究方法论,即深入广告公司的业务实践

---

　　① 陈宏军,江若杰.关于广告的社会学思考[J].贵州商业高等专科学校学报,1994(3):24-27.

　　② 欧阳康.现代广告:表达与创意[M].北京:中国社会出版社,1996:38,39.

　　③ "Brand New China"一书的中译名疑有误。无论是从英文的表达习惯,还是从该书的语境与实际内容来看,将该书书名译为《崭新中国》更显妥当。

　　④ 王瑾.品牌新中国:广告、媒介与商业文化[M].何朝阳,韦琳,译.北京:北京大学出版社,2012:90.

过程中去实地了解广告作品的制作过程。为此,王瑾于 2002 和 2004 年两个长夏在北京奥美工作,亲身体验"广告人"的工作节奏与酸甜苦辣。

王瑾认为,"以生产为中心"的广告研究方法论"并不只表达生产者的观点,它还让我们更容易地进入消费者的世界和了解他们的想法",而当与文化分析结合时,这种方法的优点也是明显的。首先,"它将三个领域(媒体、广告、企业)综合地纳入同等重要的文化范畴,从而纠正了商科对广告研究中存在的短视";其次,"这种方法也超越了将广告仅仅作为对'欲望话语'概略的心理分析——人文学科探讨广告的理论模式"①。

必须承认,这种试图"接合"学界与业界,穿插于人文反思与行业描述之间的研究方法对于拓宽广告研究的视野和路径很有帮助,也对加强广告学的学理性建设有所助益。不过,这样的所谓"民族志转向"式研究固然有助于我们更加客观、全面地认识广告行业,但由于与行业的过于接近也不可避免地会为研究结论的不偏不倚性造成潜在的威胁。事实上,《品牌》一书在一定程度上表现出了"生产中心主义"和"文化民粹主义"的倾向,尽管这是该书作者极力避免的。此外,《品牌》一书所理解的文化研究也与正统意义上的文化研究概念之间存在差异。正统意义上的文化研究系指 1950 年代发端于英国的一场知识—思想探索运动,这场运动后来逐渐扩展到欧陆和北美以及其他英语国家,并于 1980 年代末、90 年代初被引入中国。《品牌》一书作者理解的文化研究实质上指的是由法兰克福学派开创的"文化工业"批判,关于这一点,该书作者在《导论:建构中国广告》第 8 页的一条脚注中清楚说过:

> 文化研究中有一个传统观点,与我本书提出的观点,以及我用于研究品牌与广告的"以生产为中心"的方法相悖。法兰克福学派传统的文化研究者们惯于将(操纵)生产者与(受欺骗的)消费者对立。这样的二元论观点,必定认为生产者忽视消费者,绝不会为消费者着想。我提出的"以生产为中心"的方法,既不同于以意识形态为导向的方法,也不同于以文本为中心的方法。②

这样问题也就清楚了,《品牌》一书试图超越的其实是法兰克福学派开创的社会和文化批判的研究范式,而这与本研究采用的文化研究概念并不同一回事,尽管本研究的文化研究概念与法兰克福学派的社会与文化批判之间多有重叠,且后者的批判精髓也为我们这里的文化研究概念所吸取和包容。我

---

① WANG J. Brand New China: Advertising, Media, and Commercial Culture[M]. Cambridge, MA: Harvard University Press, 2008: xiii. 译文参照了中译本,有改动。

② 王瑾. 品牌新中国:广告、媒介与商业文化[M]. 何朝阳,韦琳,译. 北京:北京大学出版社,2012:8.

以为,任何试图弥合人文学科的批判性研究(价值理性研究)传统与商科所专注于的营销术研究(工具理性研究)之间的分歧与裂缝都会遇到重重困难,如果不是根本不可能的话,正如文化批判与文化民粹主义之间存在着难以逾越的鸿沟一样。方法可以尝试,但对方法的选取与运用要根据具体的研究宏旨来予以取舍。

总之,本研究将在这些前人的研究成果上将广告学诠释和批判的研究事业进一步推向前进。而要推进这一事业,选择的理论资源和方法论十分关键。我以为,无论是诠释研究还是批判研究,它们都绕不开现代西方社会和文化理论研究领域的两大传统——法兰克福学派的社会和文化批判研究和英国的文化研究。法兰克福学派的社会和文化批判继承了马克思主义的批判遗产,它强调历史的观照视角,注重挖掘社会和文化文本背后的权力关系及其运行机制,目的是通过这种挖掘和揭露来寻求对不平等的权力关系的改变。

起源于英国伯明翰的文化研究派也一直有一条对"权力关系"的考察线索①,特别是 20 世纪 70 年代以降,文化研究开始从"文化主义"的研究范式全面转向"结构主义"的研究范式②,这一转向后来又得到"葛兰西转向"(the turn to Gramsci)的强化,推动文化研究与马克思主义实现全面的"接合"。正如理查德·约翰生所指出的那样:"文化研究在英国语境中一直以其对'理论'的顾虑(concern)而为人所知,其与哲学的联系更是直至最近才显明起来。尽管如此,在认识论的问题与立场(如经验主义、现实主义及理想主义)与'文化理论'之关键问题(如经济主义、物质主义,或文化之特殊效果的问题)之间存在着紧密的亲属(cousinhood)关系。我还是那句老话:条条大路回归马克

---

① 人们通常认为,早期的英国文化研究,或者确切地说,20 世纪 70 年代以前的文化研究多秉持"文化主义"的研究范式。这种研究传统深受威廉斯有关文化是生活方式之总和的定义的影响,因而它对文化的研究多侧重于人们日常生活实践的描述而缺乏对权力线索的考察。但是,马克·吉布森对此却持不同意见,他首先确认 70 年代以后文化研究转向结构主义和葛兰西的文化领导权理论后呈现出的鲜明的对文化中权力问题的关注,但也认为就此认定早期的文化研究完全忽略对权力问题的考察,这有失公允。吉布森指出:"早期文化研究与后来的理论观点之间的差异,需要重新思考。说前者忽略了权力概念其实是一种误导。的确,在文化研究的早期,权力这个**字眼**相对来说是缺失的,但是这不等于说它对权力的种种**现象**没有进行论述。这些现象,包括暴力、剥削及其他社会弊端,都得到了明确认识,只不过是没有像后来一样将它们单归一类。"吉布森.文化与权力[M].王加为,译.北京:北京大学出版社,2012:63. 黑体为原文所加。

② 霍尔.文化研究:两种范式[M].孟登迎,译//陶东风,周宪.文化研究(集刊),2013(1):303-325.

思,只不过对马克思的种种占用需要更加宽阔的路面而已。"①

由此可见,无论是法兰克福学派,还是英国的文化研究派,它们最终都在马克思主义批评传统上汇流。事实上,文化研究与传播学的政治经济学研究路径一道"被认为是1970年代以来批判传播研究的两大主要面向"②。

回到本文的研究对象——现代广告③,作为大众文化文本,无论是在法兰克福学派那里还是在英国文化研究派那里,广告都受到特别的关注。前者将大众文化作为"文化工业"来解读并予以批判,后者在完成结构主义和"葛兰西转向"之后也将诠释和批判的矛头对准大众文化,特别是广告。因此,若想对广告开展诠释和批判性研究,综合运用此两大研究传统的理论与方法便是顺理成章的事情。不过,在这两大传统之间选择哪一方作为统领性的研究主题(或曰研究纲领),以融合另一方,却是一个令人棘手的问题。在仔细区分了两大传统的历史渊源与研究旨趣并结合当代社会语境的实际,笔者最终决定采用文化研究为全文统领性的研究方法论,并在这一研究的方法论中全面融汇法兰克福学派社会批判的研究方法与理论资源,以期对广告这一现时代人类社会中最重要的社会和文化现象进行全方位、立体式的考察。这样的决定首先是由广告在本质上的文化属性及在经济文化化、文化经济化的当代语境下文化研究的重要性所决定的。就大写的"文化"概念而言,人类创造的全部精神文明、物质文明和制度文明都属于文化的范畴,广告自然不能例外。另外,当代社会与马克思及法兰克福学派的批判理论家们生活的时代有显著的不同。马克思曾经系统地研究过生产、分配、交换与消费以及它们之间的关系。马克思生活的时代总体上还是一个匮乏的时代,因此,生产的支配性地位是毋庸置疑的,消费以及介于生产和消费之间的分配与交换从属于生产,产品的使用价值相对于交换价值而言仍然是决定性的。与此不同的是,

---

① JOHNSON R. What Is Cultural Studies Anyway[J]. Social Text,1986—1987,(16):38-80.罗钢和刘象愚主编的《文化研究读本》(2000)对约翰森这篇文章中的此段译文有误。"concern"在此不是"关注"的意思,而是"顾虑""忧虑""警惕"之意。英国人重实践,对"理论"向来不甚感冒,这一特点也体现在发源于英国的"文化研究"中。不过,20世纪70年代以后,随着文化研究的"结构主义"转向和"转向葛兰西",这一局面发生较为深刻的改观。

② 赵月枝.传播与社会:政治经济与文化分析[M].北京:中国传媒大学出版社,2011:3.

③ 更确切地说.本书以现代商业广告为主要研究对象。当然,作为对比性研究,非商业广告如政治广告和公益广告等也会在书中的某些章节被提及。关于现代(商业)广告概念,笔者接受这样的界定:"现代广告即是指一种由广告主付出某种代价,通过传播媒介将经过科学提炼和艺术加工的特定信息传达给目标受众,以达到改变或强化人们观念和行为的目的的、公开的、非面对面的信息传播活动。"

当代社会已经在总体上摆脱了匮乏,发达国家更是自二十世纪五六十年代起即已纷纷进入"丰裕社会"并继而开启一个延续至今的消费社会。在这样的社会中,商品的交换价值相对于使用价值的地位不断重要,商品的形象化与符号化特征也愈来愈突出,人们对商品的消费也越来越从对其使用价值的关注转向对其符号价值的关注。这一转变产生许许多多的社会和文化问题,使现代社会越来越具有经济文化化、文化经济化的特征,文化的问题比以往任何时候都更为突出,更加重要。在现代社会中,甚至连社会控制与规训的策略与手段都越来越依赖于文化的策略与手段而不是物理性的强制。这是我们从米歇尔·福柯的"微观政治学"①和皮埃尔·布尔迪尔的"文化社会学"②中获得的一个深刻的启示。在消费社会中,广告无疑扮演着至关重要的角色,现代广告的存在形态与表现形式与初期相比也发生了巨大的变化,其符号的特征、文化的属性相较于其经济的特征和属性而言也更加明显,更为重要。现代广告创造出的符号文化已经成为当代大众文化中的十分重要的力量,对现代广告开展研究的许多问题也已转变成为文化的问题。因此,以文化的方式研究广告,或曰对现代广告开展文化式的研究已经成为广告学研究中的一个核心面向。

其次,文化研究自新世纪以来已经深入地融合马克思主义和法兰克福学派的批判基因,道格拉斯·凯尔纳曾经呼吁的"接合"文化研究与法兰克福学派社会批判的倡议已经成为许多文化研究学者的学术自觉。两种动因在推动这种"接合"的过程中发挥关键作用,"一方面,传播业令人眼花缭乱的结构变迁强化了政治经济分析的重要性与相关性;另一方面,文化研究议程的碎片化、文化研究所依附的后现代主义和后结构主义的相对认识论困境、许多研究者避重就轻和对文化商品消费者主观能动性的盲目乐观而滑入'文化民粹主义'(Cultural Populism)和'语义学上的民主'(semiotic democracy)的唯

---

① 福柯在《规训与惩罚》《疯癫与文明》等著作中曾对现代人类社会的(微观)政治统治问题进行过深入细致的考察。福柯.规训与惩罚[M].刘北成,杨远婴,译.北京:三联书店,2003;福柯.疯癫与文明[M].刘北成,杨远婴,译.北京:三联书店,2003.

② 布尔迪厄的"文化社会学"思想集中体现在了他那本"砖头般厚"的巨著《区隔》和《艺术的法则》等著述中。在布尔迪尔看来,在西方发达社会中,"统治的基本模式已经从赤裸裸的暴力与体罚威胁,转向符号操纵的形式"。斯沃茨.文化与权力:布尔迪厄的社会学[M].陶东风,译.上海:上海译文出版社,2012:96;BOURDIEU P. Distinction:A Social Critique of the Judgment of Taste[M]. London:Routledge, 1984;布尔迪尔.艺术的法则[M].北京:中央编译出版社,2011.

心主义泥潭也使这个领域的一些学者反思自己的研究取向"①。诚然,文化研究传统上关注上层建筑,尤其是文化与意识形态上层建筑领域的意义与权力关系结构,马克思主义政治经济学与法兰克福学派的社会分析更加关注政治经济基础的问题,二者尽管面向相异,但都在探讨问题,如果能使二者有效"接合",对于问题的探讨必将更加全面,更为立体,更有解释力。

最后,本研究采用文化研究为全文统领性的研究路径,在这一研究路径中全面融汇法兰克福社会批判的研究方法与理论资源,在很大程度上是因为文化研究所提倡的跨学科、超学科甚至反学科的研究方法很好地契合本研究的目的和需要。我以为,要想对广告这一十分重要的社会和文化现象开展全面、系统、深入的研究,必须跳出为广告而研究广告的框框,必须跳出功能主义和实用主义的羁绊,既要对广告本体开展诠释性的研究,也要将之置于宏观的社会和历史背景下来考察这种社会和文化文本背后的权力关系及其运行机制,更要结合道德哲学和政治经济学批判的研究视角来匡扶广告运作中悖逆于马克思主义意义上人的"类本质"和进步以及人类解放的方面。这便要求我们必须对广告开展跨学科、超学科甚至反学科式的研究,综合运用除了前文提及的广告学三块"基石"之外的社会学、文化学和文化人类学、美学、艺术学、政治经济学、哲学等学科的研究方法与理论资源,对广告开展融本体诠释性研究、社会分析、政治经济学批判,进行包括历史研究等在内的综合性、立体式的考察。只有这样,我们才能全面把握广告的本质。②

因此不难看出,本文讨论的广告文化研究实际上是"大文化研究",它不

---

① 曹晋,赵月枝.传播政治经济学英文读本[M].上海:复旦大学出版社,2007:序言9-10.笔者不能同意对文化研究的这一论断,因为它未能从"总体性"和历史的视角出发领会文化研究的演变脉络与精髓。不可否认,文化研究的阵营中的确有些许学者(如德赛都和费斯克等)存在着"文化民粹主义"的倾向以及后现代主义与后结构主义中的"话语化"和"碎片化"倾向,但那并非全貌。自"葛兰西转向"以来,特别是在包括像凯尔纳等学者的大力呼吁下,文化研究已经逐渐在自己的方法论中融入政治经济分析,实现了整个学派的均衡性发展。正如莫斯可公平地指出过的那样,新世纪以来的发展情况表明,"(传播)政治经济学与文化研究之间的差异正在趋于消失".MOSCO V. The Political Economy of Communication [M]. London & Thousand Oaks, CA:Sage, 2009:80-81.

② 笔者对现代广告的这一研究思路集中体现在以下几篇论文中:《广告工具理性批判:从传播研究范式看广告理论研究》,该文发表于《现代广告》(学术刊)2014年第7期;《论广告学的文化研究路径》(与陈培爱教授合作),该文发表于《文化研究》集刊第21辑(2014年·冬);《贫困与出路:对拓宽广告学基础理论研究路径的思考》,该文的提纲曾在2014年7月28—29日于武汉大学举办的"2014年发展广告学与传媒经济博士生学术论坛"上宣读,全文发表于《新闻界》2014年第21期;《广告传播系统的结构化效应研究》,该文发表于《当代传播》2016年第2期;《重建广告学的马克思主义批评研究路径》,该文发表于《现代广告》(学术刊)2016年第6期。以上几篇文章的核心思想和部分内容已融入本书。

仅承袭了传统文化研究的理论与方法,还融合马克思主义批评及继承了马克思主义批评衣钵的法兰克福学派的批判研究方法以及道德哲学的思辨精神,在此基础上对广告这一社会和文化文本开展融多学科、多视角的综合性、立体式研究。本研究逻辑结构见图 1.2。

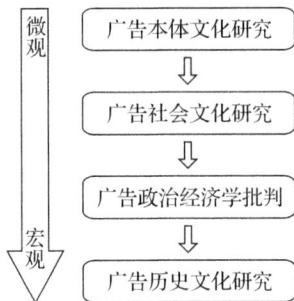

图 1.2 　本研究逻辑结构

第三节 研究方法

本书站在反思与批判的立场上,以马克思主义批评为全文统领性的指导思想,从马克思主义所提倡的人的自由和全面发展的"类本质"①出发,对广告从微观到中观再到宏观的层面进行立体式的分析与透视,以期挖掘出广告这一社会和文化文本背后的权力关系及其运行机制;在此基础上,在历史唯物

① 　在黑格尔看来,人的本质,指的就是"自我意识",即"绝对精神"。在费尔巴哈看来,人是一种具体的、有血有肉的类存在,其本质是友谊、爱情、意志和心理。他的这种认识虽然在自然性上是具体的、唯物的,但在社会性上依旧是抽象的。马克思对黑格尔和费尔巴哈的思想进行了扬弃性的改造,马克思在《1844 年经济学哲学手稿》中指出,"人不仅仅是自然存在物,而且是**人的**自然存在物,就是说,是自为地存在着的存在物,因而是**类存在物**"。作为"类存在物"的人具有自己的"类本质",人的类本质就是劳动、实践。但是,在资本主义生产条件下,人的劳动、实践实际上是异化了的劳动、实践,这种异化不仅表现在"物"即工人生产的产品成为对工人而言是一种异己的力量,更表现为工人的生产活动本身与工人的异化,即自我异化。马克思指出,异化劳动必然会导致"**人的**本质同人相异化",即"一个人同他人相异化,以及他们中的每个人都同人的本质相异化。黑体为原文所加。显然,异化劳动的人的类本质绝非马克思理想中的人的类本质,尽管在资本主义商品经济阶段工人摆脱了人身依附关系,获得了一定程度的自由和独立性。马克思理想中的人的类本质要到共产主义社会中去寻找,因为只有在共产主义社会中,一切拜物教才能被克服,人与自然、人与物、人与人、人与自身的关系才能达到和谐统一,人才能作为真正的人占有自己全面的本质而成为完整的人,才能获得自由和全面的发展。

主义和辩证思维的指导下,对广告的前世今生乃至未来发展演变进行价值和道德哲学层面的思考。

本书的价值取向决定了其必然要以定性分析研究为主要的研究方法,当然,在某些具体章节,为了论述问题的需要也会适当结合定量研究的方法。具体研究方法方面,将主要运用文献研究法、文本分析法、社会分析法、政治经济学分析等研究工具。此外,哲学思辨也将是贯穿本研究始终的一种研究方法,尽管它与其他各种研究方法之间并非处于同一层面,因而也就不是并列的关系。

一、文献研究法

本书将通过对 20 世纪以来广告诠释与批判性研究成果的梳理和分析,总结和归纳这些研究成果的特征、所运用的研究方法、取得的理论贡献,及对当前广告学研究的指导性意义,从而为进一步的研究指明方向。

二、文本分析法

本书将广告作为一种社会和文化文本来进行诠释性研究,运用诠释学的理论与方法——主要的如符号分析、结构主义马克思主义意识形态分析,以及法兰克福学派的意识形态批判等——对广告本体进行"说明"和"解释",以期挖掘和揭示出其中所蕴含的意义与意识形态性。

诠释学作为人文科学研究领域的重要的研究方法,以马丁·海德格尔为标志,发生了从早先的"认识论"向后来的"本体论"的转变。这一转变在海德格尔的学生伽达默尔那里被进一步引向深入,后者提出"哲学诠释学"的概念并为之确立目标与任务,即,诠释学应该致力于生产哈贝马斯意义上的"批判的反思知识"。① 可见,诠释学的这一目标和任务很好地契合了本书的研究需要和宏旨,成为广告本体研究领域基本的研究方法。

三、社会分析法

对广告本体的符号诠释性研究固然有助于解读广告蕴含的意义和意识形态性,但它对于广告是如何作用于社会结构同时又受制于社会结构这一问题,以及对在这种作用与反作用的基础上产生的诸多社会和文化现象该如何理解等问题,往往无法给出令人满意的答案。对这些问题的回答将我们引向社会分析的研究路径。

所谓社会分析,简单地说,就是运用社会理论对各种各样的社会和文化现象进行反思性的考察,这种分析,有的情况下可以得出现象之间的因果关系(涂尔干开创的实证主义社会学传统),有时却只能得出基于"理想类型"的理解性释读(韦伯开创的"理解的社会学"传统)。对广告进行社会分析就是

---

① 诠释学的字面意义为"解释的科学",因此又被译为"解释学""阐释学",它"力图通过某种解释行为发现——或者更恰当地说,重新获得——文本或艺术作品的真理,而且在更宽泛范围内以如何理解人类存在之间——即作家或艺术与读者可能发生的关系这个问题的目的。"瓦蒂莫.现代性的终结[M].李建盛,译.北京:商务印书馆,2013:33-34.

而在保罗·利科看来,"诠释学是与文本(text)解释相关联的理解运作的理论"。诠释学是人文科学研究领域常用的一种研究方法。作为西方显学,有人认为诠释学比现象学更为古老,因为早在18世纪"诠释学"一词重新确立自身的地位之前即已存在有关《圣经》的注释学和经典语文学,且这两者早已"支持意义"。

在《诠释学的任务》中,利科曾为我们系统地梳理了西方诠释学的发展脉络。利科的梳理围绕着两条主线展开,一条是诠释学的"去局部化"运动,亦即从局部诠释学过渡到一般诠释学的脉络;另一条是诠释学从认识论向本体论(存在论)的过渡脉络。这两条线索相互缠绕,相互作用,而绝非是泾渭分明,互不干涉的关系。利科认为,诠释学的"去局部化"始于德国神学家施莱尔·马赫,终于狄尔泰,后者为诠释学引入了历史的视野,试图阐释历史知识可能性的条件。因此,狄尔泰的诠释学主要是认识论的。狄尔泰之后,海德格尔将诠释学的研究继续推向前进,促进诠释学的从认识论向本体论转变。海德格尔认为,理解不应只是被视为认知的方式,而应被视为一种存在的模式,视为我们"在世存在"的基本特征。利科.诠释学与人文科学:语言、行为、解释文集[M].J.B.汤普森,英文编译.孔明安、张剑,李西祥,译.北京:中国人民大学出版社,2012:3-22.

海德格尔的诠释学本体论在他的弟子伽达默尔那里被进一步引向深入,后者提出"哲学诠释学"("作为哲学的诠释学")的概念。伽达默尔在其《真理与方法》(Truth and Method)中超越了那种将诠释学视为理解的"技艺学"的做法,认为诠释学应该上升到哲学的层面。在伽达默尔看来,哲学诠释学"并不是用于克服特定的理解困难,有如在阅读文本和与别人谈话时所发生的那样,它所从事的工作,正如哈贝马斯所称,乃是一种'批判的反思知识'"。

要把广告视为社会和文化现象(行动者),将之置入历史和社会背景之中来考察其与社会结构之间的互动以及因这种互动而产生的各种结果(次现象)。

社会分析是社会学中的主要研究方法,因其宏大的历史视野和考察问题的宏观的、社会的视角而往往能把握住问题的本质特征,这是符号学或其他阐释学研究方法所不具备的。因此,将社会分析的研究方法引入广告学研究领域极其必要。

四、政治经济学分析

政治经济学是一门拥有悠久历史的学科,它的源头甚至可以追溯到古希腊城邦的家政管理与控制活动。但通常认为,现代意义上的政治经济学诞生于 18 世纪的苏格兰启蒙运动,在当时,以亚当·斯密、大卫·李嘉图和约翰·穆勒等为代表的一些思想家通过对由资本主义大革命引发的巨大的历史变迁和社会转型而产生的各种各样的经济和文化现象的思考和研究而为古典政治经济学奠立了基础。其中,斯密对政治经济学的思考在当时颇具代表性。在斯密看来,政治经济学是适用于政治家和立法者的科学,它旨在解决两个彼此密切相关的问题。其一是如何富国,即如何增加国家的收入以支应公共服务;其二是裕民,即如何让人民有充裕的收入或生活物资。[①] 后来,马克思结合其生活的时代背景对古典政治经济学思考进行了回应,"他认为为了理解最终导致从资本主义转向社会主义的社会变迁过程,政治经济学主要研究内容是对资本主义社会内在动力的认识,以及对资本主义与其他政治经济组织形式的关系的探究"[②]。

政治经济学研究社会关系,特别是权力关系,这是因为它认为在我们的社会中,资源的生产、分配和消费是由各种权力关系决定的。也正是因为政治经济学以揭露各种权力关系为旨趣,因此它天然地与道德哲学之间有"选择性的亲和力"(韦伯语)。揭露权力关系,忠诚于道德哲学,这自然地使政治经济学带上了批判的色彩。通过对现存社会关系中的不平等现象的揭露和对替代性方案的找寻,政治经济学坚定地站在进步和人类解放的立场上。本研究将运用批判性的政治经济学研究工具与理论方法,对广告背后的权力关系及其运行机制,广告对社会、文化,乃至对政治的影响,对人的自由与全面发展的影响等问题展开研究。

---

① 斯密.国富论:Ⅳ-Ⅴ卷[M].谢宗林,译.北京:中央编译出版社,2011:479.
② 莫斯可.传播政治经济学[M].胡春阳,黄红宇,姚建华,译.上海:上海译文出版社,2013:4.

五、哲学思辨

本研究既是对广告这一当代最重要的社会和文化景观进行的"总体性"的研究,必然少不了哲学思辨的考察视角。这是因为——正如黑格尔(1961)曾经正确地指出过的那样——哲学是对"认识的认识",对"思想的思想",是密涅瓦的猫头鹰,它只在黄昏时分才会振翅一飞。① "在任何一门知识或科学里按其内容来说可以称之为真理的东西,也只有当它由哲学产生出来的时候,才配得上真理这个名称;人们完全未认识到,其他的科学虽然可以照它们所愿望的那样不要哲学而只靠推理来进行研究,但如果没有哲学,它们在其自身是不能有生命、精神、真理的。"②因此,在任何对广告所开展的宏观的、历史性的研究中,哲学思辨是不可或缺的。在本研究中,我们立足于马克思主义辩证唯物主义哲学,包括马克思主义人学,结合西方的道德哲学、人本主义哲学,特别是怀特海的"过程哲学"等对广告进行形而上的思考。

在认识论问题上,本研究坚持认为广告是可以被认识的这一基本的认识论立场,但这一立场也是包容的、建构性的。说它是包容的,就在于它不认为某一种观照视角或研究方法具有相较于其他观照视角或研究方法更优越的地位,无论是文本分析(符号阐释),还是社会分析,抑或是政治经济分析,都是如此。说它是建构性的,是因为本研究认为我们对广告的认识是一个过程,而这个过程是发展着的,因此,我们对广告的任何认识或知识都不是一劳永逸的、具有永久的真理性。也正因如此,笔者以为,我们对广告认识应持开放的态度,这也从侧面契合了文化研究所秉持的开放性的跨学科、超学科甚至反学科的研究理念。

（第四节）研究现状

尽管对现代广告的反思与批判几乎伴随着现代广告的整个发展史,但在现代广告发展的早期,这种诠释和批判的声音散见于学者的支言片语之中,少有系统的论述。早在1759年,英国文坛上的权威人物约翰逊博士在《游惰者》(*The Idler*)一书中即讨论广告的道德,他写道:"现在广告的数量增加了,

① 黑格尔.法哲学原理[M].范扬,张企泰,译.北京:商务印书馆,1961.
② 黑格尔.精神现象学:上卷[M].贺麟,王玖兴,译.北京:商务印书馆,1979:52.

而且看完后就被扔掉,因此广告必须要发挥应有的作用。"他进一步评论说:"广告的买卖现在已经到了接近完美的程度,要想希望有所改变是件不容易的事。但是广告也和其他技术一样,应该服从公众的利益。我对那些负责作广告的人,不能不问一下有关道德的问题,你们是否有玩弄人们感情的行为……"①英国的经济学家也从自己的视角对广告提出批评,他们中以英国经济学剑桥学派的创始人阿尔弗雷德·马歇尔为代表。马歇尔的观点后来得到庇古、布雷斯维特、巴斯特等其他经济学家的支持,他们在不同场合引用马歇尔的观点,严厉指责广告是不正当竞争的手段,是垄断的潜在助推剂,广告有可能会误导消费者,导致不必要的虚假需求的产生,会引起价格上升,甚至把劣货强加给消费者。英国历史学家汤因比则将广告与"邪恶"联系起来,认为再也"想不出什么情况下广告能不是邪恶的了"。

进入 20 世纪,现代广告伴随着资本主义经济的突飞猛进也得到极大的发展,人们对广告这种资本主义经济的伴生现象的关注也日渐提高,对广告的批评之声也逐渐多了起来。

一、国外的研究

1972 年,根据英国广播公司(BBC)四集电视系列片《看的方式》(*Ways of Seeing*)整理出版的同名书在英国出版②。该部由约翰·伯杰等人共同编著旨在批判西方传统视觉文化审美趣味,虽不是一本广告专著,但书中还是专辟一章(第七章)对现代社会中无处不在的广告"影象"问题进行了颇有见地的批判性解读。作者在书中指出,"广告是消费社会的文化,通过影象传播当时社会对自身的信仰","广告的目的在于使观赏者对他当前的生活方式萌生不满,但并非使他不满意社会的生活方式,而是让他对此中自己的生活方式感到不满","广告有助于掩盖或补偿社会中一切不民主的现象,而且它也掩饰了世界其他地方发生的事端","广告是资本主义文化的生命——资本主义已经到了没有广告就难以生存的地步——同时,广告又是它的幻梦"③。这便从深层本质上揭示了广告的意识形态性及对人的精神麻醉作用。

1978 年,《解码广告——广告中的意识形态与意义》一书在美国出版。作者朱迪思·威廉森运用马克思主义意识形态批判和符号学理论对百余幅印

---

① quoted in WILLIAMS,R.Advertising:The Magic System[M]//Problems in Materialism and Culture. London:Verso,1980:170-195.

② 该书中译本《视觉艺术鉴赏》(戴行钺译)于 1994 年由商务印书馆出版。

③ 伯杰.视觉艺术鉴赏[M].戴行钺,译.北京:商务印书馆,1994:165,170,181,188.

刷广告(大部分是杂志广告)进行"解码",向读者揭示隐藏在广告作品背后的意义及广告作品倡导和宣扬的意识形态。该书从广告的本体——广告作品出发,运用符号学的理论成果,对广告进行了诠释研究,具有很强的批判性,是广告学诠释研究的典范之作。"除了消费商品之外,广告还向我们销售别的东西:通过向我们提供一个结构——在此结构之中我们与那些商品之间是可交换的,广告向我们销售的是我们自己。"①正如英国文化学者约翰·斯道雷所评论的那样,在威廉森看来,"所有广告都带有意识形态的意味,因为它们都展现了我们与真实生存环境之间的想象性关系。广告强调的并不是基于人们在生产过程中扮演不同角色而产生的阶级差异,而是人们在对特定产品进行消费的过程中产生的差异。于是,社会身份就成了我们消费什么的问题,而不是我们生产了什么的问题"②。

《解码广告》出版九年后,另一本极具诠释与批判性的广告研究著作《广告符码——消费社会中的政治经济学和拜物现象》在美国出版,作者苏特·加利紧紧抓住"人与物"的关系这根主线,运用马克思主义"拜物教"理论及人类学和精神分析等理论成果,对广告的意识形态性与符号的价值增值、"时间的殖民"、人的物化以及广告的"宗教化"等问题展开了深入的论述,最终得出"在市场机制占主导地位的社会里,商品的交换价值支配着商品的使用价值","在资本主义体系中……广告不仅仅反映了而且它本身(除了实现剩余价值以外)也是剩余价值抽取过程中的一部分。资本侵入了意义的建构过程——资本使意识本身增值"的结论③。

除了上述两部著作从诠释与批判的视角对广告进行了深入的研究之外,一些重要的社会学家、哲学家、文化学者也从不同的角度对广告开展了形式各样的诠释与批判研究。如法国后现代理论家让·鲍德里亚就从符号学的视阈论述过消费社会中广告对人的欲望的激发以及对消费者的"再部落化"。在鲍德里亚看来,"广告的窍门和战略性价值就在于此:通过他人来激起每个人对物化社会的神话产生欲望。它从不与单个人说话,而是在区分性的关系中瞄准他,好似要捕获其'深层的'动机。它的行为方式总是富有戏剧性的,也就是说,它总是在阅读和解释过程中,在创建过程中,把亲近的人、团体以及整个等级社会召唤到一起"④。美国当代著名的马克思主义文化批评家弗

---

① WILLIAMSON J. Decoding Advertisements:Ideology and Meaning in Advertising [M]. London:Marion Boyars,2010:11.

② 斯道雷.文化理论与大众文化导论[M].常江,译.北京:北京大学出版社,2010:97.

③ 杰哈利.广告符码:消费社会中的政治经济学和拜物现象[M].马姗姗,译.北京:中国人民大学出版社,2004:228-229.

④ 波德里亚.消费社会[M].刘成富,全志钢,译.南京:南京大学出版社,2000:53.

雷德里克·詹姆逊则对后现代社会中广告与"形象"的问题进行了形而上的思考,得出结论:"电视出现后,代替收音机成了最基本的媒介,而且随着电视的出现,广告得到了爆炸性的发展。广告及广告形象这一问题就成了我们所称的后现代主义的中心问题,因为电视广告以其速度之快和效果之好完全突破了旧有的广告形式。"①

二、国内的研究

国内学者,特别是广告学者,对广告的诠释与批判性研究成果虽然不多,但有几本著作还是值得称道。

李思屈于2004年出版的《广告符号学》一书中运用罗兰·巴特的文化符号学理论对广告进行了较为深入的诠释性研究,可以视为对广告本体(作品的符号意义解读)研究的标杆性成就。

刘泓2006年出版的编著《广告社会学》从广告与商品、广告与现代人、广告与社会生活、广告与大众文化、广告与社会控制、广告与大众传媒、广告与后现代社会等角度研究广告的社会和文化功能。与诠释性研究注重广告"本体"的出发点不同,广告社会学研究将广告置于宏大的社会层面对广告这一"行动者"与社会"结构"之间的冲突与互动进行观照与分析。显然,这是一种更为宏观的研究,其研究成果有助于我们从总体上把握广告对人与文化、社会的作用与影响以及广告在特定的社会和文化环境条件中是如何"行动"的。广告社会学研究可以结合诠释研究与批判研究两种方法来展开,因此其研究结果也多带有诠释性与批判性。

2007年,张殿元出版《广告视觉文化批判》一书。该书围绕价值、道德、审美等方面对广告视觉文化展开批判性论述。对于此著可能产生的效果和写作的目的,正如作者本人在导言中所言:"广告是消费社会应用最广泛的商业法则,对广告进行批判无异于以卵击石……在商业社会里,消除广告显然是不明智之举,广告文化批判的目的是要在喧哗与骚动的广告世界里保持一份清醒,通过对广告视觉文化传播负面效应的辨析和批判,创造一个可以良性循环的广告文化生态。"②

2008年,蔡勇出版《消费者发现与主体性缺席——现代广告理论及运用史评》一书,在借鉴前人研究成果——尤其是张金海的《20世纪广告传播理论

---

① 杰姆逊.后现代主义与文化理论[M].唐小兵,译.北京:北京大学出版社,1997:159-160.

② 张殿元.广告视觉文化批判[M].上海:复旦大学出版社,2007:12.

研究》一书——的基础上,该书对 20 世纪以来现代广告传播理论研究与运用中揭示"消费者发现与主体性缺席"现象。作者认为,20 世纪以来的现代广告传播理论研究与运用中存在着一条越来越以消费者为导向的发展脉络,与这一脉络形成对照的是,"消费者的主体性"却始终缺席。蔡勇的书未明确界定"消费者的主体性",但从字里行间看,他试图强调对消费者在道德哲学层面上的尊重与关爱,这便有了将广告研究引向价值理性的趋向,这是其进步的方面。但蔡勇提出应当把"心理学和美学作为研究广告(营销传播)的元理论基础"①,这却值得商榷。

另外,既然本研究取题广告文化研究,自然少不了与广告文化学之间的干系②,而在这一领域,学者们已经耕耘颇多,硕果累累。2004 年,宋玉书和王纯菲出版《广告文化学》,该书认为"广告文化学就是以广告文化传播现象为研究对象,以广告文化传播涉及的领域为研究范围,主要就其总体进行理论阐释和概括,同时对比较突出的具体现象、具体问题进行专门探讨。其主要任务是说明广告的文化属性及广告文化的特征、功能,揭示广告文化的生成与传播规律,阐释广告文化传播的策略,论述广告文化与民族文化、地域文化、时代文化等亚文化的关系,确立广告文化传播的原则,明确广告文化传播的责任,从而增强广告活动主体的文化素养和文化责任意识,以促进广告文化品位和传播水平的不断提高"③。作者认为,广告文化兼具"引导消费、促进销售、推动生产、活跃市场的"经济功能和"传播知识与观念、引导观念和生活方式变革、推动社会文化变迁、影响社会精神文明建设的"④文化功能。

2007 年,李建立出版《现代广告文化学》。该书较早提出广告文化研究是广告理论研究的重要面向并引用恩格斯的话"一个民族只有站在理论的高峰,才能站在时代的高峰上"来勉励广告学者加强广告文化研究、推进广告学的学理性建设。作者在书中指出:"广告文化学就是用文化学的理论,从文化的角度去观照广告,探讨广告活动和广告事业发展中的规律性。"⑤

2008 年,李宗诚出版《广告文化学》。该书不同于其他同类著作,它将广告文化分解为诸多"文化因子"分别展开论述,认为广告文化是融大众文化、

① 蔡勇.消费者发现与主体性缺席:现代广告理论及运用史评[M].北京:中国传媒大学出版社,2008:198.

② 关于广告文化研究与广告文化学之间的关系,将在第二章《文化、大众文化、广告文化及广告学的"文化研究"路径》中展开论述。关于这一点另可参见:葛在波、陈培爱.论广告学的文化研究路径[M]//周宪,陶东风.文化研究(集刊).2015(3):233-248.

③ 宋玉书,王纯菲.广告文化学[M].长沙:中南大学出版社,2004:31.

④ 宋玉书,王纯菲.广告文化学[M].长沙:中南大学出版社,2004:32.

⑤ 李建立.现代广告文化学[M].北京:中国传媒大学出版社,2007:10.

商业文化、主流文化、民族文化、艺术文化、广告圈文化等诸多文化因子于一体的文化形态,广告文化学就是"研究各种广告文化因子的活动特点及其组合规律的科学"①。

2012年,陈卓、吕晖、张冰等出版《广告文化学教程》。该书认为,广告文化的概念分广义和狭义两种:"广义的广告文化即广告活动、广告作品及其所蕴含并传播的知识、观念的总和,狭义的广告文化特指广告所蕴含和传播的知识、观念等。"②作者认为,"广告文化学就是以广告文化传播现象为研究对象,以广告文化传播所涉及的领域为研究范围,主要就其总体进行理论阐释和概括,同时对比较突出的具体现象、具体问题进行专门探讨。其主要任务是:说明广告的文化属性及广告文化的特征、功能,揭示广告文化的生成与传播规律,阐释广告文化传播的策略,论述广告文化与民族文化、地域文化、时代文化等亚文化的关系,确立广告文化传播的原则,明确广告文化传播的责任,从而增强广告活动主体的文化素养和文化责任意识,以促进广告文化品味和传播水平的不断提高"③。

2013年,鞠惠冰编著出版《广告文化学》,该书汇集西方学者对广告这一社会和文化文本的大量诠释性研究成果,为读者揭示广告的"文化表征"。

以上广告文化学研究成果大都将广告文化视为亚大众文化来研究,以期挖掘出广告文化的传播规律、功能、特点及作用,试图将这些发现理论化以指导广告实践。这类研究对于加深我们对广告这一文化现象的认识,把握其传播的规律性大有助益。本文将在这些前人研究成果的基础上推进对广告这一当代社会中最重要的文化文本的思考。

除了上述所列举、评述的著述之外,国内学者还多从"广告批评"的角度对广告和广告现象展开诠释和批判性研究。笔者于2016年5月14日下午15:13在中国知网中输入"广告批评"进行模糊搜索,共计获得217 585条结果;而后又用"精确搜索"的方法,将搜索时间跨度设定为从2000年1月1日至2016年5月14日,共计获得74篇有关"广告批评"的论文或文章,其中不乏丁俊杰、金定海、陈刚、许正林等广告学研究领域知名学者的作品。可见,广告诠释和批判性研究在国内广告学界正在引起越来越多人的关注和参与。

---

① 李宗诚.广告文化学[M].郑州:郑州大学出版社,2008:16.
② 陈卓,吕晖,张冰.广告文化学教程[M].成都:四川大学出版社,2012:24.
③ 陈卓,吕晖,张冰.广告文化学教程[M].成都:四川大学出版社,2012:28.

第五节　创新点与欠缺

　　总体而言,就广告学这门学科来看,其知识生产的历史进程中主要有三股力量。一股力量来自业界,其主体是从业人员,关注的焦点是发展出一套更为实用、有效的"技术"以促进行业的发展,满足广告行业自身的需要。另一股力量来自学界,其主体包括专业的大学教师和其他各类广告研究人员在内的知识分子。这股力量由于超脱于业界而使之具备更宽广的研究视角,能够客观公正地看待广告这一社会和文化现象,对之进行学理层面的反思。第三股力量来自政府主管部门。这股力量由于是行业和产业的规则制定者和管理者,既不同于业界也不同于学界,其关注的重心是制定出适用的政策法规以规制和促进广告行业的发展,满足国民经济发展的总体需要。不难想见,由第一股力量主导或者由其委托第三方发展出的研究成果必然以"广告术"为基本特征而带有浓厚的功能主义和实用主义的色彩。这也是 20 世纪以来广告传播理论中最重要、最突出的特点。由第三股力量主导发展或由其委托第三方发展出的研究成果必然带有"管理术"的特点,其旨趣是"经世致用",旨在满足政府规制行业的需要;因此,由这股力量发展出的研究成果就其本质而言也是功能主义的。只有以知识分子为中坚的第二股力量才有可能跳出功能主义的框框,对广告进行抽象思辨的、批判的、反思式的考察,揭露出广告背后的权力关系及其运行机制,将广告研究上升到学理层面。

　　正如前文已指出的那样,20 世纪以来的广告传播理论基本上都是工具性的技术操作层面的成果,其中,奋斗在一线的广告大师们为这些理论的创生与发展做出了不可磨灭的贡献。然而,正因为这些理论大部分出自广告大师们的实践总结,它们普遍带有功能主义和实用主义的深刻印迹。因此,说它们是"广告理论",不如说它们是"广告术"更为贴切。这是造成广告学"学理缺乏"的最根本的原因。

　　广告学若想丰富自己的学理性,增强自身合法性,必须超越功能主义的框框,必须跳出"为了提高广告效果而研究广告"的窠臼。这便要求我们从更为宽广的社会的、历史的角度将广告作为社会和文化文本来进行研究,以期揭示广告作为社会学意义上的"行动者"在与社会结构互动的过程中产生的各种各样复杂的关系和现象,揭示这些关系和现象背后的权力斗争。这也正是本书的立足点和出发点,从这一点出发,本书综合运用多种理论方法对广告和广告文化从多个视角进行深入研究,这在以往的研究中是不多见的,也是本书的一个主要创新点。

本书基本上围绕着"近观—中观—远观"的逻辑结构展开。在第三章,我们将首先对"广告本体"展开文化式的研究,理论资源主要为符号学和结构主义马克思主义的意识形态理论,通过对广告本体的零距离符号解读,揭示广告本体的社会意义和文化意义,特别是其中包蕴着的意识形态性。在第四章,本书将逐渐"远离"广告本体而从较为广角的社会的视阈对广告和广告文化展开社会分析。在这一章我们将选取几个有代表性的广告与社会的互动领域——广告与消费主义、广告的后现代主义转向,以及广告与视觉文化转向等,对广告和广告文化进行社会分析。在第五章,本书将进一步"远离"广告本体,从马克思主义政治经济学批判的视阈对广告展开批判性的分析,将对广告和和广告文化的研究引向深入,引向广告背后的权力斗争。这样,本书便沿着一条从"微观—中观—宏观"的逻辑脉络、从本体符号学诠释到社会分析直至政治经济学分析的研究路径而走向第六章的哲学思辨——广告历史文化研究。从微观到宏观的综合性、立体性研究框架,基本上涵盖广告基础理论研究的各个维度,这在以往的研究中也是不多见的。此为本书的第二个主要创新点。

须指出,本书中的"广告历史文化研究"并不能简单地理解为对广告史的研究,它是在现代性—后现代性的视阈内,以工具理性—价值理性为演变逻辑,来对广告这一社会和文化现象的过去、今生、未来展开哲学层面上的思辨。质言之,广告作为资本主义经济体系和文化体系中的组成要素,有其发生、发展、衰落、直至灭亡的演变路径,这一判断符合马克思主义历史唯物主义和辩证法思想。然而,推动广告沿着这一发展演变路径一路走来又一路走去的背后动因是什么?任何试图对这一问题进行回答的努力都将突破"为研究广告而研究广告"的窠臼而跃上价值和道德哲学的思辨层面。在这一章,笔者仍将引证马克思主义和"西方新马克思主义"对人和人性、安全与自由、人的类本质等问题的研究成果,结合卡西尔的文化哲学、韦伯的哲学社会学、西美尔的形式社会学、西方建设性后现代主义等理论资源,结合英国科学哲学家阿尔弗雷德·诺斯·怀特海的"过程哲学",对广告的历史性问题进行文化式的思考。

创新点三,本研究从文化研究的方法论出发,坚持对广告这一社会和文化文本开展跨学科式的研究。现代意义上的广告学最基本的两块学科基石或曰理论来源是传播学和营销学,因此从传播和营销的角度对广告开展研究是 20 世纪以来广告学研究中的主流。除此之外,在广告学的发展过程中,心理学也发挥重要作用,广告心理学已经成为"显学",研究成果十分丰富。但笔者以为,广告学要想增加自己的学理厚度,丰富自身的理论深度,增强自身的合法性,光从传播学、营销学和心理学的角度对广告进行研究是不够的,我们还应提倡"跨学科甚至反学科"的研究态度,利用多学科的理论资源和研究方法,从多种不同的视角对广告进行全方位的研究。这其中,社会学、政治经济学、文化学、文化人类学、历史学、美学、艺术学、哲学等都是广告学有待开发的研究领域,将这些学科的研究方法和理论资源引入广告学的研究领域必将对丰赡广告学的学理大有助益。总之,本研究将是融人文科学和社会科学两个领域之理论方法,对广告这一社会和文化文本开展综合性研究的尝试。①本书倡导的超学科广告研究构想见图1.4。

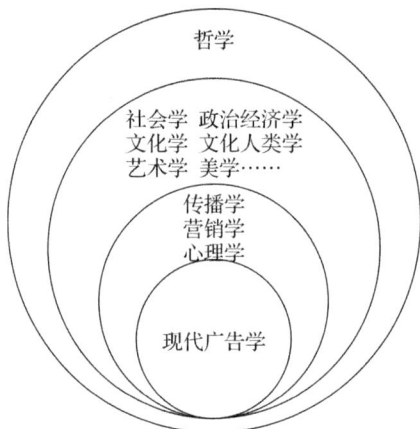

图 1.4 本研究倡导的跨学科广告研究构想

本书将广告作为大众文化的亚形态。事实上,在大众文化众多的亚形态中,广告无疑受到最多的质疑与批评。人们对广告的态度十分复杂,一方面,广告传播的信息告知功能得到社会的肯定,这种告知功能对于发展经济、改善人民的生活具有积极作用。但是另一方面,广告传播的作用远远超越信息告知的

---

① 人类文明的发展史实际上也是社会分工的发展史,这种社会分工体现在学术研究领域就是各种五花八门的学科的建立和各自"裂土建国"。这种学术研究领域的立起一圈篱笆圈定自己的势力范围的冲动仍在发展之中,甚至有加快发展的趋势。马克思虽然没有直接论述过这种发生在知识生产领域分工的影响,但他在《哲学的贫困》中曾引述巴·萨伊和勒蒙泰的话对这种现象进行了批判性考察。在萨伊看来,"在分工中,那个产生善的原因同样也产生恶"。萨伊的这句话针对的是发生在资本主义生产领域的分工的负面作用。相比之下,勒蒙泰则直接针对知识生产领域的分工现象提出批评,他写道:"我们十分惊异,在古代,一个人既是杰出的哲学家,同时又是杰出的诗人、演说家、历史学家、牧师、执政者和军事家。这样多方面的活动使我们吃惊。现在每一个人都在为自己筑起一道藩篱,把自己束缚在里面。我不知道这样分割之后活动领域是否会扩大,但是我却清楚地知道,这样一来,人是缩小了。"马克思对此发表评论说:"现代社会内部分工的特点,在于它产生了特长和专业,同时也产生职业的痴呆。"关于对分工的更为深入的讨论,参阅本书第六章。

功能,它对消费者意识形态的操纵,对消费主义的助长,对人性的戕害等负面作用越来越引起人们的警惕,对广告的质疑(甚至鞭挞之声)不绝于耳。这便向广告研究者们提出一个十分迫切的课题——如何提高文化大众的"广告素养"①。

联合国教科文组织在 1982 年于墨西哥城举行的"世界文化政策会议"上指出,在大众传媒和媒介文化日益发达的当代社会,提高大众(特别是年轻一代)的媒介素养变得越来越重要,"我们必须帮助年轻人做好准备以胜任生活于一个充满强大的图像、文字与声音的世界中"。在大众文化十分发达的美国,媒介素养问题早已引起社会的广泛关注,致力于教育和提高公众媒介素养的机构纷纷成立,其中有代表性的是媒介素养中心。该中心是非营利性的教育与传播机构,长期致力于推动和支持大众媒介素养的教育事业,"帮助公民,特别是年轻公民,建立起健全地生活于 21 世纪媒介文化中所需的批判性思维和媒体制作技能"②。媒介文化的日益强大使公民媒介素养提高变得日渐迫切,广告文化的发展自然也将公民的广告素养的问题摆在我们面前。在这方面,广告研究者必须有所担当。提高大众的广告素养,首先就要揭露广告营造出的"温柔乡"的华丽外衣之下的"秘密",将广告的权力运作机制暴露在公众眼前。只有大众了解了广告的"秘密",了解了它的权力运作机制,其广告素养才会提高。

本书也存在着一定的缺憾。首先,研究主题过于宏大,所运用的理论资源和研究方法过于庞杂,在每一章的研究中往往出现从一种学科视角切换至另一种学科视角,从一种方法进路过渡至另一种方法进路的问题,可能影响研究的连贯和深入。

其次,本研究运用大量西方的社会学、文化学、文化人类学、(政治)经济学、艺术学、美学以及哲学的理论资源,这在一定程度上难以避免后殖民主义③的嫌疑。尽管在具体运用这些西方的理论资源时,作者也会结合中国的

---

① 我从传播学学科中的"媒介素养"(media literacy)概念引申出"广告素养"(Ad literacy)的概念。

② Center for Media Literacy (CML). About CML[EB/OL]. [2014-03-02]. http://www.medialit.org/about-cml.

③ 后殖民主义(postcolonialism)主要是文化理论的概念,社会学、文化学、文化人类学等领域涉及这一概念。一般认为,后殖民主义在学术界的真正登堂入室,要追溯到爱德华·赛义 1978 年《东方主义》(Orientalism,又译《东方学》)一书的出版,但其知识源头可以追溯至法国马提尼克作家和心理分析学家弗兰茨·法侬的反殖思想乃至马克思主义批评思想。后殖民主义因其主要关注知识和文化范畴——即"西方将自己居于社会和文化发展的高级阶段上,从而将自己的历史性视为普遍性,这样,西方便自动地成为殖民地和第三世界国家的追寻目标"——而与殖民、新殖民、内部殖民等概念区别开。赵稀方. 后殖民理论[M]. 北京:北京大学出版社,2009:前言.

具体实际进行批判性的吸收、改造和利用,但整体上恐怕还是会有本土理论话语欠缺的问题,这是一项多少会令人感到尴尬而又无奈的事情。从葛兰西的"领导权"理论和知识分子理论看,一个阶级(或阶层)只有具备自己的"有机的"知识分子才能去争取文化领导权并进而为实现政治上的领导权创造条件。民族国家又何尝不是? 在全球化加快发展的当代,中华民族要想在世界舞台上大有作为,除了要有强大的经济和军事实力作为后盾之外,文化上也必须要有自己民族的"有机的"知识分子,以便在世界舞台上争取文化(包括学术)上的领导权。① 我们当然要有海纳百川的胸襟,将人类文明进程中所创造的一切先进的理论成果运用于对中国问题的解答,但不可否认的是,在西学东渐的劲风吹拂下,本土学者理论失语的问题依然严峻。看到问题,也便找到努力的方向,我们冀望本土的理论研究能够尽早迎头赶上,在国际学术对话中,更多地听到中国学者的声音,看到中国学者的成果。

最后,对广告这一当代社会中最重要的社会和文化现象开展文化式的研究还应考察受众对广告文本的接受问题,亦即受众与广告文本之间的互动关系与过程以及广告的生产过程,本书中几乎不涉及。一方面是由于本书的总体架构似难以融入这一研究视角,另一方面也是由于本研究的批判性宏旨总体上对于"受众接受论"和"生产中心论"②在方法论层面的排斥性倾向,后者通常会引向米歇尔·德·塞都和约翰·费斯克意义上的"文化民粹主义"。不过,对"受众接受"与"生产过程"研究视角的忽视多少会影响本书的全面性

① 葛兰西认为知识分子通常是依附于特定的社会集团(或阶级/阶层)的,知识分子只有与自己所在的社会集团的成员之间发生有机的联系,成为他的集团的整体的代表和代言人的时候才能发挥"有机知识分子"的作用。葛兰西写道:"任何在争取统治地位的集团所具有的最重要的特征之一,就是它为同化和'在意识形态上'征服传统知识分子在作斗争,该集团越是同时成功地构造其有机的知识分子,这种同化和征服便越快捷、越有效。"当然,葛兰西针对新兴集团的知识分子在扳倒社会中统治阶级的知识分子方面发挥的作用,但它对我们这里讨论的问题同样具有指导意义。在另一处,葛兰西也阐述了欧洲文化对于世界其他国家和地区文化的"领导权"问题,这种领导权将其他民族的文化贬低到只有在它能够为欧洲文化所利用和同化的情况下才会具有"普遍的价值"。葛兰西写道:"即使人们承认其他各种文化在世界文明的'等级制'的单一化过程中具有其重要性和意义(可以肯定这一点无疑地是会被承认的),它们也只有在变成欧洲文化的构成要素——就是说,就它们对欧洲思想的进程做出贡献并被它所同化吸收而言——的意义上才具有这种普遍的价值,欧洲文化是唯一历史的和具体的普遍文化。"将葛兰西的上述两个观点结合起来,我们不难见出一个国家或民族的("有机的")知识分子在帮助自己的国家和民族取得在世界上的文化领导权方面所担负的决定性作用以及这种作用的极端重要性。这在"文化帝国主义"之风劲吹的当代,尤其值得我们每一个中国的知识分子认真体悟。

② WANG J. Brand New China: Advertising, Media, and Commercial Culture[M]. Cambridge, MA: Harvard University Press, 2008.

和客观性,这一点,笔者只能寄希望于将来的进一步研究。

本章小结

曹晋和赵月枝合编的《传播政治经济学英文读本》的序言中写道:"任何有创造力的学术,也都是批判性的学术。"①这话虽说可能失之武断,但至少能引导我们认识到这样一点:批判性的学术往往具有更为长久的活力。马克思主义的学术是批判性的,因此它对人类社会各个领域的发展产生史无前例的、长期的、革命性的影响②;法兰克福学派的社会和文化分析是批判性的,因此它成为民主政治建设和人类进步的强大推动力;20世纪70年代以降实现"结构主义"范式转换以及进而的"葛兰西转向"的英国文化研究也是批判性的,因此它成为对现代社会中权力——特别是文化权力或布尔迪尔意义上的"文化资本"——的不平等分配的强有力的揭露机制,并成为当代社会文化研究的"主潮"。

人类社会从蒙昧走向开化,从野蛮走向文明,取得巨大的进步,但在新的社会和历史条件下,不平等的权力分配及其运行机制依然存在;在一定意义上讲,由于这种权力分配及其运行机制是在"文化无意识"的前提下进行的,因此更加隐蔽,也更易于为人们所"误识"(mis-recognize),产生对人的"符号暴力"(布尔迪厄语),从而导致对马克思主义意义上的"人的自由与全面发展"的背离。美国学者戴维•斯沃茨在对布尔迪厄文化社会学思想的研究中深有感触地指出:"发达社会中教育与文化市场的极大发展,巩固了更加精心

---

① 曹晋,赵月枝.传播政治经济学英文读本:上下册[M].上海:复旦大学出版社,2007:序言.

② 马克思主义的批判性社会理论赢得赞同者和反对者两个阵营的尊重。甚至是像约瑟夫•熊彼特这样较有才华的论敌也曾情不自禁地对马克思主义思想表达尊敬与赞美之情。熊彼特在其1942年出版的《资本主义、社会主义及民主》一书中意味深长地写道:大多数智者的创见或幻想在一段时间后都会销声匿迹,这段时间短则餐后一小时,长则一代人。但有些却不会。它们会经历低潮,却又能重新崛起,并不是作为已经无从辨识的文化遗产成分,而是穿着个性着装,带着人们可见、可触的个人的伤疤。这些我们称之为伟大的创见或幻想——将伟大与活力联系起来并非这种定义的短处。在这一意义上,这番话无疑是适用于马克思的思想的。SCHUMPETER J.Capitalism,Socialism and Democracy[M].New York:Harper and Brothers,1942:3.

微妙且难以觉察的文化统治机制的不断增长的作用。"①显然,广告正是这种当代社会"文化统治机制"的重要工具。广告作为"大众文化王国的总理"②,是这种"文化统治机制"的积极的维护者而决不是"拆台者"。因此,对广告开展文化式的、批判式的研究就具有民主与进步层面的意义,因为这种研究站在被统治者的利益和立场上,并将人文关怀置于更加突出的位置。

在现代向后现代、现代主义向后现代主义、现代性向后现代性过渡的当代语境下,对广告开展批判性的文化式研究十分有迫切的历史与现实意义。正如前文指出的那样,20世纪以来的广告传播理论研究中存在严重的价值偏离,以实用、效用为旨趣的工具理性研究彰明较著,以反思、批判为旨趣的价值理性研究式微。这在一定程度上限制了广告研究从形而下的实践总结(术)向形而上的理性思辨(学)的升华,也造成了目前的广告学基础理论研究中的失衡与贫困现象。这诚然与人们对广告的营销工具的定位有关,也与现代广告学诞生于美国这一功能主义、实用主义盛行的国家有关,但最最根本的原因还在于"现代百年"以来启蒙现代性对审美现代性的全面压抑。启蒙现代性高举科学主义、技术理性主义、世俗主义的大旗,在与宗教神学的对抗中最终占据上风,推动西方社会逐步完成"世界的祛魅"(the disenchantment of the world,韦伯语)和向世俗化的转型。启蒙现代性带给人以"主体性",其创立的自由、民主、平等、博爱的思想以及在其科学主义、理性主义思想指导下创造的巨大的人类科技与物质文明彪炳史册。但凡事都存在着物极必反,启蒙现代性一旦确立了"霸权"地位其自身也就不受控制地滑向"专制"的深渊而成为"新的神学""新的宗教",从而走向反动,压制和隐抑人类对于审美现代性的渴望,形成二者之间持续不断的抵牾与张力。③

站在新世纪第二个十年的中间点上,面向人们不断呼唤价值理性回归的当代,当我们盘点和梳理广告学一个世纪多时间的发展历程和研究成果时,我们愈发感到应当尽快扭转广告研究领域的这种价值偏离趋势,改变广告学基础理论研究领域的贫困现象,这不仅是时代的要求,是学科自身发展的要求,更是我们对提高大众广告素养的一份责任。

正是基于这一认识,笔者在本书中提出了对广告开展文化研究的框架,它涵盖对广告本体的诠释性研究、广告社会分析、广告政治经济学批判以及

---

① 斯沃茨.文化与权力:布尔迪厄的社会学[M].陶东风,译.上海:上海译文出版社,2012:320.

② 拉尼奥.广告社会学[M].林文,译.北京:商务印书馆,1998:2.

③ 周宪.审美现代性批判[M].北京:商务印书馆,2005.另可参见:陈定家.审美现代性[M].北京:中国社会科学出版社,2011.关于启蒙现代性与审美现代性之间抵牾与张力的研究皆可参见此书。

广告历史文化研究。不难看出,从符号诠释到社会分析和政治经济学批判再到历史文化研究,这一框架是以价值理性为指导原则的,其旨趣则是反思和批判,目的是要将广告理论研究升华到抽象和理性思辨的高度,从而加强广告学学科的合法性。

当然,提出这一研究框架并不是要排斥广告的工具性研究,而是希望对目前的这种严重的价值偏离状况进行反拨,使工具理性研究和价值理性研究二者能够平衡发展,齐头并进,以期实现广告学作为一门学科的健康、平衡和良性的发展。这既是笔者实施本研究的目的,也是我们对广告学学科发展寄予的殷切期望。

第二章　文化、大众文化、广告文化及广告学的"文化研究"路径

　　文化地研究广告或曰对广告进行文化研究首先要厘清文化、大众文化、广告文化以及文化研究这些基本概念之间的联系与区分。前文言及,为了讨论之便,本书将广告文化作为大众文化中的子系统予以考察,这样便可以有效地避免与文化的其他分类(如若按行业分类,广告文化也可以从属于商业文化的范畴)相混淆。这样做并不排斥广告文化的其他分类方式,事实上,无论如何分类,各个文化类别或曰文化形态之间都存在着你中有我、我中有你的交融互渗现象。既然如此,选择一种符合题旨而又歧义较小的分类方式不仅是必要的,而且是明智的。

第一节　文化的概念

　　作为学术术语的"文化"概念来源于西方。在西文中,与文化(culture)一词最接近的词源是拉丁文 cultura,可以追溯至最早的拉丁文词源是 colere[①];起初主要用来指土地的开垦和植物的栽培,它也是农业(agriculture)一词的词根。随着人类文明的发展和社会的进步,文化一词的内涵和外延逐渐扩展到用来指人的身心修养和道德能力的培养,进而扩展为容纳人类在社会实践过程中创造的物质文明、精神文明和制度文明的总和。这便牵涉文化与文明两个概念之间的区分。在 19 世纪英国诗人、文学评论家柯勒律治看来,与文明相比,文化具有"恒久性",亦即文化与人和人类社会一样久远,文明则是文化发展到一定阶段后才出现的,因而具有"偶然性"。他曾就此写道(1830):"恒久的差别,以及与偶然性的对比,存在于 cultivation 与 civilization 两者之

---

① 威廉斯.关键词:文化与社会的词汇[M].刘建基,译.北京:三联书店,2005:101.

间。"①概而言之，文化是文明的基础，文明则是文化发展到高级阶段后才出现的先进形态。

从上述讨论可见，文化是一个涵括性极强的概念，文化的这种无所不包的特性使得人们对它的理解和定义十分困难。对此，英国文化批评家雷蒙·威廉斯无疑深有体会。他那句关于文化的警语——文化是"英语中最复杂的两三个词语之一"②——被人们在各种场合不断提起。威廉斯曾归纳文化在当代的三种主要用法。第一，完美型定义，文化是用来描述知识、精神与美学发展的一般过程。这种定义颇具"利维斯主义"的文化精英主义的色彩，它的源头可以追溯到英国 19 世纪 60 年代的马修·阿诺德。在阿诺德看来，文化就是"世界上最优秀的思想和知识/言论"(the best that has been thought and known/said in the world)，它"就是或应该是对完美的探究和追寻，而美与智，或曰美好与光明，就是文化所追求的完美之主要品格"③。第二，文献型定义，这种定义认为文化是象征知识、艺术活动的实践及其成品。这一文化概念实际上把文化等同于人类历史上创造的精神文明成果的总和，其内涵较第一种为宽。第三，社会型定义，文化指一个民族、一个时期、一个团体或全体人类的特定生活方式的总和。这种定义对于我们理解后文将会讨论的大众文化和广告文化很有帮助，因为它脱离了利维斯主义的精英文化主义的窠臼，也拓宽了阿诺德的"完美型"文化概念。"文化是生活方式的整体"这一说法实际上强调文化的日常性，是人类学意义上的文化概念，它突出体现威廉斯对文化的看法，对于当代的文化研究影响极大。

在他影响甚广的《资本主义文化矛盾》一书中，美国文化理论家丹尼尔·贝尔放弃了人类学意义上的宽泛的文化定义，也放弃了利维斯主义的文化精英主义的文化定义，转而采用德国哲学家恩斯特·卡西尔在《文化哲学》中提出的定义：文化是人类的符号化表意系统：④

> 我所使用的"文化"一词，决不像人类学意义上那么宽泛、包罗万象，
> 人类学可以将任何一种"生活方式"都定义为一种文化；不过，我所谓的
> "文化"也要比贵族传统所定义的要广，贵族传统把文化限定在精致艺术
> 和高雅艺术上。对我来说，文化是想对生存困境提供一系列内在一致的

①　威廉斯.关键词：文化与社会的词汇[M].刘建基，译.北京：三联书店，2005：108.
②　威廉斯.关键词：文化与社会的词汇[M].刘建基，译.北京：三联书店，2005：101.
③　阿诺德.文化与无政府状态[M].韩敏中，译.北京：三联书店，2012：36.
④　卡西尔认为，语言、神话、宗教、艺术、科学、历史等都是由人，通过自己的"劳作"(work)而创造出来的符号化的表意系统，这些分散的表意系统合在一起构成大写的人类文化。因此，文化就其总体而言，也是一种符号化的表意系统.卡西尔.人论：人类文化哲学导引[M].甘阳，译.上海：上海译文出版社，2013：115.

应对的努力,所有人在他们的生活过程中,都会面对这些困境。所以,对一种文化的生命力来说,传统变得至关重要,因为它提供了记忆的连续性,这些记忆告诉我们,前辈在面临相同生存困境时是如何应对的⋯⋯我的文化概念——在此我追随恩斯特·卡西勒的意见——指的是象征形式的领域,而且,在此书讨论范围内,是**表现象征主义**这个更为狭窄的概念:即在绘画、诗歌、小说,或连祷文、礼拜、仪式的宗教形式内,以一些想象形式,试图揭示或表达人类存在意义的努力。①

卡西尔对于文化概念的讨论集中见于其"文化哲学"巨著——《人论》。在该书中,卡西尔指出,"我们应当把人定义为符号的动物(animal symbolicum)来取代把人定义为理性的动物。只有这样,我们才能指明人的独特之处,也才能理解对人开放的新路——通向文化之路。"②甘阳在为该书撰写的中译本序中认为,卡西尔的全部哲学实际上可以化为一个基本的公式:

人—运用符号—创造文化

可以见出,在卡西尔看来,"人—符号—文化"是三位一体的混合体,它们彼此依存而无法分开。人的本质是符号化的动物,文化则是人类创造和运用符号进行表意的社会实践过程。卡西尔进而指出,人之所以为人的一个突出特征不是他的形而上学本性也不是他的物理本性,而是它的劳作(work),"正是这种人类活动的体系,规定和划定了'人性'的圆周。语言、神话、宗教、艺术、科学、历史⋯⋯都是这个圆周的组成部分和各个扇面"③。这里,卡西尔清楚地表明:人类各种各样的符号化活动——语言、神话、宗教、艺术、科学、历史⋯⋯都是符号化的表意系统,都是人性亦文化的有机组成。它们在"揭示或表达人类存在意义"方面发挥着各自的作用。

显然,按照卡西尔的理解,只要是人类创造并运用的符号化表意系统都应被归入文化的范畴。由此,我们对文化的理解便超越阿诺德的"世人所思、所表的最好之物"的完美型文化概念,亦超越人类学意义上的"文化是生活方式的整体"的宽泛理解。以此来观照,本文所要讨论的广告——作为人类创造和运用的符号化表意系统,理所当然地应属于文化的范畴。

---

① 贝尔.资本主义文化矛盾[M].叶蓓雯,译.南京:江苏人民出版社,2012:1978 年前言.黑体为原文所加。

② 卡西尔.人论:人类文化哲学导引[M].甘阳,译.上海:上海译文出版社,2013:45.

③ 卡西尔.人论:人类文化哲学导引[M].甘阳,译.上海:上海译文出版社,2013:115.

第二节 文化的分层与大众文化

卡西尔将文化理解为"符号化的表意系统",这一定义虽然中肯但却并未解决文化的分层问题,这将是本节论述的主要内容。文化分层,简单地说,即指根据各种文化形式在美学趣味方面的差异对之进行的层次划分。文化历来就有高雅文化与大众文化之分,前文提及的阿诺德认定文化是"世人所思、所表的最好之物"即是高雅文化的典型代表。与之相对的则是大众文化。那么,何谓"大众文化"呢?

须指出,本文讨论文化研究领域的学术概念,大众文化有自己的历史演变、学术内涵以及外延,对之进行脉络梳理很有必要。

一、大众文化的两个学术渊源

在文化研究领域,大众文化有两个主要的学术渊源。其一来自法兰克福学派批判理论家们对"文化工业"的研究。在 1944 年出版的《启蒙辩证法》一书中,法兰克福学派的两位代表性人物——马克斯·霍克海默和西奥多·阿多诺使用"文化工业"(culture industry)这个概念来揭露大众文化(mass culture,又译"群氓文化")的欺骗性及其对工人阶级意志的麻醉和腐蚀作用。霍克海默和阿多诺认为,在文化工业的强大攻击之下,"人类之间最亲密的反应都已经被彻底物化了,对他们自身来说,任何特殊的观念,现在都不过是一种极端抽象的概念:人格所能表示的,不过是龇龇牙、放放屁的煞煞气的自由"①。在霍克海默和阿多诺看来,资产阶级把文化与娱乐结合起来,创造出被称为"快乐工业"的大众文化来实现对工人阶级意志的腐蚀,"即使有时候公众偶尔会反抗快乐工业,这种反抗也是软弱无力的,因为快乐工业早就算计好了。而且,要想让公众做到这些,也开始变得越来越难。公众愚蠢化的速度并不亚于他们智力增长的速度"②。

显然,法兰克福学派对大众文化的理解是站在"否定"的立场上的,其目

① 霍克海默,阿道尔诺.启蒙辩证法:哲学断片[M].渠敬东,曹卫东,译.上海:上海人民出版社,2006:151.
② 霍克海默,阿道尔诺.启蒙辩证法:哲学断片[M].渠敬东,曹卫东,译.上海:上海人民出版社,2006:129.

的是揭露大众文化和文化工业的欺骗性及对工人阶级革命意志的腐蚀性作用。他们对大众文化的这一研究视角有深刻历史和文化背景。第一次世界大战之后至第二次世界大战之前,正是德国法西斯快速发展的时期。霍克海默和阿多诺等批判理论家曾亲眼目睹德国法西斯利用宣传工具煽动种族仇恨和激起德国国内民族主义情绪。受到迫害之后他们先后流亡到美国,在那里他们看到美国大众传媒业的高度发达,联想到德国法西斯主义对传媒的操纵,不免担忧同样的危险会在美国发生,于是便萌生将大众文化和文化工业的欺骗性和腐蚀性揭露出来的冲动。这是完全可以理解的。

大众文化的另一个学术渊源来自英国伯明翰的文化研究学派,其先驱人物包括威廉斯、汤普森和霍加特等。其中,威廉斯认为:

> "大众"(popular)与其说是那些从民众(the people)中寻求恩惠或权力的观点来看的,不如说是从民众的观点来看的。但这种早期含义并未死灭。大众文化(popular culture)不是由民众而是由其他人来确认的,并且它仍然包含两重旧有含义:下等作品(与不同于通俗文学、通俗出版物的精致出版物相比较);意在赢得亲睐的作品(有别于民主杂志的那些通俗杂志和通俗娱乐节目);也还有为很多人所喜欢的更现代的含义,当然在许多情况下与较早含义有重叠。大众文化的近期含义,是指民众为他们自己实际地制作的文化,这不同于所有那些含义。它经常被用来代替过去的民间文化(folk culture),但这也是现代强调的一种重要含义。①

威廉斯指出大众文化有两重含义,第一种相当于是说:大众文化是"高雅文化"之外的一种"剩余文化",是被"高雅"标准所枪毙掉的文化形式。第二种含义则具有很强的"文化主义"的色彩,大众文化是人民大众(the people)喜闻乐见的文化形式,在这一层意义上看,它与过去的民间文化密切相联,乡土色彩浓厚。这也是威廉斯和后来的伯明翰当代文化研究中心推崇的大众文化定义。这种大众文化的定义凭借其"接地气"的特点被许多西方文化学者采纳并在世界范围内得以推广,但它缺少批判性。

法兰克福学派的大众文化概念和英国文化研究学派的大众文化概念各有合理性,很难说孰优孰劣。一般而言,批判性学者多采纳法兰克福学派的大众文化定义,自由主义学者多采纳英国文化研究学派的大众文化定义。当然,二者在当代的使用中也决非泾渭分明,如今,许多学者都能在批判性地吸收二者的长处的基础上根据不同的语境来区别性地使用。大体而言,国内的人文社科学者喜欢法兰克福学派的定义居多。在本研究中,笔者会在不同的

---

① 王一川.大众文化导论[M].北京:高等教育出版社,2009:7.

语境条件下对二者进行必要的区分。

二、大众文化的界定

　　法兰克福学派对"文化工业"的批判有助于我们理解大众文化概念。首先,它明确指出大众文化是伴随工业文明的高度发展而出现的文化形态,因此不同于农业文明中滋养出来的文化形态。其次,它指出大众文化的传播介质是以报纸、杂志、广播、电视等为代表的大众媒介,因此大众文化与媒介文化有着高度的重合性。再次,它道出大众文化的产业属性,即大众文化是按市场规律运作的文化形态,它是与"产品""资本""盈利""价格""价值"等市场经济概念有密切关联的文化形态,广告控制着它的生命线。复次,大众文化是人类社会城市化发展的产物,大众文化产品的目标消费者主要是由工人阶级构成的广大的市民阶层。最后,就美学趣味而言,大众文化不同于康德主义理性沉思意义上的高雅趣味,它是"机械复制时代"的"平庸美学",在这种"平庸美学"中早已难觅沃尔特·本雅明所说的"灵韵"(aura),只有对感官愉悦的疯狂追求,秉持的是弗洛伊德意义上的"快乐原则",其对大众精神的麻醉和腐蚀受到法兰克福学派理论家们的犀利批判。基于上述分析,笔者接受王一川对大众文化的定义:以大众媒介为手段、按商品规律运作、旨在使普通市民获得日常感性愉悦的体验过程,包括通俗诗、通俗报刊、畅销书、流行音乐、电视剧、电影和广告等形态。[①]

　　这便将大众文化与主流文化、精英文化、民间文化等文化形态区分开来。主流文化反映的是一个时代的主流意识形态,它是社会主体意志、利益诉求和精神状态的表达。精英文化(elite culture)与高雅文化(high culture)具有高度的重合性,许多情况下二者基本同义,它是一个社会中的精英阶层(主要由知识分子和文化人构成)的审美趣味的体现。民间文化(folk culture)活跃于社会的最底层,是劳动人民喜闻乐见的文化形式,是草根文化。与其他文化形态相比,民间文化的历史最为悠久,它伴随着人类文明(尤其是绵延了两千多年的农业文明)的发展一路走来,其许多元素已经作为集体无意识沉淀在我们心灵的最深处。

　　概括起来,大众文化主要有三大特征:第一,大众媒介性。大众文化是通过报刊和广播电视以及如今的互联网等大众传播媒介传播的文化形态。始于19世纪末20世纪初的大众媒介的兴起是大众文化勃兴的前提条件,因此可以说,大众文化与媒介文化是一对孪生子。第二,商品性。大众文化既然

---

① 王一川.大众文化导论[M].北京:高等教育出版社,2009:8.

是通过大众媒介传播的文化形态,它必然遵循媒介文化的商品原则,即大众文化是付费的文化,大众文化的受众同时也是它的消费者。第三,娱乐性。大众文化追求感官愉悦,快乐原则是其安身立命之基,因此,娱乐性必然成为其主要特征。王一川指出:"大众文化文本无论其结局是悲或喜,总是追求广义上的娱乐效果,使公众的消费、休闲或娱乐渴望获得轻松的满足。"①第四,流行性。大众文化的流行性指它始终是特定阶段社会大众普遍追求和实践的生活方式。大众文化既然以感性愉悦为旨归,它对流行的追求也就不难理解了。事实上,大众文化不仅追随流行而且创造流行,大众文化追随和创造流行的主要手段就是广告,流行性是大众文化的自然属性。

第三节　广告文化研究:广告与文化研究的"接合"

　　本章开头即已为广告文化框定了一个合法的位置——它从属于大众文化,或曰是大众文化中的一个子系统,但并未给广告文化下一个明确的定义。在展开研究之前对被研究对象下一个定义进行界定似乎已成为学术研究的一项惯例。本节从为广告文化下定义的环节入手,探讨广告文化的特征及其与文化研究的关系和用文化研究的理论与方法对广告文化展开研究的路径与意义。

一、广告文化界说

(一)广告文化概念梳理

　　什么是广告文化(advertising culture)? 文化学者王一川在其主编的《大众文化导论》一书中认为广告文化"是伴随广告过程而在社会多方面互动中形成的文化状况"②。这一定义显然侧重的是广告这一"行动者"与社会"结构"之间的互动过程,关注这一过程当中"结构"对行动者的制约与形塑和"行动者"对"结构"的反作用。这一定义的价值在于,它提醒我们,对广告文化的研究应从社会分析的层面展开,这也将是本书第四章"广告社会文化研究"中的核心内容。广告学者宋玉书和王纯菲在《广告文化学》一书中认为:"广告

---

① 王一川.大众文化导论[M].北京:高等教育出版社,2009:11.
② 王一川.大众文化导论[M].北京:高等教育出版社,2009:174-175.

文化是广告逐渐拓展最初的商业化色彩,注入文化因子的结果,它是一种亚文化,隶属于社会文化的大系统之内……广告文化的最终目的是利用文化丰富广告,升华广告,加强广告的影响力和效果,使消费者理解、认同广告中的文化价值而认同广告的使用价值。"①这一表述实际上强调广告文化化的目的和作用,其潜台词是广告和文化本来是互不相干的,将文化的因素注入广告中是为了将文化价值带给广告从而期待消费者能赞同广告的使用价值,或者说是为了借助文化价值来提高广告的使用价值。笔者以为,广告文化化确实有功利性的目的,但是认为广告与文化本来互不相干则是一种认识论上的缺位。从卡西尔的文化哲学看,文化是人类的符号化表意系统,广告本身即是这种符号化表意系统的组成部分,或曰是一个子系统。换言之,广告作为一种人类的符号化表意子系统,其本身即是一种文化。既如此,又何来需要将文化因子注入广告之中的说法呢?孙守安认为,所谓广告文化指"蕴涵在广告运动过程中的,逐渐被人们所接受和认同的价值观念、风俗习惯等生活方式的总和,是以广告为载体、以推销为动力,以改变人们的消费观念和行为宗旨的一种文化传播形式"②。这一定义实际上突出的是广告传播中的意识形态性,它无意中将广告文化等同于广告宣扬的价值观念、风俗习惯和生活方式之整体。李宗诚在其主编的那本建基于"文化因子"概念的《广告文化学》中认为,"广告文化作为社会大文化系统中的一个子系统和一个完整的亚文化形态,是指人类从事广告活动时所涉及的各种文化因子的总和,是各种'广告文化因子'的组合体"③。在李宗诚等人看来,广告文化是由多种文化因子构成的复合体,这些文化因子中包括大众文化因子、商业文化因子、主流文化因子、民族文化因子、艺术文化因子和广告圈文化因子,等等。这一定义将广告文化分解为多种文化因子的做法有其合理性,它揭示了广告文化的包容性和复杂性,启示我们应该从多侧面、多角度去理解广告文化。陈卓等人显然是接受"文化因子"的概念,并从这一概念出发认为广告文化"是指人类在从事广告活动时所涉及的有关物质、制度、行为和精神诸种文化因子的总和"④。这一定义巧妙地将文化的定义挪用到广告文化身上。陈卓等人进而提出区分广义和狭义的广告文化:"广义的广告文化即广告活动、广告作品及其所蕴含并传播的知识、观念的总和,狭义的广告文化特指广告所蕴含和传播的知识、观念等。"⑤

① 宋玉书,王纯菲.广告文化学[M].长沙:中南大学出版社,2004:60,62.
② 孙守安.广告文化学[M].沈阳:东北大学出版社,2008:37.
③ 李宗诚.广告文化学[M].郑州:郑州大学出版社,2008:15-16.
④⑤ 陈卓,吕晖,张冰.广告文化学教程[M].成都:四川大学出版社,2012:24.

(二)广告自系统文化与外系统文化

以上所梳理、分析的广告文化定义各有侧重,也各有不足,有的过于笼统,有的囿于一隅,但都为我们全面地理解广告文化做了铺垫,因而具有积极意义。笔者以为,要想全面地理解和恰当地定义广告文化,得从广告的自系统和外系统两个层面来观照。广告的自系统包括由广告主、广告公司、广告媒介组成的广告业的核心层和由广告作品、广告运动和广告活动组成的广告本体①。现代广告的核心层是一切广告传播活动的源头,其基本运作模式是:广告主通过广告公司(提供广告策划、广告调查、广告创意和制作、广告效果监测等一揽子服务)在广告媒介中刊播广告。现代广告的这一基本运作模式构成广告文化的基础。

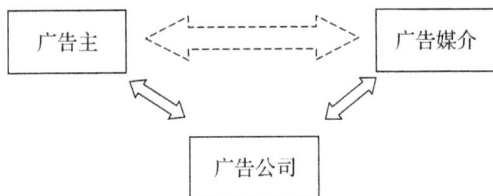

图 2.1　现代广告的运作模式

首先,现代广告不仅是经济的产物,也是文化的产物。现代广告诞生于19世纪中期的美国,其标志就是现代意义上的广告公司。对此,詹姆斯·特威切尔在《美国的广告》一书中是这样描述的:

> 19世纪中期,费城的沃尔尼·帕尔默给邮政局长寄去几封要求转交给当地报纸的信件,在未见到实物的情况下,提出要购买每周的版面,而且要延续一段时间。然后,他作出了一个从此以后对每一个新的媒体都产生了深刻影响的承诺,他将预付现金。帕尔默然后标出那个版面的价格,并把它卖给了一个客户。几乎与此同时,乔治·罗厄尔在波斯顿地区也作出了同样的举动:他以批发价买下空白空间的"方块",再以零售价格将其售出。
>
> 就这样,广告代理商产生了,因而开始了奇怪的酬金制度,即付给代理商已买下的空间的一个百分比的佣金。②

---

①　"广告本体"有广义和狭义之分。狭义的"广告本体"指广告作品,是广告最终呈现在视听众面前的形象。广义的"广告本体"则不仅包括广告作品,它包括与制作广告作品与开展广告传播有关的广告运动,包括其他各种旨在获得广告主所期望获得的传播效果而开展的广告活动。本文采用狭义的"广告本体"的概念。

②　特威切尔.美国的广告[M].南京:江苏人民出版社,2006:89.

帕尔默和罗厄尔的广告公司实际上只是媒介掮客,他们的主要工作就是从媒介批量购买一定数量的版面,然后再将这些购买来的版面分割卖给需要做广告的企业。直至 1869 年,弗朗西斯·W.艾尔在美国开设艾尔父子广告公司为止,现代意义上的广告公司终于诞生。艾尔公司不仅为媒介推销广告版面,还逐步转向为客户提供专业化的服务,大胆地采用"公开合同制",即广告公司为广告客户提供服务,从媒介刊播费中提取一定百分比的佣金作为酬劳。这一广告代理佣金逐步被固定为 15% 并于 1917 年在美国得以正式确立并一直沿用至今。艾尔父子广告公司也因此被认为是"现代广告公司的先驱"。

现代广告公司的诞生首先是资本主义经济发展到一定阶段的产物,它也是资本主义文化发展到一定程度的产物。19 世纪中期,正是美国资本主义经济得到飞速发展的时期,伴随着工业化的发展,大量的工业产品涌向市场,其中消费品所占比重逐渐超过工业产品而成为市场上的主角,这便向推销提出更高的要求。让广大的市民阶层购买这些消费品,前提条件有两个:一是消费者要有富余的金钱用于购买这些产品;二是他们要在观念上能够接受购买和消费这些产品。前者指向经济基础,后者指向文化意识。资本主义工业化大生产促进了经济的发展,社会的财富得到极大增长,资本家迫于种种原因不得不同意提高工人们的工资,以便完成劳动力再生产而维持资本主义生产体系的平稳运转。工人收入的增加为消费品市场的打开创造了条件。另一方面,随着现代科学技术的进步和资本主义工业化大生产的快速发展,社会的世俗化步伐也在不断加快,美国社会的传统价值观——新教伦理和小镇生活逐步瓦解,代之而起的是人们生活方式的世俗化、消费欲望的膨胀,大量人口涌向工业化城市。这是一场深刻的社会转型,它不仅在经济基础层面改变社会的面貌,而且在上层建筑层面颠覆社会的文化意识。奉行虔诚、节俭、自律、审慎、先劳动后享受的消费观念的新教伦理被纵欲主义取代,宁静的小镇生活也被资本主义商业精神瓦解了。这种状况持续到 20 世纪 20 年代,美国终于迎来大众消费时代。

在丹尼尔·贝尔看来,使这种大众消费时代成为可能的有两个主要因素:一是技术革命,主要是家庭通电和包括洗衣机、冰箱、吸尘器等家用电器的普及;二是三项社会变革——生产流水线的出现、市场的发展让确定不同购买群体和刺激消费欲望的手段合理化、分期付款的普及。[①] 分期付款的作用尤其明显,"这比其他任何社会手段都更有力地打破了以往新教徒对欠债的顾虑",终于,"追求富裕的冲动取代了禁欲苦行,享乐主义的生活方式淹没

---

①　贝尔.资本主义文化矛盾[M].叶蓓雯,译.南京:江苏人民出版社,2012:68.

了天职召唤"①。

我们注意到,在这一社会意识的转变过程中,广告扮演着关键角色。无论是在帮助推销工业化大生产制造出来的产品方面,还是在改变人们的生活方式方面,都发挥不可替代的作用。贝尔敏锐地观察到广告在颠覆新教伦理和传统社会意识方面的作用,他就此写道:

> 汽车、电影和收音机本是技术发明;而广告、一次性产品和信用卡则是社会创新。戴维·M.波特认为,正如不理解骑士精神就无法理解中世纪行吟诗人、不理解福音宗教就无法理解19世纪宗教复兴主义者一样,不理解广告,也无法理解现代通俗作家。

> 广告最突出的一点就是它的普及性。如果不是灯光标牌,什么才是一个大城市的标记呢?坐飞机经过城市上空时,夜空折射下那一簇簇红色、橙色、蓝色和白色的灯光就像闪闪发亮的宝石闪烁着光芒。在大城市的中心——时代广场、皮卡迪利大街、香榭里大街、银座——人们聚集到霓虹灯闪烁下的街道上,在摩肩接踵的人群中分享都市的活力。如果要考虑一下广告的社会影响,那么它最直接的影响(然而常常未被注意)就是改变了城市的中心面貌。在重塑城市市容,置换旧的中央教堂、市政大厅或宫殿塔楼时,广告为我们的文明贴上了"鲜艳标签"。广告是物质商品的标志,是新生活方式的例示,是新价值观的预报。作为一种时尚,广告强调魅惑。汽车变成"美满生活"的象征,魅惑的吸引力无所不在。②

现代广告既是经济基础发展的产物,亦是资本主义文化意识的产物,如果说前者是基础性的条件,后者则是充分必要的条件。正是资本主义文化意识对新教伦理和禁欲主义的背弃,才导致现代广告的孕育与发展。反过来,现代广告的孕育与发展又加快整个资本主义社会意识奔向消费主义和享乐主义的步伐,将传统的新教伦理和禁欲主义彻底地埋葬。在这一过程中,如果从19世纪中期现代意义上的广告公司诞生算起到1920年代的话,仅仅用了不到70多年的时间。

前已言及,现代广告的出现加快广告的专业化和科学化步伐,广告自系统的运作也越来越规范化。社会系统一旦诞生并逐步稳定下来,文化便自然地在其内部生发出来,广告自系统当然也不例外。广告自系统的运转当然需要物质力量的支撑,它也是社会文化意识灌溉的结果,系统本身会在运转过

---

①　贝尔.资本主义文化矛盾[M].叶蓓雯,译.南京:江苏人民出版社,2012:166.

②　贝尔.资本主义文化矛盾[M].叶蓓雯,译.南京:江苏人民出版社,2012:70-71.

程中不断生发出文化,这种文化可以被称为广告行业文化,它涵盖现代广告运动、广告活动的方方面面——从广告策划到广告制作和发布;从广告主、广告公司和广告媒介之间的商业往来到行业规范的制定;从消费者调查到广告效果的监测;从代理制到 AE 制;从佣金制到费用制,所有这些都既是文化的结果,又是文化的构成。这是我们在理解广告自系统文化的过程中需要引起注意的。

广告的外系统指自系统以外的宏观的社会文化系统,存在于真空之中,它受整个社会的政治、经济、文化、法律、制度等子系统的制约并与这些子系统产生复杂的互动关系。广告的外系统文化便在这种互动过程中生发出来。美国大众文化学者约翰·费斯克指出:"文化是活生生的、积极的过程:它只能从内部发展出来,而不能无中生有,或从外面强加而成。"①广告自系统与社会结构的互动过程是双向的作用过程,一方面,广告自系统这一"行动者"要受到外部社会"结构"的制约,在结构允许的范围内运作;另一方面,广告自系统本身具有的能动性亦反作用于外部结构,并在这种动态的摩擦与碰撞过程中改变自身和影响甚至是改变结构。这在前文研究现代广告文化的形成及其对既有社会意识的改变中已有论述。

可见,广告外系统文化是互动的文化、能动性的文化,但这种能动性不应该无限夸大。广告文化从属于大众文化,但它除了具有大众文化的许多特点——大众媒介性、娱乐性、流行性……之外,还具有独有的特点——功利性。正是广告文化的这一特点决定了它不可能去顶着风险激烈地挑战社会结构,因为那样做不符合自身的利益,而只会策略性地对结构进行挪用、拼贴、戏仿以产生满足自身需要的文化形式,实现自身的目标。从这一意义上说,广告文化是法国文化社会学者米歇尔·德·塞都意义上的"权且利用"(making do)的艺术②。这一点我们在日常生活中可以清楚地看出来。广告对高雅艺术、主流意识形态等的挪用和篡改比比皆是。这样做的目的只有一个——实现自身的利益最大化。这是广告外系统文化的显著特点。

这样,我们便在广告自系统和外系统两个层面廓清广告文化的形成和特征。在此基础上,我们可以将广告文化的概念概括为:作为一种符号化的表意系统,广告文化既是特定社会阶段经济基础的产物,亦是这一社会阶段文化意识的产物;广告文化分为广告自系统文化和广告外系统文化两个部分,广告自系统文化简单地说即是广告行业自身运动过程中形成的文化样态;广

---

① 费斯克.理解大众文化[M].王晓珏,宋伟杰,译.北京:中央编译出版社,2006:22.

② DE CERTEAU M. The Practice of Everyday Life [M]. trans. RENDALL S. Berkeley & Los Angeles,CA:University of California Press,1984:29.

告外系统文化是在广告这一"行动者"与社会"结构"之间互动的过程中形成的一种文化样态;广告文化在具备大众文化的诸多特点之外还具有自身独有的功利性特点,正是这一点决定了广告是一种"权且利用的艺术"。

二、文化研究与广告文化研究

(一)文化研究概念梳理

首先,本书探讨的"文化研究"(culture study)不能望文生义地理解为一般意义上的对"文化"的讨论。作为学术术语和专门词组,它有限定的内涵和外延。它特指产生于 20 世纪 50 年代英国的一场知识和思想探索运动,这场运动后来在伯明翰"当代文化研究中心"的推动下发展成为席卷全球的跨学科研究;"这种研究不仅涉及 20 世纪资本主义的文化生产,而且涉及当代资本主义的意识形态建构和新的结构性压迫的形成,涉及它们和文化、经济生产之间的复杂勾连。可以说,文化研究已经成为人们对自己生活其中的当代社会进行反省和思索的一个最具批判性的认识活动"①。文化研究在学院内建制化的标志是 1964 年伯明翰"当代文化研究中心"的成立,霍加特是其首任主任。70 年代是文化研究在英国国内快速发展的十年,许多学校开设文化研究的课程并授予学位。80 年代,文化研究蔓延至美国、加拿大和澳大利亚等英语国家,在学术界产生巨大的影响。大约在 20 世纪 80 年代末 90 年代初,文化研究被介绍到中国。经过短短几十年的发展,文化研究已成为当今全球知识领域的充满生机与活力的领域,甚至被认为是当前国际学术界"最有活力、最富创新性的学术思潮之一","有的学者甚至把它看作后现代主义之后学术发展的主潮"②。

文化研究关注范围广泛的"社会和文化文本",从性别、种族、阶级到女性主义、青年亚文化、媒介文化、大众文化和广告,等等,不一而足。文化研究对象的宽广度使得人们对它的学科界限的划定十分困难。在《文化研究读本》一书的前言中,罗钢和刘象愚为我们大致勾勒了文化研究的外形轮廓:(1)与传统文学研究注重历史经典不同,文化研究注重研究当代文化;(2)与传统文学研究注重精英文化不同,文化研究注重大众文化;(3)与传统文学研究注重主流文化不同,文化研究注重被主流文化排斥的边缘文化和亚文化;(4)与传

---

① 李陀.序//费斯克.理解大众文化[M].王晓珏,宋伟杰,译.北京:中央编译出版社,2006.序言

② 罗钢,刘象愚.文化研究读本[M].北京:中国社会科学出版社,2000:前言第 1 页.

统文学研究将自身封闭在象牙塔中不同,文化研究注意与社会保持密切的联系,关注文化中蕴含的权力关系及其运作机制,如文化政策的制定和实施;(5)提供一种跨学科、超学科甚至是反学科的态度与研究方法。① 可见,文化研究不仅研究对象十分宽泛,为我们从宏观上把握社会文化中错综复杂的各种关系提供了可能,其跨学科、超学科甚至反学科的研究方法也有助于我们以更加宽广的视阈重新审视我们生活于其中的现代和后现代文化语境,有助于我们看清在这一文化语境中各种各样的权力关系及其运行机制。

(二)广告文化研究

在梳理了文化研究的概念之后,有必要来界定本书的对象——广告文化研究。与"文化研究"一样,本书讨论的"广告文化研究"也不能被简单地理解为对广告文化的研究,而是广告与"文化研究"的结合体。"广告文化"研究(the study of advertising culture)与广告"文化研究"(the cultural study of advertising)在内涵上存在着交叠,前者是对广告文化这一大众文化的子系统开展的研究,这种研究多采用文化学、文化人类学等学科的理论和方法。广告"文化研究"特指对广告这一在当代社会中十分重要的社会和文化文本展开文化式的研究,或曰文化地研究广告,这种研究旨在将文化研究的理论与方法运用到广告学的研究中去,实现二者在研究路径层面的"接合"(articulation)。广告本身属于文化现象,但 20 世纪以来的广告传播理论研究却存在严重的"工具理性"偏向而缺乏人文的关怀,所产生的理论也多为广告大师们将他们在广告实践中产生的广告术进行归纳和总结而得出的工具性成果。正如张金海所言:"从 20 世纪初至 50 年代,差不多整整半个世纪,无论从广告实务,还是从广告理论的影响力来看,都不能不说是广告大师们的天下,从约翰·肯尼迪,直至罗瑟·瑞夫斯。"②

而自 20 世纪 60 年代以来,西方主要发达国家先后进入后现代社会,后现代社会最大的不同是消费超越生产而成为资本主义体系的中心。后现代社会的另一个显著特点是经济文化化和文化经济化,换言之,文化已经上升到更重要的位置,因此,文化研究正成为后现代的学术主潮之说亦非妄言。因此,文化地研究广告日益受到学术界的重视。《论广告学的文化研究路径》一文论述了在广告学研究中引入文化研究路径的价值与意义:

> 作为现代和后现代文化语境中的一个十分重要的大众文化"社会文本",广告和"广告形象"的问题正成为当代中西人文和社会科学学者们

① 罗钢,刘象愚.文化研究读本[M].北京:中国社会科学出版社,2000:前言第 1 页.
② 张金海.20 世纪广告传播理论研究[M].武汉:武汉大学出版社,2002:17.

关注的一个热点。人们对广告的研究也正在从 20 世纪以来的"功能主义"研究逐步转向"价值"研究,用法兰克福学派和"韦伯社会学"的说法就是从"工具理性"研究转向"价值理性"研究。在这一广告学研究的范式转变中,学习和借鉴文化研究的方法和理论成果,无疑对拓宽广告学的研究领域,丰富广告学的研究视角,增加广告学的学理厚度,等等,都具有十分重要的现实意义。①

第四节 广告学的"文化研究"路径②

前已言及,文化地研究广告正越来越受到学术界的重视,不仅人文和社会科学学者们越来越关注广告的社会和文化效应,广告学研究的中坚力量——广告学者们也开始寻求对广告开展文化研究。

一、引入广告学"文化研究"路径的必要性

李思屈(李杰)在《广告符号学》一书中指出广告学的三种研究方法——"技术操作型的方式""社会文化学的方式""广告的符号学或广告的阐释学":

> 技术操作型的提问方式是:怎样测量广告的效果? 如何做好广告? 怎样的广告操作才是最有效的? 如此等等。这种研究,有助于我们了解广告运作的基本环节和基本规律,提高广告传播的效率,也是进行广告人基本职业教育的前提……广告文化学研究则重在依据人文精神的特殊视点,对广告传播现象进行文化学的反思,从本质上讲,它是一种文化哲学。文化学研究有助于我们对广告文化现象作更加宏观的透视,从而更加深入、全面地把握其本质,在大的历史尺度上充分评估广告效果……(广告的符号学或广告的阐释学研究)侧重于广告符号的理解及其传播中的意义增值,以社会情绪与个人体验来说明广告的传播、理解和消费行为的改变、消费时尚的形成。这种研究的努力目标是:同时达到传统的操作性研究所不能达到的广告传播效益和文化学反思所不能

---

① 葛在波,陈培爱.论广告学的文化研究路径[M]//周宪,陶东风.文化研究(集刊).2015(3):235.

② 葛在波,陈培爱.论广告学的文化研究路径[M]//周宪,陶东风.文化研究(集刊).2015(3):233-248.

深入的广告动作细节,从而集传播效益与人文反思于一体。[1]

纵观全书,作者并未清晰界定"广告符号学",但从书的内容看,它所关注的焦点在于"广告本体"——广告作品,运用索绪尔—罗兰·巴特的语言学—符号学理论对广告作品进行阐释性分析,挖掘广告作品(主要是由文字和图像构成的平面广告作品)背后隐含的意义(包括意识形态方面的意义)。这种研究方法显然受威廉森的《解码广告》的影响,虽然作者并未过多提及威廉森及她的这部广告符号学领域十分重要的著作。

该书作者提出的三种研究方法对我们还是很有启发意义的,尽管这种归纳未必科学和精确因而也就不能定于一尊。"技术操作型的方式"大致相当于前文所说的"功能主义"研究范式,这也是广告学一个多世纪以来的主导性的研究方法,它追求的是广告传播如何致效的问题,这方面,传播学在传播效果领域的研究成果和营销学中的消费者心理、消费者行为学等领域的研究成果都为它的发展做出重要贡献。作者对"社会文化学的方式"概念的总结是模糊的,令人困惑。强调的到底是"广告社会学"呢,还是"广告文化学"呢,抑或是将二者并置对待? 因为,在国内广告学研究领域,广告社会学和广告文化学已然发展成为两个相对独立的研究领域,各自领域的研究成果可以用汗牛充栋来形容。

引入"文化研究"的概念之后,这些概念方面的歧义将可以消除,因为如前文所言,"文化研究"关注广泛的"社会和文化文本",它将各种各样的"社会和文化文本"(如文学作品、电影、电视、广告)置于整体社会环境(结构)中来考察文本本身的意义及其中可能蕴含的权力关系与运行机制。拿广告来说,它既是当代社会中的重要的"社会文本",也是重要的"文化文本",这二者常常纠缠在一起,并无确定的边界,在传播的过程也必然会产生一定的社会后果和文化后果(这里先剥离经济后果不谈),这些社会后果和文化后果正是"文化研究"所关注的。另一方面,引入"文化研究"的概念后,"广告的符号学或广告的阐释学研究"也将被纳入其内。事实上,"文本研究"正是"文化研究"半个世纪多以来的主要的研究方法,其基本的理论资源正是瑞士—法国的符号学传统以及马克思主义意识形态理论。这一点下文还将论及。

综上,我们可以将广告学的研究方法归纳为两种——"功能主义"(实证主义)研究和"文化研究"。前者关注广告传播的致效性问题,广告策划、广告创意、消费者心理研究、广告效果监测、广告媒体选择、广告排期、广告调查、广告预算制定等这些广告运动的核心环节都可以被归于这一类的研究,它在

---

[1]　李思屈.广告符号学[M].成都:四川大学出版社,2004:序言第6,7页.

本质上是一种"工具理性"研究路径。后者关注广告（行动者）与社会环境（结构）之间的互动及产生的各种复杂的影响和后果。这种影响和后果可能是正面的,也可能是负面的,还有可能是中性的,对于负面的影响和后果,如何避免和消除将是广告学研究的重要方面。张金海曾不无深刻地指出:"广告社会化问题,一直为社会所关注,尤其是 20 世纪 80 年代以来,关于广告的社会化批评逐渐增多,但仍然是深入的学理阐释少,而具体现象的描述与分析多,广告社会学、广告经济学、广告文化学的建构尤显薄弱。"①广告学"文化研究"路径的引入,无疑将有助于我们对"广告的社会化问题"展开学理层面的探索和思考,从而更好地把握广告传播的规律,使广告更好地服务于我们的改革开放和社会主义现代化建设事业。

二、广告学"文化研究"的理论与方法

在《作为文化的传播》一书中,詹姆士·卡雷指出:"英国文化研究可以被非常容易地,可能是更为准确地描绘为意识形态研究,因为他们以各种复杂的方式,把文化归结为意识形态。"②卡雷的这一总结对于 20 世纪 70 年代以降的文化研究而言基本上是正确的,但显然他的这一说法并未考虑 70 年代之前的情况,因为 70 年代之前的英国文化研究的主导范式是"文化主义"(culturalism)。"文化主义"把文化定义为民众的生活方式,是"一种自下而上自发兴起的文化,一种本真的工人阶级的文化——人民的声音(也就是某些派别的文化主义、社会史/来自底层的历史)。这是作为能动性(agency)的大众文化"③。它的理论源泉包括英国文学、社会学和历史学。70 年代以后,人们对文化的研究转向意识形态分析,推动这一转变的关键性人物是法国结构主义马克思主义者路易·阿尔都塞。文化研究的范式也因此从"文化主义"转向"结构主义"。霍尔在《文化研究:两种范式》一文中曾颇具洞见性地指出,结构主义研究范式拥有巨大活力,一是存在于其对"决定性条件"(结构)的强调,二是存在于"整体"这一概念之中。关于文化主义与结构主义两种范式之间的联系,霍尔认为,尽管二者"在某些方面有明显的重叠,但在某些方面是完全对立的……在'文化主义'中,经验——'活生生'的领域——是基础,意识和条件在其中相互交叉;而结构主义却强调'经验'不能被定义为任何东西

①　张金海.20 世纪广告传播理论研究[M].武汉:武汉大学出版社,2002:218.

②　CAREY J.W. Communication as Culture[M]. Rev. ed. New York & London: Routledge,2008:29.

③　斯道雷.文化研究:一种学术实践的政治,一种作为政治的学术实践[M]//陶东风.文化研究读本.南京:南京大学出版社,2013:115-116.

的基础,因为人们只能在文化范畴、分类和框架之中并通过它们去'生活',去体验自身的生存条件。"①

　　然而,结构主义在强调结构的限定性的同时,忽视作为"主体"的人的反抗的能动性,从一个极端滑向另一个极端。这与阿尔都塞主体性理论带有的深深的决定论色彩不无关系,这种主体性理论甚至认为是"意识形态召唤个人成为主体",结构主义的这种缺陷促成文化研究领域在 70 年代末期的"葛兰西转向"。葛兰西的"领导权理论"(又译"霸权理论")克服了文化主义与结构主义的不足,它强调统治阶级对于被统治阶级的文化领导权不通过军队、警察等暴力机构来获得,而通过与被领导阶级的文化谈判、妥协而最终占据意识形态领域的有利地位。这便为文化研究开辟了新的,更为广阔的发挥空间。

　　其实,无论是阿尔都塞关注意识形态的结构主义,还是葛兰西的"领导权理论",它们都深受马克思主义传统的影响并继承了马克思主义的批判性特质。阿尔都塞被称为"结构主义的马克思主义者",葛兰西更是意大利共产主义运动的领袖,是他奠定了意大利马克思主义文艺理论的基础。前者的理论由于过多强调"结构"的限定性而忽视人的"主体性"和能动性而带有悲观主义的色彩,后者的理论则是对这种认识盲区的反拨,让我们看清人的"主体性"和能动性一面,从而增强人们对抗霸权的信心。理查德·约翰生在谈到英国文化研究领域的批判理论时曾写道:"文化研究在英国语境中一直以其对'理论'的顾虑(concern)而为人所知,其与哲学的联系更是直至最近才显明起来。尽管如此,在认识论的问题与立场(如经验主义、现实主义及理想主义)与'文化理论'之关键问题(如经济主义、物质主义,或文化之特殊效果的问题)之间存在着紧密的亲属(cousinhood)关系。我还是那句老话:条条大路回归马克思,只不过对马克思的种种占用需要更加宽阔的路面而已。"②这是对马克思主义影响力的十分恰当的肯定。

　　广告学引入"文化研究"的研究路径使得我们可以运用后者丰富的理论与研究方法对广告这一社会和文化文本展开全面、充分、透彻的研究。比如,在广告的最终呈现(广告作品)的研究方面,索绪尔的语言学经由列维－斯特劳斯的人类学直至巴特的符号学无疑为我们提供了强大的理论资源和研究工具,利用这些理论资源和研究工具我们就可以读出广告作品"表象"("能指")背后隐含的"话语"("所指")。以"香奈儿 5 号"香水广告为例,我们可以

---

　　①　HALL S.Cultural Studies:two paradigms[M]//Media,Culture and Society,January 1980,(2):57-72.

　　②　JOHNSON R. What Is Cultural Studies Anyway? [J]. Social Text,1986—1987,(16):38-80.

从中读出什么呢？画面上是著名影星凯瑟琳·德纳芙那张美丽而又迷人的脸庞,右下角则是一瓶"香奈儿5号"香水。运用语言学和符号学的工具来分析,我们认为德纳芙的脸庞构成这幅广告作品的"能指"(signifier),而它与"香奈儿5号"香水并置在一起则将我们引向隐含在文本背后的"所指"(signified),这就是"迷人""美丽"。这样,广告作品就成功地将"香奈儿5号"香水与"迷人"和"美丽"联系起来,"因此,香水可以替代凯瑟琳·德纳芙的脸庞并能用来指意迷人和美丽。"①

图2.2　"香奈儿5号"香水广告

　　对广告文本的研究还可以运用阿尔都塞的"症候式解读"(symptomatic reading)来解译其背后"潜藏的种种假设"。为此,阿尔都塞曾提出过"问题域"(problematic)这一概念,它指的是"客观的内部指向系统……也就是确定了哪些问题需要被回答的系统"②。对于广告文本而言,它"是由被呈现出来的(表达出来的)东西和缺席的(未表达出来的)东西共同结构的"③。

　　如果说文本分析因其将研究的焦点聚焦于"广告文本"而显得失于"狭隘"的话,那么,道格拉斯·凯尔纳所极力倡导的批判理论与文化研究的"接合"则将我们的视野拓宽至政治经济学领域,研究广告文化的生产和传播全过程。凯尔纳认为,光从文本分析的角度来开展文化研究还不够,我们还应将之与从政治经济学与生产的角度以及观众接受的角度进行研究的视角结

　　① WILLIAMSON J. Decoding Advertisements:Ideology and Meaning in Advertising [M]. London:Marion Boyars,2010:25.
　　② 斯道雷.文化理论与大众文化导论[M].常江,译.北京:北京大学出版社,2010:89.
　　③ 斯道雷.文化理论与大众文化导论[M].常江,译.北京:北京大学出版社,2010:89.
关于运用阿尔都塞意识形态理论释读广告的更多论述请参阅第三章的相关内容,此处从略。

合起来,以便整体上把握文化研究。他指出,文化研究需要一种批判的、多元的视角,这种"综合视角包含政治经济学、文本分析以及观众研究,提供了一种批判性的、政治的视角,这种视角可以帮助个体剖析统治性文化形式的意义、信息以及效果……文化研究不仅是另外一种学术时尚,而且可以成为为了一个更好的社会、更好的生活而进行斗争的一部分"①。为此他还特别批评了 20 世纪 80 年代中期以后发生在文化研究领域的所谓转向"后现代的问题框架"(postmodern problematics)的倾向,认为这种"文化民粹主义"越来越强调观众、消费和接受,注意力偏离文本的生产、分配,偏离文本在媒介工业中的生产方式。

显然,政治经济学批判性研究视角的引入对于我们全面考察广告运动和广告活动大有助益。首先,它将我们的视线从对广告文本的分析转向更为宽广的广告的生产和消费环节,而这两个环节正是广告的意义产生的关键;其次,它还提醒我们要关注广告的受众接受问题并将接受问题置于政治经济学批判视角内予以综合性的社会分析。

三、葛兰西理论对广告学研究的启示与意义

在当代,研究,特别是批判性地研究,文化或大众文化如果缺少了葛兰西的"文化领导权"(Hegemony,又译"文化霸权")理论的观照视角将是不可想象的,这倒主要不是因为葛兰西的文化"领导权"理论有多么的重要(事实上它的确十分重要),而是因为作为对马克思主义经典作家思想的一个重要丰赡,它开辟了政治以及广义上的文化分析领域,从而为新时期的马克思主义运动提供了新的、或许也是更为可行的策略方向。同时,由于葛兰西的文化领导权理论注重对不合理的社会和文化权力问题的揭示,它也很好地契合了文化研究的需要。正如已故的英国著名马克思主义历史学家埃里克·霍布斯鲍姆指出的那样,"确实,今天若不更加靠近葛兰西或更加明确地运用他的思想,讨论大众文化或任何文化的问题将是困难的,甚至是不可能的"②。

前已提及,葛兰西的"文化领导权"理论由于克服了"文化主义"和"结构主义"各自的缺陷而受到文化研究学者们的广泛认同,致使文化研究自 70 年代末全面转向葛兰西。关于"领导权"理论对于文化研究的重要意义,斯道雷

---

① 凯尔纳.批判理论与文化研究:未能达成的接合[M]//陶东风.文化研究读本.南京:南京大学出版社,2013:175,200-203.

② HOBSBAWM E. How to Change the World: Tales of Marx and Marxism[M]. London: Abacus, 2012:343.

曾有过一段精彩的评价：

> 霸权理论拓展了大众文化研究者的视野，很多用过去的分析方法无法阐释的问题如今迎刃而解。从此，大众文化不再是一成不变的自上而下强加的文化（法兰克福学派），不再是社会衰落与腐朽的象征（"文化与文明"传统），不再是自下而上自然生发出来的文化（文化主义的某些观点），也不再是主观强加于被动对象的表意机器（结构主义的某些观点）。在霸权理论的观照下，大众文化乃是一种"上"与"下""商业"与"本真"之间彼此"协商"产生的混合物，是平衡着"抵抗"与"收编"两股力量的不稳定的"场"。应用霸权理论可以分析许多不同领域内的问题，包括阶级、性别、代际、族裔、"人种"、区域、宗教、身体限制（disability）、性取向，等等。从这个角度看，大众文化内部包含着利益与价值观的冲突，是一个矛盾重重的混合体，它既不专属于中产阶级又不专属于工人阶级，我们也很难说其中是否存在种族歧视、性别歧视和同性恋者歧视的问题……多种力量之间保持着不稳定的平衡，构成了葛兰西所言之"均势妥协"。在公众的选择性消费与生产性解读策略下，商业化的文化工业生产出来的文化或被重新定义，或遭改头换面，早已变得面目全非；而这些文化最初的生产者想都没想到事情会朝着与自己本愿相悖的方向发展。[①]

这便为我们研究广告这个"文化工业"的急先锋、"大众文化王国的总理"开辟了一条更加宽广的路径。长期以来，广告对现代人生活的全面渗透到了无孔不入的地步，这使得人们越来越担忧其对于社会风尚，对于人们的精神生活产生的负面影响。广告传播中的信息不对称也受到越来越多人的诟病，广告传播虚假信息、无效信息扰乱大众的视听，增加了社会的沟通成本，因而遭到来自社会各个领域的激烈批评。显然，艾伦斯所言的广告传播中的"台球开杆效应"[②]是十分复杂的，其中，既有积极的效应，也有消极的效应，还有中性的效应。正因如此，对它的全面肯定和全面否定都不足取。葛兰西领导权理论的引入对于我们全面分析和研究广告传播中这些效应大有助益。领导权理论清楚地指出，广告文化的影响是传播者和接受者之间的"均势妥协"，在这一"妥协"的过程中，广告主一方诚然可以凭借自己的强势、主动的地位而掌握话语的"领导权"，掌握着想传播什么不想传播什么的决定权，但由于大众所具有的"主体性"和能动性，他们未必就会如广告主一方所希望的那样行动，而是借助"别人"的产品来生产出属于他们自己的意义。大众文化

---

① 斯道雷.文化理论与大众文化导论[M].常江,译.北京:北京大学出版社,2010:100-101.

② 阿伦斯.当代广告学[M].丁俊杰,程坪,译.北京:人民邮电出版社,2006:55-56.

学者费斯克援引德·塞都在《日常生活的实践》(1984)一书中的话说："大众文化是大众在文化工业的产品与日常生活的交界面上创造出来的。大众文化是大众创造的,而不是加在大众身上的;它产生于内部或底层,而不是来自上方。大众文化乃是一门艺术,它权且应付着体制所提供的东西……大众文化的创造力与其说在于商品的生产,不如说在于对工业商品的生产性使用。大众的艺术乃是'权且利用'(making do)的艺术。"①传播学的研究也证实,受众对大众传媒传播的信息存在着"选择性注意""选择性理解""选择性记忆"的效应②,广告传播的实际效果是十分复杂的。

除了领导权理论之外,葛兰西提出的"有机的知识分子"(organic intellectuals)概念对于广告学者也有着重要的启示意义。"有机的知识分子"在葛兰西那里是代表工人阶级利益的。有机的知识分子具有两方面的突出特征:一方面他们掌握着丰富的理论知识,比"掌握霸权者"懂得更多(否则便不能挑战霸权);另一方面,他们具有强烈的参与精神、实践精神和批判精神,因而具有战斗性。马克思主义认为,哪里有压迫,哪里就有反压迫;哪里有霸权,哪里就有反霸权。从文化研究的视阈来看,知识的生产往往体现掌权者的利益。具体到广告这一当代重要的社会和文化文本,它体现的主要还是广告主及其背后财团的利益。广告通过有选择地传播对广告主有利的信息,规避对广告主不利的信息而企图从中获利。这里面显然存在着侵犯大众利益的可能性。在这种情况下,从事广告研究的学者是像葛兰西所说的"有机的知识分子"那样勇敢地站出来,利用自己掌握的知识去维护大众的利益呢,还是滑入霸权维护者的角色抑或是保持缄默,奉行一种犬儒主义的哲学观呢?

在一个现代性加速发展,后现代性在大城市崭露头角的当代中国,经济的发展和人的自由与全面发展之间的抵牾与张力日益显露。在各种各样的社会和文化现象中,广告及"广告形象"凭借其大众文化的"领导权"地位正受到各领域学者的广泛关注。作为专门从事广告研究的学者们,由于他们对广告"懂得更多",因此应该站在广告学"文化研究"的潮头,利用"文化研究"的理论和方法对广告背后的权力关系及其运行机制进行全面深入的研究,将它们揭露出来,努力成为像葛兰西所说的"有机的知识分子"那样,服务社会,服务人民,推动广告传播的健康发展。

---

① 费斯克.理解大众文化[M].王晓珏,宋伟杰,译.北京:中央编译出版社,2006:25,27.

② 美国传播学者克莱珀(Joseph Klapper)在1960年出版的《大众传播的效果》一书中,将受众的选择性心理归纳为"选择性注意""选择性理解"和"选择性记忆"三个层面。胡正荣,段鹏,张磊.传播学总论[M].北京:清华大学出版社,2008:212-215.

四、广告学"文化研究"与其他分支研究领域的关系

广告学"文化研究"路径也可以被理解为一种研究范式,这种研究范式与20世纪以来统辖广告学研究的"功能主义"(实证主义)研究范式相对。如果说后者是法兰克福学派和"韦伯社会学"意义上的"工具理性"的话,那么,前者由于更多地关注广告作为社会和文化文本背后的权力关系及其运作机制而带有浓厚的"价值理性"的趋向。这一点,在我们提出广告学"文化研究"路径之初就应该明确地指出来。这样一来,将有助于推动广告学研究沿着工具理性研究和价值理性研究两条路径齐头并进地推进,从而推动学科的发展和繁荣。

广告学的"文化研究"与广告社会学、广告文化学、广告美学、广告符号学、广告伦理学等研究领域之间是怎样的关系呢?笔者以为,正如同"文化"一词具有极大的涵括性的特点那样,"文化研究"也有极强的包容性。如前文言及,它"提倡一种跨学科、超学科甚至是反学科的态度与研究方法",关注范围广泛的社会和文化文本,因此,广告学的"文化研究"可以接纳和涵盖上述广告学的分支研究领域。当然,提出广告学"文化研究"路径并不意味着要"消灭"这些分支研究领域,毋宁说这些分支研究领域的研究和发展对于推动广告学"文化研究"的发展,丰富其研究深度与广度提供了重要的支撑,它们之间的关系是相辅相成的,没有这些分支研究领域的发展,广告学"文化研究"就成了无源之水,无本之木。

另外,尤其需要指出的是,正如作为专门术语的"文化研究"(culture study)并不等同于"文化的研究"(the study of culture)一样,广告学的"文化研究"并不等同于"广告文化学"研究,虽然二者有明显的相似之处,研究的对象也多有重叠。从内涵来讲,广告学的"文化研究"不仅关注广告的文化现象和文化后果,更关注深层次的结构关系与权力关系以及这些关系在实际操作过程中的运行机制,如广告作为"社会存在"与"社会意识"之间的关系,广告的意识形态性及其对大众心性乃至社会风尚的影响,等等。从外延来看,广告学的"文化研究"比广告文化学更宽泛,它是对广告这种社会和文化现象的全方位的研究,这其中不仅仅涉及广告文化学,还涉及广告社会学、广告美学、广告符号学、广告政治经济学、广告伦理学,等等。

还需要指出的是,我们提倡广告学"文化研究"并不全盘否定广告学的"功能主义"(工具性)研究。事实上,在中国这样一个现代化和现代性建设工程尚未完成,大力发展经济和社会生产力仍然是首要任务的国家,广告对于推动经济发展的作用举足轻重,广告的"功能主义"研究仍应得到加强。但

是,它需要"改造"①,而改造就需要新的研究路径和理论来指导。

本章小结

本章梳理和分析了文化、大众文化、广告文化等概念的学术渊源及演变脉络,论述了将文化研究的路径引入广告学研究的必要性和适切性。现代意义上的广告学诞生于 20 世纪前二十年的美国,迄今为止已有一个世纪的发展历程。在百年多的发展征程中,"功能主义"一直是广告学研究领域的主导范式,这也使得 20 世纪以来的广告理论多为工具性的研究成果。引入文化研究的研究路径后将拓宽我们对广告学基础理论的研究视野。

文化研究关注广泛的社会和文化文本,从阶级、性别、种族到媒介和广告等等都是文化研究的关注对象。传统上,文化研究因其对社会和文化文本的阐释性阅读而蒙上浓厚的"文化主义"的色彩,这与它诞生在英国这么一个传统上"重实践、轻'主义'"的国度有关。然而,20 世纪 70 年代以降,随着文化研究引入欧洲大陆的批判性社会理论如阿尔都塞的意识形态结构主义和葛兰西的文化领导权理论等,文化研究转向结构主义的路径,越来越受到批判理论的影响与改造。进入 20 世纪 90 年后期,道格拉斯·凯尔纳曾竭力提倡的文化研究与批判理论的"接合"越来越受到学者们的重视并成为大家的学术自觉,一些批判性极强的研究路径如法兰克福学派的社会批判、马克思主义政治经济学分析等等,纷纷被引入文化研究的框架,从而为文化研究开辟了更加广阔的学术舞台。

从下一章起至第五章,我们将沿着从本体诠释到社会分析再到政治经济学批判的进路逐层对广告这一当代社会中最重要的社会和文化文本展开分析,以期全面揭示其背后隐含的权力关系及其运行机制。在那之后,在本书的第六章中,我们还将对广告的前世今生以及未来演变展开哲学层面的思考。

---

① 笔者在这里追随大卫·奥格威对"改造"广告的理解。他在对自己广告生涯的"忏言"(confessions)中指出,"广告不应予以废止,但是它必须经过改造"。奥格威.一个广告人的自白[M].林桦,译.北京:中国物价出版社,2003:190.

第三章　广告本体文化研究

　　本章从广告本体入手,运用诠释学(特别是符号学)的理论与方法,分析广告这一社会和文化现象背后的权力关系及其运行机制。为了论述之便,有必要先来界定"广告本体"的概念。"广告本体"有广义和狭义之分。狭义的"广告本体"指广告作品,是广告最终呈现在视、听众面前的形象。广义的"广告本体"则不仅包括广告作品,还包括与制作广告作品及开展广告传播活动有关的广告运动,包括其他各种旨在广告主所期望的传播效果而开展的广告活动。① 本文采用狭义的"广告本体"概念。

　　对广告本体的研究通常有两种范式:技术操作型的研究范式和诠释学(特别是符号学)研究范式。技术操作型研究范式旨在研究广告本体中各种艺术元素(如构图、色彩、标题、文案、布局)的运用与搭配,探索这种运用与搭配如何产生最佳效果。如果是电视广告,还应注意画面和声音的有机结合,以便给受众造成尽可能强烈的视听觉冲击力。这其中,广告创意在现代广告的设计与制作中受到极高的重视。显然,对广告本体的这种技术操作型研究以提高广告传播的致效性为基本旨归,因此它是工具性、功能主义式的研究路径。与此不同,诠释学(特别是符号学)研究范式促使我们关注广告本体中最基本的元素——符号,使我们有可能深入广告的核心区域,挖掘和揭露出广告符号的意义及其在传播过程中是如何与受众之间产生互动、对受众的心智产生影响的。这种研究范式注重对广告符号的解读和阐释,运用的理论与方法主要来自符号学和意识形态分析。

　　符号学是一门研究人类活动(如语言以及大而化之的人类文化活动)的"意义"的科学,它以其对各种文化文本和符号的深入释读性而带有较强的文化批判色彩从而在社会和人文科学领域占据重要的地位,成为大写的"文化研究"领域中重要的理论来源和方法论来源。

---

　　① 丁俊杰,康瑾.现代广告通论:第2版[M].北京:中国传媒大学出版社,2007:84.

第一节　人的"符号性"及符号学的理论视野

　　研究符号学,这是因为人类思想史对"意义"("义",meaning,sense,sens,Sinn,Bedeutung)问题的关注一以贯之①,对意义的关注必然指向对语言和符号的理解与研究。以意义问题的传统守护神——哲学为例,哲学史上各个时期对语言问题的关切都围绕意义展开。深受德裔美国哲学家恩斯特·卡西尔文化哲学影响的美国语言哲学家威尔伯·乌尔班曾指出,每当人类文化面临危机时,就会对语言和意义问题产生热情。乌尔班给人印象至深的一个重要观点即是他在《语言与实在》一书的开篇指出的"语言是哲学思想中最后也是最深刻的问题"(Language is the last and deepest problem of the philosophic mind.)②。乌尔班曾将人类历史上对语言问题的关切划分为五个时期,它们分别是:(1)希腊诡辩学派时代;(2)中世纪晚期经院学派;(3)18世纪认识论;(4)19世纪唯心主义的反动;(5)20世纪以来的"语言学转向"。③

　　西方思想史上对语言和意义问题的探讨可以追溯至亚里士多德时代的修辞学和罗马西塞罗时代的修辞学,期间经由中世纪早期的奥古斯丁符号学直至近代的英国经验论,都对语言和意义问题保持关注。语言与意义问题不仅为西方思想史所关注,在非西方的逻辑和宗教哲学中同样突出。这既见诸古代印度的逻辑学和宗教学的丰富传统,也见诸中国的古代哲学、逻辑学和文学研究领域,如春秋战国时代的儒家正名论、道家的老庄无名论、晋代欧阳建与王弼的言意关系论辩,在释教佛家哲学、理学和文学理论中也存在着丰富的对语言和意义问题的探讨。从这一意义上讲,语言和意义问题这个典型的符号学问题可以说是人类思想史上的"元"问题。

　　为什么语言和意义问题会成为人类思想史上的"元"问题,对这一疑问之答案的找寻必然将我们引向对人类本质即人性的思考。

---

　　①　李幼蒸.理论符号学导论[M].北京:社会科学文献出版社,1999:212-213.
　　②　URBAN W M. Language and Reality:The Philosophy of Language and the Principles of Symbolism[M]. London & New York:Routledge,2002:21.
　　③　URBAN W M. Language and Reality:The Philosophy of Language and the Principles of Symbolism[M]. London & New York:Routledge,2002:15.

一、人是符号动物

人何以为人？人与动物及自然的根本区别是什么？人的本性或曰本质为何？这些多少带有点同语反复意味的问题在人类的思想史上曾一再地被提及。法国文艺复兴时期的著名人文主义者、怀疑论思想家蒙田曾言："世界上最重要的事情就是认识自我。"蒙田的这一断言事实上也正是古今中外哲学探究领域的最高目标。西方的文明始于古希腊时期，在那里，从苏格拉底及其学生柏拉图开始，一代又一代的思想家和哲学家思考人类自我和人的本质问题。在《申辩篇》中，柏拉图借苏格拉底之口说道："一种未经审视的生活还不如没有的好。"①苏格拉底的这一论断实际上等于是宣称人的本质应当是不断地审视和探究他自身的存在物，按照这一观点人可被定义为"是一个对理性问题能给予理性回答的存在物"②。

在苏格拉底和柏拉图之后，亚里士多德对人性和人的本质问题进行了深入的思考。在亚里士多德看来，人的本性在于"求知"。他在《形而上学》篇中写道："求知是人类的本性。我们乐于使用我们的感觉就是一个说明；即使并无实用，人们总爱好感觉，而在诸感觉中，尤重视觉。无论我们将有所作为，或竟是无所作为，较之其他感觉，我们都特爱观看。理由是：能使我们识知事物，并明察事物之间的许多差别，此于五官之中，以得知于视觉之为多。"③在"求知"的基础上，亚里士多德把人定义为"社会动物"。他的这一认识被后来的马克思主义所继承。马克思在批判费尔巴哈把宗教的本质归结于人的本质时写道："人的本质不是单个人所固有的抽象物，在其现实性上，它是一切社会关系的总和。"④在这里，马克思强调的恰恰是人的社会性，正是这种社会性将人和人类社会与动物和动物世界区分开来⑤。但在卡西尔看来，亚里士多德和马克思主义对人之本质的这一定义不够全面，因为"它给我们的是一个类概念而不是种差。社会性本身并不是人的唯一特性，它也不是人独有的

---

　　① 卡西尔.人论：人类文化哲学导引[M].甘阳，译.上海：上海译文出版社，2013：11.

　　② 卡西尔.人论：人类文化哲学导引[M].甘阳，译.上海：上海译文出版社，2013：12.

　　③ 亚里士多德.形而上学[M].吴寿彭，译.北京：商务印书馆，1959：1.译文略有改动。

　　④ 马克思，恩格斯.马克思恩格斯选集：第1卷[M].中共中央马克思恩格斯列宁斯大林著作编译局，译.北京：人民出版社，2012：135.

　　⑤ 葛兰西认为马克思关于人的本性在于"一切社会关系的总和"的论断是最令人满意的一个有关"人究竟为何"这一问题的答案，因为这一论断"包含着形成的观念：人在形成，他不断地随着社会关系的改变而改变着，它之所以改变是因为他否定'一般的人'"。葛兰西.狱中札记[M].葆煦，译.北京：人民出版社，1983：39.

特权。在所谓的动物社会中,在蜜蜂和蚂蚁中间,我们都可以看到明确的劳动分工和极为复杂的社会组织。"①

卡西尔事实上赞同西班牙哲学家奥尔特加·伊·加赛特关于"人不是物……(因此他)没有一种(固定的)本性"的观点,后者在《作为一种体系的历史》(载《哲学与历史——纪念卡西尔六十寿辰文集》)一文中写道:

> 自然是一个物,一个由许多较小的物组成的大物。在物之间不管有什么区别,全都有着一个共同的基本特性,这个特性简单地表现在这个事实中:凡物都存在着,它们具有它们的存在。这不仅意味着它们实存着,它们在我们面前存在着,而且还意味着它们具有一个给定的确定的结构或坚固性……一个可供选择的表述就是"自然"这个词。而自然科学的任务就是透过变化不定的现象深入到恒定不变的本性或结构中去……今天我们知道,自然科学的全部奇迹,虽然在原则上讲可能是永无止境的,但在人类生活的奇妙实在面前却总是不得不停步不前。为什么?既然所有的物都已经把它们的大部分秘密交给了自然科学,为什么惟独这个领域如此坚定地顽抗到底?这必须作出深入彻底的解释。这个解释或许正是在于:人不是一个物,谈论人的本性是不正确的,人并没有本性……人类生活……不是一种物,没有一种本性,因此我们必须决定用与阐明物质现象根本不同的术语、范畴、概念来思考它……②

在加赛特看来,人和人类社会与自然不同,后者作为"实存"可以被自然科学所认识,19世纪以来自然科学的高歌猛进已经充分证实这一点。但人和人类社会却是与自然截然不同的"奇妙实在",它的奇妙性正在于它的精神世界的复杂性,因此用"埃利亚主义"的唯智主义来解释人和人类社会根本行不通。正是基于这一认识,加赛特认为:"人根本没有本性,他所有的是……历史。"③

卡西尔接受了加赛特的观点,进而指出物理事实与历史事实之间的区别即在于前者具有可重复性而后者属于过去,"过去是一去不复返的";因此"我们不可能重建它,不可能在一种纯物理的客观的意义上使它再生。我们所能做的一切就是'回忆'它——给它一种新的理想的存在。理想的重建,而不是经验的观察,才是历史知识的第一步"④。正是因为人的历史只能通过"理想

① 卡西尔.人论:人类文化哲学导引[M].甘阳,译.上海:上海译文出版社,2013:381.
② 卡西尔.人论:人类文化哲学导引[M].甘阳,译.上海:上海译文出版社,2013:293-294.
③ 卡西尔.人论:人类文化哲学导引[M].甘阳,译.上海:上海译文出版社,2013:294.
④ 卡西尔.人论:人类文化哲学导引[M].甘阳,译.上海:上海译文出版社,2013:299.

的重建"而不是"经验的观察"来逐步认识,因此,卡西尔认为探测物理事物本质的方法绝不可能适用于发现人的本性或本质。他认为"物理事物可以根据它们的客观属性来描述,但是人却只能根据他的意识来描述和定义"①。

应该说,在卡西尔的"文化哲学"中,"意识"这一概念的内涵十分宽泛,它涵括人的劳作(work)之方方面面——语言、神话、宗教、艺术、科学、历史……而在卡西尔看来,正是人的这种劳作使之与自然区分开来,也为我们认识人的本性开辟了通路。卡西尔指出:"人的突出特征,人与众不同的标志,既不是他的形而上学本性也不是他的物理本性,而是人的劳作(work)。正是这种劳作,正是这种人类活动的体系,规定和划定了'人性'的圆周。语言、神话、宗教、艺术、科学、历史,都是这个圆周的组成部分和各个扇面。"②卡西尔认为,人的劳作所产生的人类知识,就其本质而言,都是人类在运用符号创造文化的过程中所形成的,因此它们都是符号化的知识。卡西尔由此断言:人,就其本质而言,是一种"符号化的动物"。他就此写道:"我们应当把人定义为符号的动物(animal symbolicum)来取代把人定义为理性的动物。只有这样,我们才能指明人的独特之处,也才能理解对人开放的新路——通向文化之路。"③

这样一来,卡西尔便在"人、符号、文化"三者之间建立了内在的联系。在他看来,人并没有什么与生俱来的抽象本质,也没有什么万古不变的永恒人性;人的本性或本质就在于他能够运用各种各样的符号去创造文化,正是在这种创造文化的动态的过程中人性才得以不断地丰赡。说到底,生活在各个历史时期的人尽管他们创造历史活动的目的、结果和过程可能相去甚远,但在本质上却都殊途同归——他们在运用符号创造文化的同时也使自身变成"文化的人"。如果说人有什么本质或本性的话,这便是!

二、符号学的理论视野

诚如卡西尔所论,人是符号化的动物,人的本性或本质正体现于其运用符号创造文化的过程中。在人类各种各样的文化创造活动中有一项最最基本的活动引起古今中外众多思想家的广泛关注,就是前文提及的语言及与语言有关的意义问题。我们还知道,自 20 世纪初开始,研究语言与语言有关的意义问题的学科被称为语言学,在"现代语言学之父"瑞士人费尔迪南·德·

---

① 卡西尔.人论:人类文化哲学导引[M].甘阳,译.上海:上海译文出版社,2013:10.
② 卡西尔.人论:人类文化哲学导引[M].甘阳,译.上海:上海译文出版社,2013:115.
③ 卡西尔.人论:人类文化哲学导引[M].甘阳,译.上海:上海译文出版社,2013:45.

索绪尔看来,这隶属于符号学这门涵括性更为宽广的学科。

作为学术术语的"符号学"来源于西方,其历史范围大致与西方的哲学史和思想史相当,这与西方思想形态具有较强的分析倾向有关。一般认为,现代符号学肇始于索绪尔开创的现代语言学。然而,尽管索绪尔被普遍认为是现代语言学的奠基人,但他却认为语言学是符号学的一部分,因为后者的涵括范围更为宽广。在他身后由其学生根据其讲课内容整理而成的《普通语言学教程》一书中,索绪尔指出符号学研究"将告诉我们是什么构成了符号,什么规则在支配它。既然这门科学还不存在,没有人能说出它将成为什么样;但是它有权存在,它的地位是先前就确定了的。语言学仅仅是普通符号学的一部分;符号学所发现的规则也适用于语言学,而且后者将是人类学事实中一个确定的领域"①。可见,索绪尔为语言学安置了一个恰当的位子,为之找到更大的母体——符号学,尽管他在提出这一观点时符号学尚不是一门成型的学科。20世纪以来的语言学和符号学的发展也印证了索绪尔的这一观点。从目前国际符号学的主要内容看,语言学(或称语言符号学)不仅在其中占据基础性的位置,还成为其他各个部门符号学学科研究的主要理论来源和方法指导。因此,研究符号学必须先从语言学或语言符号学谈起。

如果将19世纪作为西方哲学研究的古典时期和现代时期的分水岭,那么,我们会发现西方的古典哲学和现代哲学在研究旨趣和关注的主要问题方面存在明显的差异。西方古典哲学重视对人的本性和理性能力的反思,这种研究旨趣在康德那里达到顶峰并开创"哥白尼式"的新时代。现代哲学的突出特点是重视对人类语言机制和功能的思考,这使得20世纪成为名副其实的语言哲学的时代。现代西方哲学的这种对语言机制和功能的思考旨在从结构、功能、意指等多个角度,对作为思维工具的语言进行反思性的分析。此种努力于20世纪初在索绪尔那里取得标志性的突破,进而开创了一个在人类学术思想史上影响深远的"语言学转向"时代。

(一)语言符号学

从符号学的视野看,语言学通常被当作语言符号学来研究。在索绪尔和丹麦语言学家叶尔姆斯列夫所开创的语言符号学中存在着两对基本范畴。一对是语言(langue)和言语(parole),另一对是能指(signifiant)和所指(signifie)。

1. 语言和言语

在langue和parole这对范畴中,前者又被称为"语言结构",后者则被称

---

① 索绪尔.普通语言学教程[M].刘丽,译.北京:中国社会科学出版社,2009:19. 着重号为笔者所加.

为"言语表现"。"语言结构"用来描述有关语言的结构、系统、制度、法则和关系,是规约系统的全体。这种规约系统全体既外在于个人的实际言语行为,通过个人的实际言语行为实现。"言语表现"则是个体层面的实际语言运用,即我们每个人每天都在实际进行的语言活动。这种语言活动是一种实在,因此具有物理性,通过对这种语言活动的分析和研究可以找出一定时期人类语言的规律,这种规律体现的正是该历史时期中语言结构的特点。索绪尔语言学严格区分共时性(syncrony)语言学和历时性(diacrony)语言学。简单地说,共时性语言学研究的是同一历史时期内语言现象中各成分之间的关系,历时性语言学研究的则是人类语言的历史演变,包括各个不同历史时期语言现象之间的关系以及它们之间的演变规律,它相当于语言历史学[①]。索绪尔语言学的研究重点是共时性语言学。正是因为索绪尔的语言学敏锐地指出了语言结构的存在以及它对个体的言语表现的规约性限制作用,因此他的语言学又被称为结构主义语言学。[②]

在索绪尔的结构主义语言学中,语言和言语(下文将要论述的能指和所指大体相同)是一体双面的实体,二者相因相生须臾不可分离,没有语言结构就没有言语,同样,没有言语也就无所谓语言结构。诚如丹麦语言学家布龙达尔所言:"语言结构是一个纯抽象的实体,一种超越个人的规范,一种基本类型的集合,它们被言语以无穷无尽的方式实现着。"[③]

2. 能指和所指

索绪尔等人的结构主义语言学有一个非常重要的基本概念——符号(signe)[④]。在索绪尔之前的符号学研究中,signe 通常被理解为是代表另一物的某一物。这种观点实际上是认为"符号"的实质是其代表性。但索绪尔却小心翼翼地与这种观点保持距离。在《普通语言学教程》一书中,索绪尔未使用代表者和被代表者的二项关系方式,而是将符号看作由能指和所指构成的

---

① 索绪尔.普通语言学教程[M].刘丽,译.北京:中国社会科学出版社,2009:第一部分第三章及第二、三部分.

② 有人认为索绪尔的语言"结构观"曾受到美国语言学家惠特尼的启示,理由是索绪尔曾在 1894 年的笔记中记下了有关惠特尼的如下看法:语言是完全存于人之外的现实,自有其组织,像是"寄生于我们生存表面的植物。但它又是人的事物,有其自然功能,因而"语言是人的制度"。李幼蒸.理论符号学导论[M].北京:社会科学文献出版社,1999:111.

③ 巴尔特.符号学原理[M].李幼蒸,译.北京:中国人民大学出版社,2008:5.

④ signe 在李幼蒸等人的符号学著作和译著中常常被译为"记号"。对此,李幼蒸本人在《理论符号学导论》(1999)一书中是这样解释的:"将 sign 译成记号以与译成符号的 symbol 相区别,而将研究记号及其系统的学问 semiotics 或 semiologie 译成符号学,这种译法完全是由国内用语习惯决定的。"(前引书,第 1 页)本文采用目前国内符号学研究界普遍采用的译法,即将 signe 译为"符号"。

双面实体,沟通能指和所指两个维面的是"意指作用"(signification,又译"意指关系");意指作用可被看成一个过程,旨在将能指和所指结成一体,这一过程的结果即是符号。可见,作为语言基本单元的符号在索绪尔那里是一种三项关系方式,它不仅包含能指和所指两个维面,而且这两个维面之间还有不可分割的"意指作用"过程,正由于"意指作用"这一过程的存在,能指和所指才结合成一个实体。索绪尔以"树"(拉丁语:arbor)为例,用下图说明能指和所指的关系:

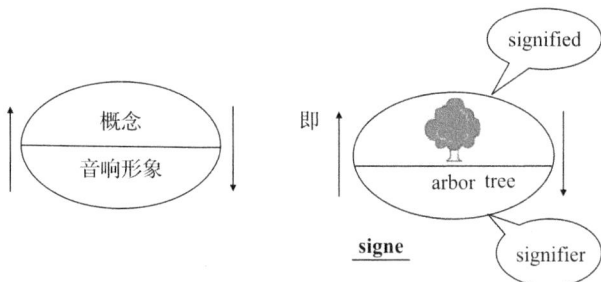

图 3.1　索绪尔结构主义语言学中能指和所指关系示意图①

　　图中的椭圆形整体即是由一个能指和一个所指构成的双面体的符号。当我们听/看到 tree 的音/像时即会在脑海中浮现出概念性的"树"的形象,这一过程即是意指作用过程。索绪尔清楚地知道自己的符号定义与通常用法不同,他说:"我们把概念和音响形象的结合体称为'符号',但是现在这个术语的用法一般仅仅是用来指音响形象、一个词,例如'arbor'等等。"②索绪尔反复强调其所用的符号概念指的是一个"双面性的心理实体",这也就是能指和所指犹如一张纸的正反两面,它们相因相存,须臾不可分割。但是,索绪尔也指出,能指和所指之间的关系并不是固定不变的,而是任意的,不过一旦这种意指关系确立,它便在相当长一段时间内一直发挥作用,直至新的意指关系出现并取代原有的意指关系。

　　结构主义语言学中的语言结构和言语,能指和所指概念对于我们分析其他的社会和文化现象非常有用。事实上,后来的罗兰·巴特、让·鲍德里亚等人正是在结构主义语言学的启示下,运用语言结构和言语以及能指和所指的概念分析、研究包括广告、时尚、服装等在内的多种社会和文化现象,取得的学术成果。

---

①　索绪尔.普通语言学教程[M].刘丽,译.北京:中国社会科学出版社,2009:81.略有改动。

②　索绪尔.普通语言学教程[M].刘丽,译.北京:中国社会科学出版社,2009:81.

(二)一般符号学和文化符号学

李幼蒸在《理论符号学导论》一书中将符号学划分为三大类别:语言符号学(Linguistic Semiotics)、一般符号学(General Semiotics)、文化符号学(Cultural Semiotics)。语言符号学在上文中已有论述,它是所有其他类型符号学(包括各种部门符号学)的根基和理论策源地。这里简要讨论一般符号学和文化符号学。

一般符号学将符号学的研究对象从语言符号系统扩展到一般符号领域,即所谓的符号学"一般化""普遍化""泛化",其潜台词是,语言符号系统只是符号世界的一个部分而非全部。李幼蒸认为,索绪尔和叶尔姆斯列夫等人开创的结构主义语言学都从这一认识论为前提,尽管他们实际的研究旨趣仍集中于语言符号系统领域而未建立起一门一般符号学。20世纪60年代以降,法国的罗兰·巴特和格雷马斯等都试图将语言符号学的理论与方法运用到其他符号领域中去,如巴特就曾运用语言符号学中语言和言语、能指和所指以及二者之间的意指关系理论对包括服装、广告、饮食等符号系统进行分析和阐释;格雷马斯则在普遍语义学和一般叙事学领域做出重要贡献。尽管他们在拓宽符号学研究疆域方面贡献卓著,但并未创建真正意义上的一般符号学。这一局面一直持续到20世纪70年代中期,意大利符号学家艾柯才正式提出"一般符号学理论","为我们提供了最适当的典型,使我们对今日一般记号论的基础、前提、可行性和存在的问题与困境,有了更清楚的认识"①。艾柯的一般符号学理论表现出典型的语用学分析特征,他在意指知觉过程分析和意指符号生产方式的分析领域均取得重要的成就。此外,艾柯在一般文化逻辑学、符号分类学、符号学思想史、符号学与意识形态分析,各种记号系统的具体研究(文学、史学、建筑、电影等)领域建树颇丰②。

文化符号学则是一个颇具歧义的概念。一般而言,文化是个包罗万象的概念,无论是按照广义的文化概念还是狭义的文化概念,语言都应属于文化范畴。因此,语言符号学显然应涵括在文化符号学之内。但在《理论符号学导论》一书中,李幼蒸强调"文化符号学"的特定含义。在他看来,文化符号学是与语言和准语言研究相对而言的,"因此不是对'纯'语言现象的符号学研究,而是对包含语言在内的文化与思想的符号学研究"③。另外,他还强调了他眼中的文化符号学属于"非严格分析一类","因为它以人类社会历史的思

① 李幼蒸.理论符号学导论[M].北京:社会科学文献出版社,1999:453.
② 李幼蒸.理论符号学导论[M].北京:社会科学文献出版社,1999:533-564.
③ 李幼蒸.理论符号学导论[M].北京:社会科学文献出版社,1999:572.

想形态为分析对象"①。李幼蒸认为各种部门符号学,如广告、建筑、电影、戏剧、仪式研究等属于文化符号学的范畴。《理论符号学导论》中的"文化符号学"一编包含对俄国文学形式主义、捷克结构主义、塔图学派的文化类型学、巴赫金的符号学诗学,法国后结构主义(代表人物包括德里达、克里斯蒂娃、福柯)等文化与思想的讨论,足见文化符号学之博杂。

　　笔者以为,从大文化的概念出发,无论是语言符号学所关注的语言符号系统,还是一般符号学所关注的人类文化思想史和各种具体的文化现象,它们事实上都属于文化的范畴,因此文化符号学具有最大的涵括性这一结论确定无疑。本书研究的广告是当代重要的社会和文化现象,显然可以运用文化符号学的理论和方法来研究。法国符号学家、文化批评家巴特在将(语言)符号学运用于广告研究方面做出了开创性的贡献,他将符号学与广告研究结合起来的尝试启发了众多的后来者耕耘于这一领域并取得丰硕的成果,其中突出的有让·鲍德里亚、朱迪思·威廉森、苏特·加利。

第二节　符号学观照下的广告研究

　　所谓符号学观照下的广告研究,就是运用符号学的理论与方法对广告本体展开诠释性的研究,以理解广告符号中蕴含的意义和意识形态性。本节着重研究对由广告本体构成的广告符号中所蕴含的意义的解读,对广告符号的意识形态分析因其牵涉其他领域的理论(特别是结构主义马克思主义意识形态理论等)而具有较大的差异性而留待下一节展开。

　　众所周知,符号学是广告文化研究领域的重要的理论与方法来源。前文已经言及,在运用符号学的理论与方法研究广告领域,开先河者当推法国人罗兰·巴特。他是第一个运用符号学中的语言和言语、能指和所指及二者之间意指关系理论对广告本体开展意义释读的西方学者。在巴特之后,鲍德里亚②、威廉森、加利等也都运用符号学、马克思主义政治经济学分析以及意识形态分析理论对广告本体的意义和意识形态性进行深入的释读。

　　①　李幼蒸.理论符号学导论[M].北京:社会科学文献出版社,1999:572.
　　②　La societe de consummation,Paris,Gallimard,1970;For a Critique of the Political Economy of Sign,Louis:Telos Press,1981;Fatal Strategies,New York:Semiotext(e),1990;Symbolic Exchange and Death,London:Sage,1993.

一、罗兰·巴特与他的广告"神话"

在《今日神话》一文的开篇,巴特问道:"在今天,何谓神话?我马上就要提出一个初步的、非常简单的解答,这一解答和语源学极为相符:神话是一种言语。"[1]巴特将"神话"视为一种言语,这道出其文化符号学诠释性研究与结构主义语言学之间的渊源。在结构主义语言学中,言语是与语言结构相对立的概念,它既受制于语言结构,又是语言结构的实现。言语可以构成符号,后者又可被分解为能指和所指或者用叶尔姆斯列夫的说法——表达面和内容面。巴特认为,能指和所指之间的意指关系是我们发现神话之一切秘密的一条关键线索。巴特受结构主义语言学中对"引申意义"之探讨,特别是叶尔姆斯列夫语义学中对初级意指和二级意指[2]区分的启发,建立了他著名的神话分析系统——ERC。其中的 E 和 C 分别对应于叶尔姆斯列夫所谓的"表达面"(能指)和"内容面"(所指),R 代表两个维面间的意指关系(signification),这样就得到意指关系系统 ERC,它构成一个完整的符号。巴特的研究并未就此止步,他进一步指出,这个初级的意指关系系统(符号)还可以进一步成为一个二级意指系统中的表达面或内容面,这个二级意指系统是就引申意义而言的。巴特就此写道:"现在我们假定,这样一个 ERC 系统本身也可变成另一系统中的单一成分,此第二系统因而是第一系统的延伸。"[3]

巴特根据初级意指系统进入二级意指系统的方式建立两个引申意指系统,在其中的一个系统中第一系统(ERC)构成二级系统中的表达面或能指:

$$2 \quad \overbrace{E \qquad\qquad R \qquad\qquad C}$$
$$1 \quad \underbrace{E \quad R \quad C}$$

它可以表示为:(ERC)RC。巴特指出:"这就是叶尔姆斯列夫称作的涵指符号学;于是第一系统构成直指(denotation)平面(按第一系统扩展而成的),第二系统构成涵指(connotation)平面。[4] 一个被涵指的系统是一个其表达面本身由一意指系统构成的系统。"[5]

在另一个引申意指系统中,第一系统(ERC)则构成二级系统中的内容面

① 巴特.今日神话[M]//吴琼,杜予.形象的修辞:广告与当代社会理论.北京:中国人民大学出版社,2005:1.

② 李幼蒸.理论符号学导论[M].北京:社会科学文献出版社,1999:292-294.

③ 巴尔特.符号学原理[M].李幼蒸,译.北京:中国人民大学出版社,2008:68.

④ 直指和涵指又被称为外延和内涵。

⑤ 巴尔特.符号学原理[M].李幼蒸,译.北京:中国人民大学出版社,2008:69.

或所指：

$$2 \quad E \quad R \quad \overbrace{}^{C}$$
$$1 \qquad\qquad\qquad E \ R \ C$$

它可以表示为 ER(ERC)。在巴特看来,"一切元语言都属此类"①。

巴特认为,符号学是一种形式的科学,它的研究对象是脱离了内容的意指;与此相似,"神话学"就其为一种形式科学而言它是符号学的,但就其为历史科学而言它又是意识形态的,因为它研究的是形式中的理念。这是一个很重要的表述,因为它清楚地表明了巴特创建神话学的目的之所在——运用符号学的理论与方法来揭示各种各样的社会文本和文化现象中"理念"或曰意识形态。巴特指出:"广告、报纸、广播、插图,还不算那些依然活跃的数不尽的传播仪式——它们主宰着社会表象——这一切东西的发展使得符号科学的建立比任何时候都更为紧迫。在一天当中,我们能穿过多少真正非意指的领域呢? 少而又少,有时根本就没有。我站在大海边上,大海确实不会带来任何讯息。但是在海滩上,符号学的材料何其多! 旗帜、标语、广告牌、服装,甚至防晒油,对我而言真是讯息繁多。"②可见,在巴特看来,我们生活在充满各种各样的符号材料的环境之中,它们以神话的形式向我们灌输着各式各样的理念(意识形态)。

图 3.2　《巴黎竞赛报》的一期封面 　　图 3.3　意大利 Panzani 面条广告

---

① 巴尔特.符号学原理[M].李幼蒸,译.北京:中国人民大学出版社,2008:69.
② 巴特.今日神话[M]//吴琼,杜予.形象的修辞:广告与当代社会理论.北京:中国人民大学出版社,2005:5.

　　巴特曾尝试运用他创立的神话学释读两个经典的符号材料,一个是《巴黎竞赛报》的一期封面(图 3.2),另一个是意大利 Panzani 面条的广告画(图3.3)。在前一个符号材料中,我们看到一个黑人男孩身着法国军装行军礼,男孩的脸上稚气未消,他双眼上扬,可以推测他正在凝神注视着一面法国三色国旗。从这样一幅普通的杂志封面图片中,巴特读出其背后蕴藏着的"理念"(意识形态)——阿尔及利亚去殖民化的独立运动正如火如荼地进行,这个身着法国军服的黑人男孩(很可能是向着一面法国国旗)行军礼照片传达的一个神话(涵指)——法国是一个伟大的国家;各种肤色的法国国民都团结在法国国旗之下;男孩表现出的对法国的热爱之情是对反殖民运动的最好回答。巴特就此写道:"我清楚地看见它对我意指:法国是一个伟大的帝国,她的所有子民,没有肤色歧视,忠实地在它的旗帜下服务,对所谓殖民主义的诽谤者来说,没有什么比这个黑人效忠所谓的压迫者时展示的狂热有更好的回答了。因此,我再度面对了一个更大的符号学系统:这里有一个能指,它本身是凭着前一个系统形成的(一个黑人士兵正在行法国式军礼);还有一个所指(在此是有意把法兰西特征与军队特征混合在一起);最后,还有通过能指而呈现的所指在场。"[①]

　　在后一个符号材料中,巴特指出我们可以将画面中的信息——几包 Panzani 面条,一听罐头,一代香料,一些西红柿、洋葱、胡椒、蘑菇,它们装在一个半开的网袋中,其中的几样物品已从袋子中滚落出来;这些物品连同图片背景的基本色调是黄色、绿色和红色,这样的画面和色彩搭配形成的能指清楚地与其所指——意大利——联系了起来,"或者更确切地说是意大利风味"[②]。这样,在涵指即巴特所谓的神话层面上,这则广告实际上是旨在向我们传达极具意大利性的民族文化。

　　巴特运用他自己创建的神话分系统分析和阐释了包括饮食、汽车、服装等在内的许多广告符号系统,他后来总结说:"在广告中,形象的意指作用无疑是意向性的:广告讯息的所指是由产品的某些属性先行构建的,而且这些所指必须尽可能清晰地被传送出去。如果说形象包含符号,那我们就能确信,在广告中,这些符号是充盈的,是以最合适的阅读角度形成的:广告形象是坦率的,或者至少是毫不含糊的。"[③]

---

　　① 巴特.今日神话[M]//吴琼,杜予.形象的修辞:广告与当代社会理论.北京:中国人民大学出版社,2005:8-9.

　　② 巴特.形象的修辞[M]//吴琼,杜予.形象的修辞:广告与当代社会理论.北京:中国人民大学出版社,2005:38.

　　③ 巴特.形象的修辞[M]//吴琼,杜予.形象的修辞:广告与当代社会理论.北京:中国人民大学出版社,2005:37.

从今天的视阈看,巴特是历史上第一个将符号学与广告学研究相结合并取得显著成就的学者,就这一点而言,他是当之无愧的广告符号学的奠基人。巴特开创的对广告的符号分析系统启发了许多后来的广告研究者,其中就包括鲍德里亚、威廉森和加利。

二、让·鲍德里亚与他的"商品—符号"论

尽管鲍德里亚曾深受巴特思想的影响并聆听过巴特在巴黎开设的"物体系"符号意义讨论课①,但他并未发展出严格意义上的广告符号学理论。鲍德里亚毕生致力于分析"商品—符号"关系。在鲍氏看来,在一个消费文化占据文化"主因"(the dominant)的社会中,商品的使用价值和交换价值已经渐渐隐退至幕后而"符号价值"跃至前台,后者"将商品重新定义为主要是被消费和展示的一个象征"②。"商品""符号""象征",这些概念在鲍德里亚的消费社会和后现代理论中有内在的关联性。他在其后期的作品中进一步发展了这一逻辑,得出"商品即符号,符号及商品"的结论,从而将他的同胞、"境界国际"的代表人物居伊·德波在《景观社会》(2006)一书中提出的"商品即形象,形象即商品"这一论断推进了一步。

鲍德里亚在马克思主义政治经济学批判理论的基础上结合符号学的理论与方法,分析消费社会中商品化发展的新趋势。他指出,消费文化的逻辑必然导致商品的符号化以及晚期资本主义体系对符号进行积极的操纵,最终使得能指得以成功地游离于物体之外而实现自我指涉。鲍德里亚的这一观点是我们理解其全部消费社会或后现代理论的关键线索,即随着符号在消费社会中的巨量繁殖和增生——广告在这一繁殖和增生过程中所起的作用值得我们注意——能指最终得以与所指脱离从而成为"自由漂浮的能指";如此一来,"客体"取得对于主体的胜利,物质的真实世界被由符号营造出来的后现代"幻象"击败了;生活在这样的后现代幻象之中的人彻底丧失"主体性"而沦为一具具"行尸走肉"。

鲍德里亚的"商品—符号"论与其"仿真"(simulation)、"内爆"(implosion)、"超真实"(hyperreality)等后现代概念密切相关。在鲍氏那里,仿真指晚期资本主义或跨国资本主义社会中由于大众传播媒介对人类生活

---

① 巴特曾于1962—1963年在巴黎高等实践学院开设过以"当代符号意义组构系统目录:物的体系(衣服、食物、住房)"为主题的讨论课,鲍德里亚当时是听众之一。

② 贝斯特.现实的商品化和商品化的现实:波德里亚、德波及后现代理论[M]//凯尔纳.波德里亚:一个批判性读本.陈维振,陈明达,王峰,译.南京:江苏人民出版社,2008:52.

的全面渗透而产生出的一个个虚幻的"拟态环境",这其中,电视(互联网络在鲍德里亚生活的时代尚未成为媒介的主流)的作用绝对不容小觑。大众传播媒介、主题公园、梦幻般的购物中心……当然,还有广告制造出的一个个"欲望"世界,为身处其中的人们营造了一个"超真实"的后现代世界。在这样梦幻般的后现代世界中,"媒介中惰性的加速和意义的内爆;大众中社会事物的内爆;虚无和无意义的黑洞中大众的内爆"①已经将主体世界中以往的实在性和意义联系彻底砸碎,"媒介、仿真、超真实和内爆终将抹去私人和公众、内部和外部、媒介和现实的区别。从此以后,在客体的世界中,一切都变成公众的、透明的、狂热的和超真实的,随着时间的推移,这个客体世界正在获取着魅力和诱惑力"②。这样一来,现代哲学中主体和客体之间的辩证关系被推翻了;主体,这一现代哲学的宠儿也在鲍德里亚形而上学的抽象推理和客体的胜利中彻底败下阵来。

应该说,在鲍德里亚早期对消费社会的研究中,他已经注意到被商品(物)所包围的人类生活环境中商品符号化对于马克思主义意义上的"拜物""异化"等现象的固化与加深。③ 商品的符号化是垄断资本主义向晚期资本主义或跨国资本主义过渡过程必然的伴生现象。说这种伴生现象存在着必然性是因为它是晚期资本主义的文化逻辑所要求的。晚期资本主义社会同时也是消费主义和消费文化占据"主因"的社会(参见第四章的相关分析),这意味着在由"生产—分配—消费"构成的资本主义经济体系中,消费已经摆脱"生产之附庸"的从属地位而使自身的重要性获得空前的实现。值得注意的是,许多西方的社会和人文科学学者普遍认为消费在当代资本主义体系中的重要性已经超越生产,这当然与现代社会中商品的极大丰盛不无关系。商品的极大丰盛迫切要求卖出大量商品,必然要通过大众传播媒介,特别是广告,来向消费者传播和灌输消费主义的意识形态。由此看来,笛卡尔那句著名的"我思故我在"在消费文化中演变成"我买故我在"(芭芭拉·克鲁格语),绝非

① 波德里亚:一个批判性读本.陈维振,陈明达,王峰,译.南京:江苏人民出版社,2008:17.

② 波德里亚:一个批判性读本.陈维振,陈明达,王峰,译.南京:江苏人民出版社,2008:23.

③ 相关论述参见鲍德里亚的早期著作《消费社会》(La societe de consummation,1970;英译本1998;中译本2000)。在为该书写的序言中,英国雷丁大学荣休教授梅耶认为鲍德里亚此书的任务就在于:"砸烂这个如果算不上猥亵的,但却是物品丰盛的,并由大众媒介尤其是电视所强力支撑着的恶魔般的世界;这一世界威胁到了我们所有人。"当然,这只是梅耶自己的解读,至于鲍德里亚本人是否也怀有这样的革命性规划却并不自明。事实上,从鲍氏在《消费社会》的字里行间以及他的后期著作中,我们倒是能感觉到他更倾向于向这个"客体世界"举手投降。

戏谑，而实实在在地道出消费资本主义的内在逻辑。

在消费资本主义社会商品符号化的发展过程中，广告扮演十分重要的角色。商品成为符号不仅要借助品牌化的力量，更要借助广告的威力，将各种各样的品牌符号传播出去，让它们成为社会空间和文化空间中的有机组成。同时，广告在传播这些商品符号的过程中还成功地履行了赋予商品一定"意义"的职能。关于这一点，英国文化研究学派的开创性人物威廉斯早有体察，他在《广告：魔幻般的系统》一文中如此写道：

> 光是说啤酒能喝不也就够了？何必又多此一举，说喝了它就会显得雄赳赳而心神焕发，或是和蔼容易亲近？洗衣机是个有用的洗衣机器不就得了？何苦说有了它我们就比邻居来得有见识，就是邻居美慕的对象？有些研究证据的确显示，前举的那些隐喻或名言，真的是能够用来促销啤酒与洗衣机之类的产品，以此，我们可以明确地推知在我们的文化形态里，光是物品本身还不能算数，假使要把它们推销出去，还得把它们比附于特定的社会或人际意义，而这些意义在不同的文化形态里可能比较容易让人感受到一些。"①

事实也的确如此，今天的日常消费行为越来越重视追求符号和意义。我们买一双 Nike 运动鞋、一罐青岛啤酒、一部 iPhone 手机……看重的并非使用价值，而是符号价值，即身份、形象等。这种符号价值通过广告传播在消费行为发生之前即早已在我们的心智中扎下了根。可见，广告为商品赋予意义的过程其实也就是商品的符号化过程，这既是广告的运作机制，也是它成功的诀窍。正如当代西方精神分析学派理论权威之一的埃里希·弗罗姆指出的那样，我们消费一瓶可口可乐并不是在消费它的使用价值，而是它的符号价值，我们其实是在"饮用"可口可乐的"标签"。当我们"拿到一瓶可口可乐，我们是在饮用广告上的俊男俏女，我们是在饮用'停下来提提精神'这个广告词，我们是在饮用伟大的美国习惯，我们绝不是在品尝味道。更糟糕的是，我们正在消费一种由广告公司炮制出来的假象"。关于广告成功的诀窍，鲍德里亚自然也是心知肚明，他指出：

> 广告的诀窍就在于到处使用"货轮"魔法（土著们所梦想的总体的奇迹般丰富）来取代市场逻辑。
>
> 广告的所有把戏都朝着这个方向发展。看看不论在何处，它都显得审慎、友善、不事张扬、不含私心。一小时的广播只有一分钟闪电似地提

① WILLIAMS R.Advertising：The magic system［M］//Problems in Materialism and Culture.London：Verso，1980：170-195.

到商标。四页广告写得如同散文诗一般,而公司的商标却羞涩地(?!)躲在其中一页的底部。还有所有那些自得其乐的游戏、不断增多的以退为进及"反广告"闹剧。第 1 000 000 辆大众车的广告是白纸一张:"我们无法将它展示给您看,它刚刚被卖掉了。"这足以载入广告修辞学史册的一切,都首先是因为广告必须改变其作为经济约束方案的形象,并维持其作为游戏、庆祝、漫画式教诲、无私社会服务的虚构形象,由此自然而然地演绎而来的。炫耀自己的无私发挥着财富的社会功能(维布伦)和一体化因素的作用。人们甚至会有限度地对消费者玩弄挑衅、说反话的把戏。一切都是可能的,而且一切都是好的,这并不完全是为了促销,还是为了恢复协调、合作、沟通——简而言之,为了生产出关系、团结、交流。尽管广告引发的这种协调可能随后就落实到对某些物品的依附、落实到购物行为和对消费经济命令内在的服从,这是当然的,但这并不是本质的,无论如何广告的这种经济功能是由其总体社会功能造成的。这就解释了为什么它从来都不是确实可靠的。①

为了生产出这种"关系、团结和交流",广告需要赋予商品意义和象征价值(显然商品本身并不拥有这样的能力),将商品进行符号化处理,以便向消费者传达和交流这种意义和象征价值。可见,鲍德里亚所谓"商品符号化"过程实际上是使商品成为意义和象征价值之"传播者"(communicator)的过程。在鲍氏看来,晚期资本主义社会的控制重心已经从生产领域转移到消费领域,在这样的社会语境下,人们的需求(或许马尔库塞所说的"虚假需求"更为妥帖)乃至社会化过程都被符号牢牢控制着,这其中,广告的作用功莫大焉!

鲍德里亚对于广告在"商品符号化"过程中作用的认识是恰当的,因为这确实是今天的社会现实,但他对后现代图景的夸张描绘却无法令人全盘照收。事实上他的描绘甚至耸人听闻,因而需要批判地看待。

如果说,现代人生活在一个由广告罗织的大网之中,不如说他们生活在一个由广告创造的无数个符号所弥漫的"超真实"世界中。这样的"超真实"世界既是广告符号运作的结果,也是它的成因——借助于电视等大众传播媒介。现代广告从其诞生的第一天起就与商品、消费、消费文化、消费主义等有极强的"选择性亲和力"②。随着经济、社会和文化因素在晚期资本主义社会中的发展演变,现代广告早已超越其早期的所谓"印在纸上的推销术"(约翰·肯尼迪语)的阶段而承担起使"商品符号化"的新使命。这是马克思当年没能预见到的,这有多方面的客观原因。首先,在马克思生活的时代,"生产"

① 波德里亚.消费社会[M].刘成富,全志钢,译.南京:南京大学出版社,2000:187.
② 关于广告与消费主义关系的分析参见第四章中的相关论述,此处从略。

仍然是资本主义体系中的核心环节,分配和消费从属于生产。其次,在马克思生活的时代,大众传播媒介也远不如今日这样发达,广告虽然已经存在,但其作用如同分配和消费的地位一样,只是从属性的且规模有限,在经济和文化的舞台中央尚无一席之地。最后,马克思生活的时代"去古未远",启蒙、理性和科技现代性虽然已得到较大的发展并逐步占据社会思想体系的主流,但勤俭、禁欲、先劳动后享受的新教伦理观在人们的思想深处仍发挥着相当重要的作用,制约着人们的社会行动。

然而,启蒙和科技现代性在20世纪的飞速发展将垄断资本主义推向詹姆逊意义上的跨国资本主义阶段。对资本主义的这一新阶段的称谓不一而足:消费社会、后工业社会、丰裕社会、晚期资本主义社会、知识经济社会、信息社会⋯⋯它们都是从特定的视角对这一社会形态作出的描述。在消费资本主义阶段,如前所述,消费环节在资本主义自循环中的重要性超过生产,成为资本主义体系自身调节的核心。一句话,消费,而不是生产,才是消费资本主义社会面临的最大课题。这便强化了文化(或广义上的意识形态上层建筑)的作用。葛兰西、卢卡奇、列斐伏尔、弗罗姆等西方新马克思主义者和法兰克福学派的霍克海默、阿多诺、马尔库塞、洛文塔尔等理论家都曾认识到晚期资本主义社会中文化相对于经济的地位上升,他们从各自的角度开展了对消费社会和日常生活的研究。继他们之后,巴特、德波以及鲍德里亚等则将这种对晚期资本主义或消费资本主义文化的研究推向深入。其中,鲍德里亚的研究以其语不惊人死不休的气魄引起世人广泛的瞩目。然而,鲍氏在其后期作品如《象征交换与死亡》《在沉默的大多数的阴影中》《诱惑》《致命的策略》《交往的狂喜》等为我们描绘的后现代图景令人倍感恐怖以至脊背发凉。

应该说,对于他的后现代理论可能会给社会造成的不良影响,鲍德里亚自己也很清楚,他本人在《冷酷的记忆 II》中说自己"20岁时是荒诞玄学家——30岁时是境遇主义者——40岁时是乌托邦主义者——50岁时是横跨各界面(transversal)——60岁时是病毒和转喻——这就是我的历史"①。因此,对于鲍德里亚的观点我们应抱持批判的态度,诚如凯尔纳提醒的那样:"波德里亚是一位千年末的理论家,他为后现代性的新时代设立了标志杆,他是走向新时代的一位重要的向导。但是,考虑到他夸大了所谓的同现代性的决裂,因此,是应该将他的著作当作科幻小说还是当作社会理论来阅读,是当

---

① 波德里亚:一个批判性读本[M].陈维振,陈明达,王峰,译.南京:江苏人民出版社,2008:绪论第25页.

作荒诞玄学还是当做形而上学来阅读,这都还不能确定。"①我以为,凯尔纳对鲍德里亚的这一评价是中肯的。

三、朱迪斯·威廉森与她的"解码广告"

在广告本体文化研究的传统中,朱迪思·威廉森所著《解码广告:广告中的意识形态与意义》(1978)一书占据着重要的地位。在为该书第十五版(2002版)撰写的序言中作者透露说她最早于1976年开始写作此书。其时的美国已经是十分成熟的消费社会,各种各样的影像符号及对人极具诱惑力的商业标语充斥于日常生活空间。在消费文化的氛围中,广告开始不遗余力地鼓动人们通过消费来建立自己的社会身份和社会联系,这使得从小就深受马克思主义思想和流行文化如《甜心》杂志等两方面影响的威廉森感到无所适从,难以调和自己所知和所感之间的矛盾。为了研究广告,威廉森经年累月地大量收集广告作品(主要剪取自各类期刊杂志),将这些广告剪贴连同对它们的逐一分析作为一个课程计划提交给加州大学伯克利分校。

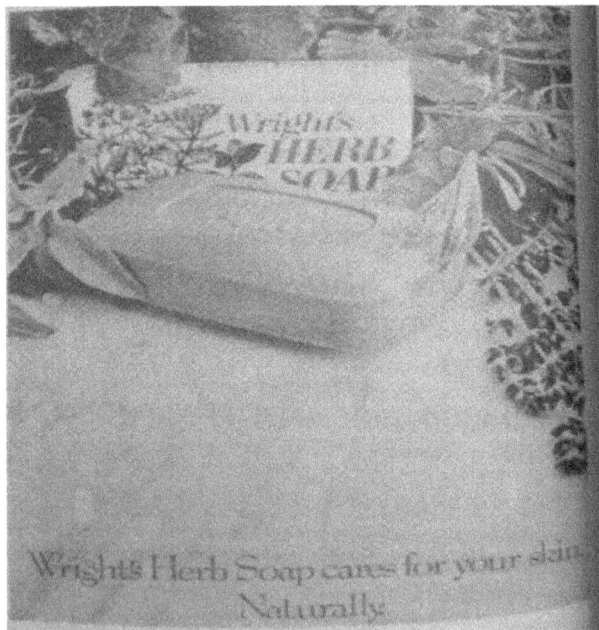

图 3.4　Wright's Herbal Soap 广告插图

---

① 波德里亚:一个批判性读本[M].陈维振,陈明达,王峰,译.南京:江苏人民出版社,2008:26.

正是在这些大量前期工作的基础上,威廉森后来出版《解码广告》一书。在该书中,她将由巴特所开创的广告符号学研究传统、弗洛伊德的心理分析以及马克思主义政治经济学批判结合起来,逐层为我们揭开了广告本体中蕴含着的种种意义与意识形态。比如,她运用巴特的"神话"理论系统分析了"Wright"草本香皂的广告,使得该件广告作品中的意识形态性跃然纸上(图3.4)。在这支广告中,我们看到一块 Wright 香皂及其包装盒被来自大自然的植物所包围,香皂中央的印字与包装盒正面中的"Wright's Herbal Soap"文字相映成趣。在广告的底部印着两行字,上面一行写道:"Wright 草本香皂关爱您的肌肤"。下面一行补充说:"自然地!"所有这些图片和文字构成此广告符号的能指,它将我们与 Wright 香皂的纯天然性这一所指联系起来。这是语言意义上的。在"神话"意义上,由这一广告符号本身构成的能指则隐秘而又"自然地"涵指向"使用 Wright 香皂,享受自然生活"的神话,这正是该广告传达的意识形态。正如威廉森指出的那样:"因为该香皂是'自然的',其功能作用当然也是自然的了。这两层意思不可分割。"①

在书中,威廉森对百余幅广告作品进行"解码",为我们读出这些广告作品中的意义与意识形态。她说她这样做的目的是揭示广告这一当代社会中最重要的文化因素对我们生活的"模塑"(moulding)与"再现"(reflecting)作用,"它们无处不在,已成为每个人生活中不可缺少的部分:即使你不读报不看电视,由广告制造出来的、弥布于我们的城市环境中的影像也会令你无处遁逃。充斥于所有媒体——但却不限于任何一种媒体,广告构成了一个巨大的超级结构,这种超级结构具有明显的自治存在和巨大的影响力"②。在威廉森看来,正是在这样的超级结构中"我们与那些商品之间是可交换的,广告向我们销售的是我们自己"③。

四、苏特·加利与他的"广告符码"

威廉森的《解码广告》面世九年后,苏特·加利在美国出版了一本同样极具诠释与批判性的广告研究著作——《广告符码——消费社会中的政治经济学和拜物现象》。在书中,加利紧紧扭住"人与物"的关系这条主线,运用马克思主义"拜物教"理论及人类学和精神分析等理论成果,对广告的意识形态性

---

① WILLIAMSON J. Decoding Advertisements:Ideology and Meaning in Advertising[M]. London:Marion Boyars,2010:126.

②③ WILLIAMSON J. Decoding Advertisements:Ideology and Meaning in Advertising[M]. London:Marion Boyars,2010:11.

与符号的价值增值、"时间的殖民"、人的物化、广告的"宗教化"等问题展开深入的论述,最终得出"在市场机制占主导地位的社会里,商品的交换价值支配着商品的使用价值","在资本主义体系中……广告不仅仅反映了而且它本身(除了实现剩余价值以外)也是剩余价值抽取过程中的一部分。资本侵入了意义的建构过程——资本使意识本身增值"①的结论。

加利深受马克思主义批评传统的影响。马克思在《资本论》中提出的资本主义社会中存在拜物教现象的理论成为他完成对"人与物"关系分析的理论基础。马克思针对资本主义生产关系提出两个重要的概念,一个是在《资本论》中提出的社会学和经济学意义上的"商品拜物教"(commodity fetishism),另一个是在《1844年经济学哲学手稿》中提出的哲学上的"异化劳动"(labor alienation)概念。在马克思看来,在前资本主义时期,人与劳动以及人与物之间的关系是有机的,二者都为了满足人类自身的实在需要;因此,无论是劳动还是物,对人的意义都是实实在在的。资本主义商品化的生产关系颠倒了这种有机的关系,它不仅使得工人的劳动成果——产品,成为供交换的商品,甚至连工人的劳动本身也成为一种商品(劳动力成为商品)。马克思指出,这种劳动力成为商品就是劳动的异化,因为我并不使用我自己的劳动生产我自己实际需要的物品,而是生产我并不需要的物品,我生产的物品对于我的劳动来说是异化的。同样,我消费的是他人生产的物品,它们与我之间也是异化的关系——虽然可以满足我的某些物质的或生理的需要,但却并不与我的本质发生"本体"性关系。

在马克思的思辨逻辑中,人与劳动关系的异化必然导致"商品拜物教"。所谓商品拜物教指商品的交换价值扭曲甚至掩盖商品的使用价值以及与这种使用价值相关的人与人之间的劳动社会关系扭曲的现象,即表面上看来是物与物之间通过货币为中介的交换关系,实际上应该是人与人之间通过劳动为中介的社会关系。马克思称这种现象为商品拜物教,它是资本主义商品化社会中特有的现象。

加利在运用马克思商品拜物教理论分析广告的过程中敏锐地发现资本主义商品化的过程实际上就是"物化"("物化"这一概念来自卢卡奇)的关系掩盖商品生产的全过程,从而使得"这种真实意义被系统地从商品中掏得干干净净",这样,"广告才能'乘虚而入',以自己的符号意义来重新填补(refill)这个空间"。换言之,资本主义商品化的生产体系"掏空"了真实的人与人之间的社会性关系,从而为广告"趁虚而入"、填补所留下的意义真空创造了条

---

① 杰哈利.广告符码:消费社会中的政治经济学和拜物现象[M].马姗姗,译.北京:中国人民大学出版社,2004:228,229.

件。加利写道：

> 商品拜物教中最重要的就是挖空商品的意义,藏匿真实的社会关系,通过人们的劳动将社会关系客体化于商品中,然后再使虚幻的/符号的社会关系乘虚而入,在间接的层面上建构意义。生产已被掏空,广告重新填充。真实在虚幻的遮掩之下已经无影无踪。
>
> ……
>
> 正是由于这个原因,看起来"微不足道"的广告才会有这么强大的力量。本质上(per se),广告给商品所赋予的意义并不是虚假的,而是这个意义在商品的生产意义被掏空后的空地上成了统治者。在与商品的互动过程中,人需要有关商品的意义。资本主义的社会关系打破了传统上生产者与产品之间的"有机联系"。同时,可能来填充这个空隙的其他机构与制度(如家庭、社区、宗教)也被资本主义削弱了。这时广告就有了力量,因为它提供的有关商品的意义是无法从其他地方获得的。这样的力量,源自人对意义的渴望,即人总要在商品的世界中,以符号来确定自己的位置。①

这里,我们再次看到前文中提到的人的符号性本质和乌尔班所谓的"每当人类文化面临危机时,就会产生对语言和意义问题的热情"的断言。如果说在前现代社会,人类通过神话和宗教建立与自然及上帝之间稳固的意义纽带的话,那么,经过启蒙、技术理性和科技现代性冲洗过的现代世界,不仅"上帝已死"(尼采语),在一些后现代社会理论家的眼里,甚至连人的主体性也已经死了。这便在人的生活世界中留下大片的意义真空。这样的意义真空被广告——这一资本主义现代性的杰出代表——敏锐地发现并成功地填补。这也是许多学者从不同角度得出广告是现代人真正意义上的"宗教"之结论的原因所在。

从巴特到鲍德里亚再到威廉森和加利,他们对有着现代人之"意义"宗教之称的广告的解码一以贯之。正是他们将符号学理论运用于广告研究的努力为我们理解广告这一社会和文化文本中蕴含的意义和意识形态开辟了一块广阔的领域,他们的研究成果也因此在广告学基础理论的研究领域占据重要的位置。如果说,在广告本体文化研究领域今天的广告学者可以有所建树的话,循着这些广告符号学前辈们开辟的道路,推动广告本体文化研究在广度和深度两个维面继续前进仍将大有作为。

---

① 杰哈利.广告符码:消费社会中的政治经济学和拜物现象[M].马姗姗,译.北京:中国人民大学出版社,2004:60,61.

第三节　广告的意识形态性

前文已经言及,本章着重运用符号学的理论与方法对广告本体开展文化研究,其核心是揭示广告本体中蕴含的意义与意识形态。为了论述的方便,我们分节讨论广告本体中的意义与意识形态,这完全是出于考察方便之故。事实上,广告本体中的意义往往与意识形态交织在一起,互为映射,交融互渗,难以割裂。

在探讨了广告本体中的意义问题之后,本节讨论广告本体中的意识形态问题。开始讨论之前,有必要先来回答一个或许该在本章开头即回答的问题——为什么要用符号学的理论和研究方法来揭示广告本体中的意义与意识形态? 换言之,是什么力量将符号学与意义及意识形态批判结合在一起? 对这一问题最简单的回答是——符号学的分析方法,特别是其中来自结构主义语言学的语言和言语、能指和所指、直指和涵指等概念为解剖广告本体中的意义和意识形态性(即巴特所谓的"神话")提供了极好的分析工具;因此,二者的结合体现了手段的合目的性。再往深里追究,可以发现符号学的研究对象正是文化,文化的实质即是思想,思想的表达工具又是语言。于是,文化、思想、语言这些人类生存的产物之间存在内在的逻辑关联,研究文化必然涉及对思想的研究,同样,研究思想必然涉及对语言的研究;无论是研究思想还是语言,必然涉及对意义乃至意识形态的研究。由是观之,符号学研究是必然内在地涵括了对意识形态的研究的。

一、意识形态概说

"意识形态"(ideology)一词的出现源自近代西方思想史中对社会意识与社会存在特别是现实政治和经济关系的思考和分析。这种思考和分析可以追溯至柏拉图对"三个世界"的划分与思考。柏拉图的心中有三个世界——理式世界、感性的现实世界、艺术世界。在它们之中,只有理式世界是自在自为、永驻不变的,它是真理的象征和所在。现实世界是摹仿理式世界的,艺术世界又是摹仿现实世界的。因而艺术世界是"摹本的摹本""影子的影子""和真理隔着三层"①。柏拉图的这种针对社会存在和社会意识之间关系的古典

---

① 朱光潜.西方美学史[M].北京:人民文学出版社,1979:42-46.

主义思考发展到康德那里臻至极致，后者提出的三大批判——纯粹理性批判、实践理性批判、判断力批判，将这种思考推至古典哲学所能达到的高峰。

近现代以降，西方哲学界对社会意识和社会存在之间的关系的分析和思考继续深入。19世纪初，法国哲学家特拉西在其所著《意识形态原理》一书中首次提出"意识形态"①这一概念。在法语中，"idéologie"的原意是"观念学"。特拉西为"意识形态"赋予两个层面的意义：一是认识论上的意义；一是政治实践上的意义。前者将人的感觉视作一切观念的可靠基础，认为通过对传统的意识和知识体系进行直接的感觉的还原检验，可以实现对人之观念的去伪存真；后者认为对观念"去伪存真"可以建立一套有根据的真实可靠的观念，从而为通过国民教育制度向民众灌输这些正确的观念开辟通途，如此"就能够将法国变成理性和科学的社会"②。显然，特拉西的这种意识形态哲学由于过分强调人的主观经验和感觉的作用而带有极强的唯心主义倾向，这种思想也因为被认为可能威胁宗教和世俗权威的地位而遭到质疑甚至是否弃，但是它对社会意识对现实政治乃至经济制度的影响的分析却引起马克思等人的关注。

近现代西方思想史上对意识形态或"意识形态批判"（Ideologiekritik）的思考是通过马克思和恩格斯的研究盛行起来的。而且，可以说，对意识形态或意识形态批判的研究在马克思主义传统中是一以贯之的，从早期的马克思和恩格斯合著的《德意志意识形态》到后来的西方马克思主义者如葛兰西、阿尔都塞，以及西马的最大学派——法兰克福学派中的霍克海默、阿多诺、马尔库塞等，他们对意识形态问题都给予了特别的关注。葛兰西的资产阶级"文化领导权"、阿尔都塞的对意识形态与国家机器之间的关系分析，霍克海默和阿多诺对资本主义"文化工业"的批判性分析、马尔库塞对发达工业社会意识形态的研究等等，都是对马克思主义意识形态理论的继承与发展。

在马克思和恩格斯看来，所有的意识形态都有阶级性，无阶级性的意识

---

①　关于是谁首先使用"意识形态"一词存有争议。阿尔都塞认为，卡巴尼斯、特拉西及其朋友们杜撰了"意识形态"这个词。在中共中央马克思恩格斯列宁斯大林著作编译局译的马克思《1844年经济学哲学手稿》一书书后的"人名索引"中，也认为是特拉西"在《意识形态原理》中首先使用'意识形态'这个概念"。而李幼蒸则指出"'意识形态'一词最早由18世纪末法国哲学家康狄亚克所用，而作为虚假现象剖析或错误观念批评的类似意思在西方哲学史上由来已久。"据卡尔·曼哈姆的考证，拿破仑曾使用这个词来蔑称周围的那些"思想意识的盲从者"（the ideologues），这些人中就包括卡巴尼斯、特拉西、康多塞等。特拉西曾在法国大革命开始后经历的一段"恐怖统治"时期（1793年9月5日至1794年7月28日）入狱，而后，在狱中他曾阅读过洛克和康狄亚克等人的著作。

②　杨河.马克思主义的意识形态理论与实践[J].北京大学学报：哲学社会科学版.2008,45(2):41-56.

形态并不存在。他们在深入分析"资产阶级"文化和哲学体系的方方面面后指出,资产阶级的政治、经济、法律、道德、文学和艺术,无不体现资产阶级的利益。为了维护自身的利益和对无产阶级的统治,资产阶级不仅运用手中的国家强力部门打压一切试图反抗其统治和利益的个人和组织,还将本阶级的意识形态"普世化""自然化"为全社会共同的意识形态,以此麻痹无产阶级的思想、瓦解无产阶级的革命意志。正是在这个意义上,马克思和恩格斯在《德意志意识形态》中指出资产阶级的这种意识是一种"虚假意识",他们总结说"统治阶级的思想在每一个时代都是占统治地位的思想。这就是说,一个阶级是社会上占统治地位的**物质**力量,同时也是社会上占统治地位的**精神**力量……因为每一个企图取代旧统治阶级的新阶级,为了达到自己的目的不得不把自己的利益说成是社会全体成员的共同利益,就是说,这在观念上的表达就是:赋予自己的思想以普遍性的形式,把它们描绘成唯一合乎理性的、有普遍意义的思想。"①

马克思和恩格斯一边揭露资产阶级意识形态的虚假性和隐蔽性,一边从历史唯物主义的立场出发,指出在意识形态以及包含有意识形态的"上层建筑"背后起制约作用的经济基础,即以生产资料私人占有为基础的生产关系。这便有可能抓住意识形态乃至整个上层建筑之产生和起作用的深层结构。这里又牵涉西方哲学和思想传统中对事物的二元式认识论结构。我们发现,在西方认识论传统中,一直存在着对表层与深层、基础与上层、语言和言语、能指和所指等颇具"家族相似"性的二元式概念的思考。它反映出西方知识思想领域长久以来的思维定势,这种思维定势及至 20 世纪 60 年代汇聚成广义的结构主义的结构决定论。从庸俗马克思主义的经济决定论,到尼采的准生物学的意志决定论,再到弗洛伊德的"力比多"即"性"决定论以及拉康和荣格的无意识决定论,直至结构主义语言学的语言结构决定论,它们都揭示一个规律——在任何事物的表象背后一定存在着起决定性制约作用的因素存在,社会理论乃至哲学研究的目标就是要挖掘出这种制约因素并研究它对表象的作用方式与运行机制,对意识形态问题的研究尤其如此。

继马克思主义经典作家之后,西方马克思主义传统中阿尔都塞无疑是在意识形态问题研究领域较有影响,他在这一领域的建树集中体现在那篇名文——《意识形态和意识形态国家机器》中。阿尔都塞在该文中将意识形态

---

① 马克思,恩格斯.德意志意识形态:节选本[M].中共中央马克思恩格斯列宁斯大林著作编译局,译.北京:人民出版社,2003:42,44.黑体为原文所加。

定义为"个人与他们的真实生存状况之间想象性关系的呈现"①,意识形态的一个基本功能是"把个体召唤为主体"②,从而使"个体"臣服于"主体",主体"在一般情况下是'自行工作的'","除了那些不时招致(镇压性)国家机器之一部进行干预的'坏主体'之外,绝大多数(好)主体'完全是靠自己',即靠意识形态(其具体形式实现于意识形态国家机器之中)顺利地进行工作的"③。

　　要想正确理解阿尔都塞这些较为抽象的表述需要结合葛兰西的"文化领导权"理论。在西方马克思主义阵营中,葛兰西是较早发现文化(意识形态从属于广义的文化范畴)在发达资本主义社会的重要性较马克思生活的时代大大提高这一现实的。葛兰西在《狱中札记》中深入地阐述过这一问题,他认为,在发达资本主义社会中,资产阶级实现对无产阶级的统治更多地不是依靠国家强制机器的作用而是依靠对"文化领导权"的控制。通过"文化领导权",资产阶级将自己的意识形态和价值观"普世化"为全社会共同的意识形态和价值观。这种意识形态的"自然化",较之国家强制机器而言,可以更加有效地统一全社会的意识形态,有助于维护资产阶级的利益和统治。阿尔都塞在葛兰西的这一认识的基础上更进一步,他认为马克思主义经典作家的国家理论对国家只是"镇压性国家机器"(repressive state apparatus,一译"强制性国家机器")的认识并不适应现代资本主义国家的实际。他从葛兰西所说的国家还包括由教会、学校、工会等若干个"市民社会"获得启发④,认为这些"市民社会"在新时期实际上履行着"意识形态国家机器"职责。而且,在现代西方发达资本主义国家中,尽管依旧保持着强大的镇压性国家机器,但在实际操作过程中他们更多地是通过意识形态的方式来同化人民大众的思想,麻痹他们的斗争意志,稳固自己的统治。

　　由此可见,阿尔都塞所谓的"好主体"和"坏主体"指的都是资本主义社会

---

　　① ALTHUSSER L. Ideology and Ideological State Apparatuses:Notes towards an Investigation[M]//ALTHUSSER L. Lenin and Philosophy and Other Essays. New York:Monthly Review Press,1971:162.

　　② ALTHUSSER L. Ideology and Ideological State Apparatuses:Notes towards an Investigation[M]//ALTHUSSER L. Lenin and Philosophy and Other Essays. New York:Monthly Review Press,1971:170.

　　③ ALTHUSSER L. Ideology and Ideological State Apparatuses:Notes towards an Investigation[M]//ALTHUSSER L. Lenin and Philosophy and Other Essays. New York:Monthly Review Press,1971:181.

　　④ 阿尔都塞在提及这一点时曾指出:"据我所知,我现在的思考方式只有葛兰西曾涉及过。他有一个'了不起'(remarkable)的想法,即国家不能被缩减为(强制性的)国家机器,而是包含——如他指出的那样——一定数量的'市民社会'机构:教会、学校、工会,等等。令人遗憾的是,葛兰西没能把这些机构系统化,有关文字仅是一些精辟却不完整的笔记。"

中的个人,尤其是指无产阶级个人,他们一出生就不可避免、无可遁逃地受到资产阶级"文化领导权"(借助于教会、学校、工会等"市民社会"机构的力量)的规训和洗脑。这种规训和洗脑要求个人自觉地遵行资产阶级的意识形态,自觉地维护资产本主义社会既成的生产关系和价值观,直至这成为他们的无意识行为。当然,对于极少数不遵行资产阶级意识形态和行为规范的所谓的"坏主体",等待他们的一定是镇压性国家机器的惩罚。

阿尔都塞对意识形态国家机器及其运行机制的发现和阐述丰富了马克思主义经典作家的国家理论,将传统的国家"一元论"(镇压性国家机器)发展成"二元论"(镇压性国家机器和意识形态国家机器且后者的作用更为突出),丰富和发展了马克思主义的国家学说,也丰富和发展了马克思主义的意识形态批判理论。

阿尔都塞对意识形态的研究自然而然地将他引向对"结构"的关注,他在《保卫马克思》一书中指出,意识形态虽然是个表象体系,"但这些表象在大多数情况下和'意识'毫无关系;它们在多数情况下是形象,有时是概念。它们首先作为结构而强加于绝大多数人,因而不通过人们的'意识'。它们作为被感知、被接受和被忍受的文化客体,通过一个为人们所不知道的过程而作用于人"①。可见,阿尔都塞将意识形态看作结构,结构在他看来是先在的;因此,意识形态的运行始终处于深度的无意识之中。

阿尔都塞后来还把他的结构观运用于对文本的释读领域,借用其好友雅克·马丁的"问题域"(problematic)概念来试图把握文本中的内在整体性和内在本质②。应该说,虽然阿尔都塞借用"问题域"概念的初衷在于从总体上把握马克思著作中的内在本质,但他的这一思想在结构主义盛行的语境下与后者的合流是自然而然的。阿尔都塞的"结构主义马克思主义者"称号也并非空穴来风,尽管他本人与其他法国结构主义学派成员之间并非简单的依附关系且他对结构主义的许多观点也存有质疑。

抛开这些不谈,阿尔都塞的"问题域"理论确实为我们读解文本提供了一种有效的方法。当然,要有效地揭示出文本中的"问题域"进而从总体上把握文本的整体性,还须借助阿尔都塞的另一个相关联的概念——症候式阅读(symptomatic reading)。所谓症候式阅读是一种深层阅读模式,它旨在穿越纸背,读出文本中隐藏的意义和意识形态话语,它实际上就是阿尔都塞的文本阐释学。在阿尔都塞看来,任何一个文本都包含有两部分:一是显性的内容,二是隐性的种种"假设","这些假设可能在文本之中全无任何痕迹,而仅

---

① 阿尔都塞.保卫马克思[M].顾良,译.北京:商务印书馆,2010:229.
② 阿尔都塞.保卫马克思[M].顾良,译.北京:商务印书馆,2010:230.

图 3.5 关于"问题域"的汽车广告示例

仅存在于文本的问题域之中"①。斯道雷曾运用阿尔都塞的"问题域"和"症候式阅读"概念对一段时间以来汽车广告中将汽车孤身置于自然环境之中(图3.5)的表现手法进行了诠释。他指出:

> 在我看来,之所以出现这种表现形式,是由于社会舆论对私家车主的批评日趋严重(尤其是指责他们污染环境、阻塞交通)。为了不使这些消极的舆论影响汽车的销售,必须采取手段予以还击。正面冲突是不明智的,那会使负面舆论在汽车和潜在消费者之间构成阻碍。因此,这种将汽车置于自然(无污染)和旷野(无交通阻塞)之中的做法就显得很聪明;这种方式既规避了社会舆论的批评指责,又消除了不利言论可能导致的危险后果。问题虽然尚未提出来,但答案已经清晰明了了;广告对"自然"和"旷野"的强调回答了下述两个相伴相生的问题(这两个问题并没有在广告文本中被提出,而是潜藏在文本的假设之中;也就是说,潜藏在文本的"问题域"之中):"购买汽车会制造污染吗?""购买汽车会造成道路拥堵吗?"没有人提出这两个问题,但答案已经在文本中揭晓了,那就是"神奇的"汽车既不会污染环境,也不会阻塞交通。②

这从另一个视角印证了詹姆逊的"广告与'形象'"论题,广告总是在借助

---

① 斯道雷.文化理论与大众文化导论[M].常江,译.北京:北京大学出版社,2010:89.
② 斯道雷.文化理论与大众文化导论[M].常江,译.北京:北京大学出版社,2010:90-91.

自身表面性的"形象"（能指）巧妙地将消费者的理解与这种"形象"的涵义（所指）联系起来，引导消费者朝着有利于广告希望的方向去理解它，对人们的意识形态施加影响。阿尔都塞正是以马克思主义文学批评思想为指导，借助他的症候式阅读的方法来解构文本中的问题域的。

二、广告本体的意识形态分析

我们在第二节中讨论了广告本体中的意义问题，重点梳理了巴特、鲍德里亚、威廉森、加利等运用符号学的理论与方法对广告进行解码领域卓有建树的学者们的研究成果。在对意识形态概念和相关理论进行了必要的梳理之后，我们将进一步讨论广告本体中的意识形态问题。

尽管广告具有意识形态性是广为人知的事实，但不同类型广告的意识形态性的表现却不尽相同。例如，按广告诉求的目的，广告可分为商业广告和非商业广告，非商业广告主要包括两大类——公益广告和政治广告。公益广告，顾名思义，其出发点和落脚点应该是公众的利益，它"旨在增进公众对突出社会问题的了解，影响其对此类问题的看法和态度，改变其行为和做法从而促进社会问题的解决或缓解的广告宣传"[①]。可见，公益广告重视受众对特定问题的看法和态度，即受众的意识形态，冀望改变受众的行为。这体现了公益广告的手段和目的的统一，也是我们理解公益广告的基本视角。

政治广告具有悠久的历史，追根溯源，甚至可以说早在中国的春秋战国时期即已有了政治广告的萌芽。公元前 356 年，秦孝公启用商鞅实施变法图强。商鞅为了取信于民，使国家的政令通达，亲自导演了一场"南门立木，徙木为信"的政治剧。发生在两千多年前中国大地上的这一政治剧在我们今天看来其实就是个政治广告，其诉求对象正是百姓对国家政策法令的看法和态度。现代意义上的政治广告起源于美国，多与政治选举（特别是总统竞选）相关联，其诉求点是选票，因此又称竞选广告。这是狭义的政治广告。广义而言，政治广告除了包括竞选广告之外，还包括政令宣传、国家和政府的形象宣传以及意识形态宣扬等[②]。不难看出，政治广告由于重在影响和改变受众对特定政治问题的看法和态度而具有强烈的意识形态性。

公益广告和政治广告完全倒向对受众看法和态度的影响与改变而几可等同于意识形态广告，商业广告则因其较强商业利益取向的掩盖而给人以与意识形态并无多大交集的印象。那么，商业广告是否不具有意识形态性呢？

---

① 张明新，余明阳.我国公益广告探究[J].当代传播,2004(1):68-70.

② 丁汉青.广告经济学[M].北京:经济管理出版社,2009:11.

对这一问题的回答将我们的视线引向广告心理学领域的相关研究。这一领域的许多相关研究成果表明,任何广告要想取得期望的效果通常需要经历认知反应、情感反应和意向反应三个阶段。其中,认知反应阶段包括知晓和理解两个环节,即要在接触广告信息的基础上理解广告信息;情感反应阶段包括喜欢和偏好两个环节,这一阶段表现为情绪的改变,即受众由对广告宣传的产品或服务表现出喜欢而达致偏爱,并在此基础上走向第三个阶段——意向反应。在意向反应阶段,理想的演变路径是受众由对广告信息的信服迈向购买环节,从而完成最后一步。这就是赖韦兹和斯坦纳于 1961 年在美国《营销杂志》上提出的"从知名到行动的进展"的广告效果层级模型。这一层级模型中的情感反应阶段正是受众的意识转变阶段,受众通过对广告信息的接触和理解发展到喜欢和偏好,这其中显然蕴含看法和态度的发展变化,这种发展变化在一定程度上体现商业广告中的意识形态性。

表 3.1　各种广告效果层级模式

理论家姓名	层级影响中的术语		
	学习(认知)	感受(情绪上的)	行动(意动的)
作者不详	注意	兴趣·欲望	行动
L&S(1961)	知名·了解	喜欢·偏好	信服·购买
科利(1961)	知名·了解	信服	行动
罗杰斯(1962)	知名	兴趣·评价	试用·采用
门德尔松(1962)	初步反应(忆起)	情绪反应(爱好)	行动反应
沃尔夫等(1962)	知名·接受	偏好·兴趣	销售
阿斯平沃尔(1964) A.R.F.(未具日期)	接受 暴露·认知·传播(了解)	偏好传播(态度)	坚持行动
M.S.I(1968)	知名·了解	喜欢·偏好	信服·购买
施瓦茨(1969)	暴露·注意·记忆	态度改变	购买
霍华德与谢思(1969)	注意·了解	态度	意向·购买
谢思(未具日期)	事实—暴露事实—译码	态度	意向·购买
墨菲(1971)	态度·了解	重要·差异	催化作用
泰勒与彼得森(1972)	注意	兴趣·欲望	信服·行动
杨(1972)	注意·传播	信服	
霍尔布鲁克(1975)	注意·认知·记忆	态度	意向

资料出处:舒尔茨,马丁,布朗.广告运动策略新论:上册[M].刘毅志,译.北京:中国友谊出版社,1991:57-58.

类似的有关广告效果的层级影响研究也证明这一点。美国人科利于 1960 年提出的 DAGMAR（Defining Advertising Goals for Measured Advertising Results）广告效果层级模型同样揭示出广告信息作用于受众须经历知名（awareness）——理解（comprehension）——信服（conviction）——行动（action）的过程。其中，信服阶段指受众看法和态度的转变阶段，只有经过这一阶段，受众才有可能转变成消费者（各种广告效果的层级影响模式见表 3.1）。可见，商业广告同样要影响和改变受众的看法和态度，作用于他们的意识形态，并在此基础上改变他们的行动。因此，那种认为商业广告不具意识形态性的观点是站不住脚的，我们至多可以笼统地说商业广告与公益广告及政治广告等非商业广告相比意识形态性不甚明显。也正是因为商业广告的意识形态性被商业诉求所遮蔽而显得不明显之故，其意识形态性才更加隐蔽，因而也更具欺骗性。还是理查德·奥曼的总结更到位，他在《广告的双重言说和意识形态：教师手记》一文中指出：

> 也许所有广告都包括或者意味着某种意识形态。它们试图让观众做或者相信符合广告商利益的一些事情。观众与广告商默契的地方是关于优裕的生活和美好的社会等笼统的观点或形象。正如很多人说过的，广告作为一个整体传达某些重要的意识形态信息：商品能够解决所有的人类问题；商业在满足"我们的"最深切的需求；美国人的生活方式基本上是良好的；尽管总是存在着问题，但是这些问题会将通过商业与消费者的相互合作得以解决——解决问题就是进步。①

由此观之，广告中的意识形态性是普遍的现象，它存在于各类型的广告之中。广告中的意识形态性都体现在哪些方面呢，又该如何识破和解读这些意识形态性呢？这须回到本章的研究对象——商业广告，暂时将公益广告和政治广告等非商业广告搁置一边。在商业广告中，意识形态性主要地可以归结为两大类：一是性别意识形态；二是中产阶级意识形态。以下，我们将分别考察这两类广告意识形态。

（一）广告中的性别意识形态

从"女性主义"（feminism）的视角看，广告中存在严重的性别意识形态问题。始于 20 世纪初并一直延续到六七十年代②的西方女性主义运动对传统上男女两性之间的性别差异和不平等的两性权力关系提出挑战。在女性主

---

① 奥曼.广告的双重言说和意识形态：教师手记[M]//罗钢，刘象愚.文化研究读本.北京：中国社会科学出版社，2000：412.

② 及至 20 世纪 90 年代，女性主义运动逐渐与"后现代主义"运动合流，产生"酷儿"理论。

义者看来,男女之间的性别不平等是无处不在的普遍现象,男人支配女人,女人被男人所支配,男人看女人,女人以被男人欣赏为荣,这种权力关系在我们每个人出生前就已作为社会结构存在。凯特·米利特在她那本对女性主义的发展产生重要影响的《性政治》一书中写道:

> 对我们的两性关系的制度进行公正的调查后,我们发现,从历史上到现在,两性之间的状况,正如马克斯·韦伯说的那样,是一种支配与从属的关系。在我们的社会秩序中,基本上未被人们检验过的甚至常常被否认的(然而已制度化)是男人按天生的权利统治女人。一种最巧妙的"内部殖民"在这种体制中得以实现,而且往往比任何形式的种族隔离更为坚固,比阶级壁垒更为残酷,更为普遍,当然也更为持久。无论性支配在目前显得多么沉寂,它也许仍是我们文化中最普遍的思想意识,最根本的权力概念。[1]

女性主义者对男女两性之间的这种天生的权力关系提出质疑,试图从学理上为运动建立理论的根基。在这方面,西蒙娜·德·波伏娃的研究成果对女性主义运动产生重要的影响。她的那句名言"女人并非生为女人,而是后天变成女人的"(One is not born a woman, but becomes one.)[2]成为这场运动中响亮的口号。在波伏娃看来,人的性别有生物性别(sex)和社会性别(gender)之分,前者是自然性别、生物性别,后者则是后天由文化建构的结果。因此,事实上"(社会)性别是(生物)性别所承载的文化意义(gender is the cultural interpretation of sex)"[3]。女性主义者进而指出,正因为社会性别是文化建构的结果,文化中又存在霸权和意识形态性,这些都为传统上父权社会中男女之间不平等的权力关系的形成起推动作用。

应该说,女性主义运动产生的影响是多方面的,它一方面推动人类社会的文明化进程,为建立妇女解放,更加民主和平等的社会秩序做出贡献;另一方面,伴随着这一运动而涌现出来的大量女性主义文化研究成果也丰富了社会理论研究的学术视野,并为解读包括广告在内的多种社会和文化现象开辟新途。不可否认的是,在现代商业广告中,性别意识形态问题,特别是性别歧视问题,长期以来一直存在。这里,我们不妨先来看几个具体的广告性别意识形态的例子。

---

① 米利特.性政治[M].宋文伟,译.南京:江苏人民出版社,2000:33.

② DE BEAUVOIR S.The Second Sex[M].trans.BORDE C,MALOVANY-CHEV-ALLIER S.New York:Vintage Books,2011.

③ BUTLER,J.Gender Trouble:Feminism and the Subversion of Identity.New York:Routledge,1990:10.

案例一：

电视画面上一群男性朋友正在推杯换盏，把酒言欢，这时，其中一位男子打开冰箱取酒，却发现酒柜中贴着一张妻子写的字条，上面温情地提醒道：老公，少喝一点！后面还画了个大大的心形图。此时，画面切向一位风姿绰约，脸上带着羞涩微笑正望着该男子的年轻女子（妻子）。男子顿时明白其中的意蕴，微笑着将字条贴向自己的胸口作陶醉状。与此同时，电视画外音响起了"X 酒虽好，可不要贪杯哟！"的广告语……（图 3.6）

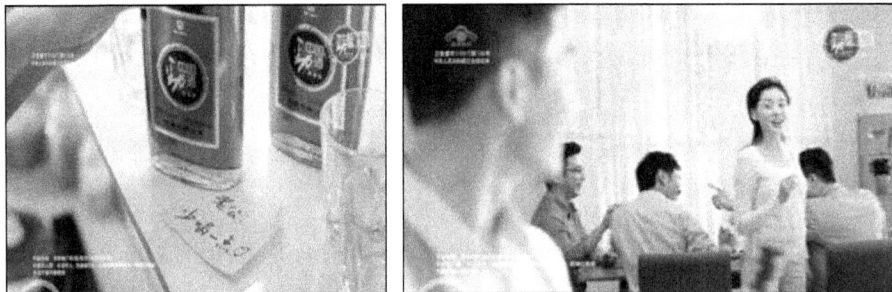

图 3.6　某酒类广告视频截图

这则国内著名白酒企业的广告虽然凭借亲情诉求、爱情牌打动许多人，但这并不能掩盖其间的性别意识形态问题。在中国传统文化中，男主外、女主内似乎是不证自明的社会价值观，当家中来了丈夫的客人时，妻子的主要任务是为他们操持一桌可口的饭菜，让丈夫陪客人们享用，自己通常只能在一旁精心地伺候着大家的吃喝却不能登堂入席。广告中的妻子扮演的正是这样的文化角色。另一方面，为人妻者当然须关心丈夫的身体健康，但为了丈夫在外人面前有面子，妻子不能当着外人的面劝丈夫少喝酒，因为那样会伤了男人的自尊。于是，这位妻子想出将字条贴在丈夫可能用到的冰箱中，这样一来，既保全了自己丈夫的面子，又达到劝他少喝一点的目的。十分巧妙！

这则广告体现了典型的贤妻良母的女性文化角色：妻子不仅要伺候好丈夫和朋友，还要想方设法照顾丈夫的面子；女人的幸福不仅在于能在外人面前展示良好的厨艺，也要照顾好丈夫的身体、得到丈夫的赞许的微笑同等重要；女人的世界是家庭，要做贤内助，就要做围着锅台转的家庭保姆。

当然，除了性别歧视的问题之外，这则广告中还有另一个意识形态上的问题，它首先预设了"X 酒虽好"——给人的感觉是 X 酒的"好"是不证自明的，然后故作为了饮酒者的健康考虑状，倡导大家"不要贪杯"。多么温情，多么体谅，多么温暖人心！这就是意识形态，它偷换概念——将广告主自己的利益在不经推证的前提下硬说成大家共同的利益，引导大家不经思考地接受它的说法。理查德·奥曼分析道："意识形态是一群拥有共同利益的人的观点——如一个国家、一个政党、一个政府、一个社会或者经济阶层、一个职业群体、一个产业,等等。最常见的意识形态策略,就是说明这个群体的利益怎样'真的'大体上等同于整个社会的利益或者整个人类的利益。数年前查尔斯·威尔逊那句名言'对通用公司有益的,对这个国家也是有益的',凝缩了意识形态的根本原则。"①显然,这则酒类广告熟谙这一意识形态手法。

案例二:

某国际知名家用洗涤用品公司的广告向来注重宣扬母爱,将母亲关爱孩子的健康成长作为其经久不衰的主题。伦敦奥运篇广告《谢谢您,妈妈!》中,中国妈妈、白人妈妈、黑人妈妈、棕色人种妈妈起早贪黑地督促孩子刻苦训练,悉心照顾孩子们的日常生活,终于使孩子走上奥运赛场并取得成功,展示了母爱的伟大和每一位成功者的背后都有一位伟大的母亲的道理。整个广告片由中外几位母亲的点滴生活镜头拼接而成。(图 3.7)镜头一:几位妈妈天麻麻亮便唤醒尚在睡梦中的孩子,孩子要赶早去训练。镜头二:孩子们洗漱完毕,妈妈们已经做好早餐。镜头三:母亲们通过公交、地铁、私家车等各种交通方式送孩子们去训练。镜头四:孩子们在火热训练中,妈妈们则充当忠实的观众并不时因自己孩子出色的表现而面露欣慰的微笑。镜头五:妈妈们在为孩子们洗晒衣服,画面中虽然看不到该公司的产品信息,但却为我们留下想象的空间。镜头六:赛场上,已经是强者的孩子们各自高奏凯歌——中国孩子在泳池中实现自己的梦想,她通过电视画面向自己的母亲挥手致意,正坐在家中电视机前观看比赛、为她加油的妈妈则留下幸福的泪水;白人的孩子在体操赛场上斩获头名,她成功落地后的第一件事是跑向正坐在赛场边上的妈妈,与她拥抱,妈妈悲喜交加;黑人孩子在田径场上扬名,看到他成功的那一刻,妈妈喜笑颜开;棕色人种的孩子则在排球赛场上实现"一扣定音",帮助本方球队摘取冠军;他跑向赛场边热烈地拥抱自己的妈妈,后者则热泪盈眶。这时,屏幕上分两行打出了一句话:The hardest job in the world, is the best job in the world.(世间最困难的工作,正是世间最高尚的工作。)整个广告片以"Thank you,Mom."(谢谢您,妈妈!)作结。

---

① 奥曼.广告的双重言说和意识形态:教师手记[M]//罗钢,刘象愚.文化研究读本.北京:中国社会科学出版社,2000:406.

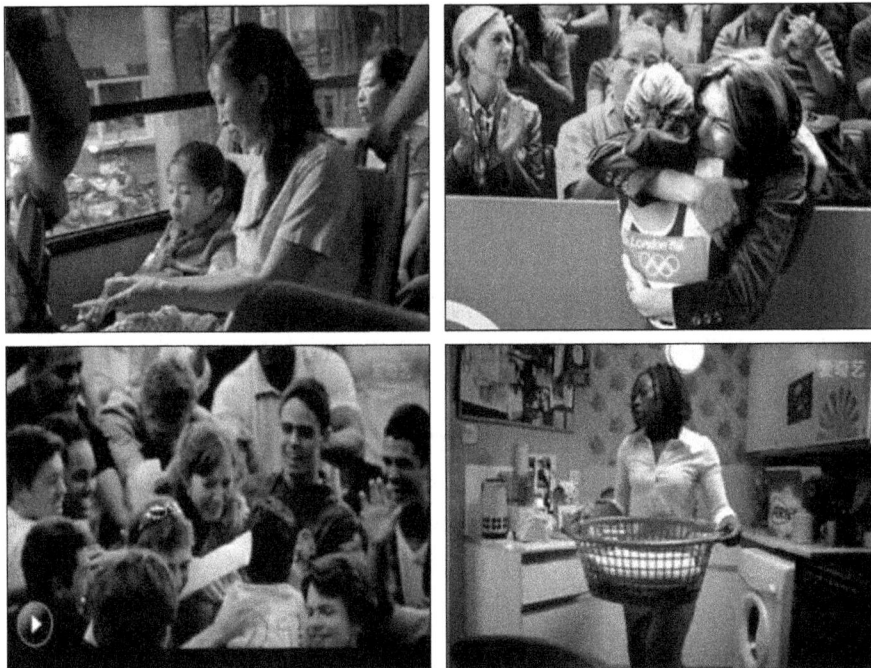

图 3.7　某国际洗涤用品公司的"谢谢您,妈妈!"广告视频截图

平心而论,这则广告片拍摄得确实很感人,它将伟大母爱诠释得淋漓尽致。它告诉我们,世界冠军的金牌中凝结着母亲的汗水、泪水和无私的爱;人无论跳得多么高、跑得多么快、表现得多么强,它都脱胎于并包容在伟大的母爱之中!

不过,尽管感人至深,这则广告片仍然不能掩盖其深深的性别意识形态问题——对女性的社会角色的文化挪用,这既是传播学中所谓的刻板印象(stereotype)的再现,更是意识形态的宣扬。在传统的性别角色分工中,女性的温柔、善良与母亲的持家、相夫教子以及自我牺牲精神互融互通——最能证明妻子成功的是丈夫在外面的光鲜形象与事业有成;最能证明母亲成功的是孩子的功成名就;为了丈夫和孩子的成功,妻子/母亲心甘情愿地退隐幕后。这就是我们的社会对妻子、母亲的文化角色要求,它已经深深地渗入到我们的文化基因中而成为"结构"社会关系的重要因素。然而,经这种文化基因参与"结构"的社会关系却存在不平等和不合理性,因为它武断地将女性置于"被看"和"被支配"的位置,将男性置于"看"和"支配"的位置。对于这种不合理的权力关系,广告的作用不是揭露和颠覆(因为这不符合它的利益),而是挪用、维护和固化。正如马克·波斯特指出的那样:"当一个人看到一则电视广告时,社会的主要社会关系被再生产了。"①我们说,就这则广告片而言,被再生产的社会关系中显然包含支配与被支配的权力关系。

(二)广告中的中产阶级意识形态

"中产阶级"源于英语,极具歧义。这种歧义主要表现在共时的维度和历时的维度。共时的维度主要体现为,文化语境的差异造成对中产阶级这一概念的内涵和外延均存在着不同的认知,这不仅体现在东西方的文化语境差异中,西方文化和东方文化各自的内部也往往存在差异。在英语语境下,中产阶级指"既不属于贵族、极其富有者等的阶层,亦不属于使用双手劳作的工人阶层",是介于二者之间的阶层。在法语中,一些学者将中产阶级称为"中等中阶级"(middle middle class)或小资产阶级(bourgeoisie);较为知名的表述来自于甘必大在 1872 年于法国东南部城市格勒诺布尔举行的演说:"共和国的到来,标志着中等社会阶层——新社会阶层(new social strata),已经进入权力机关。"②甘必大所说的"新社会阶层"其实就是中产阶级,指 19 世纪 50年代至 70 年代在法国因经济增长不断壮大的新兴阶层。在东方的文化语境中,各国和地区因经济和社会的发展差异对中产阶级一词的理解也不尽相同。在中国香港和新加坡,由于英语的广泛使用,其对中产阶级一词的理解也源自英语,即指代特定的一部分人口;在中国台湾,中产阶级往往被用来指代"中等资产的阶级""中产阶层""中间阶级""中间阶层";在韩国语中,中产阶级指的是"中层阶层";而在中国,与中产阶级同时使用的相近的词汇还包括"中等收入者阶层""中间阶级""中间阶层"③。

从历时的维度看,对中产阶级概念的认知随着时代的不同而不断发展演变,是动态的过程,这一点,在东西方不同的文化语境中一致。如在西方语境下,伴随着商业化—工业化—后工业化的历史演变,中产阶级也经历了从"旧中产阶级"向"新中产阶级"的发展变化。旧中产阶级一般包括农场主、手工业者及其他自由职业者,新中产阶级则包括经理、技术雇员、白领工人。在中国,中产阶级在改革开放前和开放后的意指也具有较大的差异。开放前的传统中产阶级包括普通干部、普通知识分子和国有企业职工,开放后的新中产阶级则以年轻人群体为主,他们通常具有较高的学历,就职于三资企业或新

①　波斯特.信息方式:后结构主义与社会语境[M].范静哗,译.北京:商务印书馆,2000:67.

②　宋严萍.试论 19 世纪法国中间阶层的兴起及其社会影响[J].徐州师范大学学报:哲学社会科学版,1999,25(4):100-103.

③　王建平.中产阶级:概念的界定及其边界[J].学术论坛,2005(1):146-150.

兴行业,有较强的消费能力①。在当代中国的语境下,对中产阶级概念的界定同样存在分歧,但笔者以为,基本应包括国有企业员工、国家公务人员、白领、私营企业主,这部分人不仅具有较厚实的经济资本,其中相当部分人还受到过良好的教育,拥有较好的文化资本。

中产阶级的生活标准和生活方式为社会所羡慕和追捧,因此他们是时尚和社会风尚的创造者和引领者;在中产阶级的身上我们往往能看到"成功人士"的气质。总之,中产阶级作为中坚力量,其在社会的经济、政治和文化发展中扮演十分重要的角色。中产阶级是社会的消费主体,必然成为广告追逐的目标;中产阶级的生活方式,特别是消费方式,更是广告百书不厌的主题。下面,我们还是结合两个广告案例来分析。

案例一:

某国内家具企业近年来一直在通过电视媒体,特别是中央电视媒体,大做广告。该家具企业的广告尽管制作精良、创意华美,但格调不高的问题也一直为广大的电视观众和消费者所诟病。从广告研究的视角看,该家具广告中存在严重的中产阶级意识形态问题。

广告片开始,镜头缓慢地掠过一件件富丽堂皇的家具产品——椅子、餐桌、壁柜、吊灯……最后落在体态略显发胖的中年男子的身上。这位中年男子正端坐在做工精美的真皮沙发上,批阅着文件。中年男子戴着宽边眼镜、穿着淡灰色的高档西装、白色的衬衫上打着淡紫色的高档领带,神情悠然却不失庄重,一副典型的中产阶级成功人士派头。镜头继续向右缓慢掠过豪华家具。画面中的中年男子站立起来,他的声音通过画外音响起:"XX信家具,欧美风格典范,成功人士选择!"伴随着最后两个吐字,中年男子张开双臂,似乎在迎接消费者们的信任与光临。(图 3.8)

① 王建平.中产阶级:概念的界定及其边界[J].学术论坛,2005(1):146-150.

图 3.8 某国内家具企业广告的视频截图

这支广告虽然不走"明星路线",但它巧妙地将中年男性包装成成功人士,很好地把握了消费主义意识形态的精髓,将广告主的诉求点——成功人士的选择——完整地表达了出来。现实生活中,成功人士往往是中年男性,典型特征是戴着眼镜,体态略微发胖,西装革履,斯文中不失商业人士的精明。广告中的中年男子符合这一标准,他看上去事业有成,风度翩翩,追求与众不同的、高格调的生活品质。高格调的生活品质在广告中是与"欧美风格"联系在一起的,这彰显和强化了"成功人士"的品味。一段时间以来,广告中宣扬的成功人士一直是"豪车+别墅+美女",这支广告独辟蹊径,将成功人士与"欧美风格"联系起来,将中产阶级的品味进一步扩大化。当然,其中是否蕴含殖民主义/后殖民主义意识形态问题则是另外的话题。① 总之,该广告片巧妙地将"XX信"家具和画面中的中年男性组成的"能指"与"欧美风格""成功人士"的"所指"勾连起来,传递出深深的中产阶级消费意识形态。

案例二:

汽车广告是最能体现中产阶级意识形态的媒介,它往往还与性别意识形

① 在该家具企业的另一版本的广告中,广告语变成"XX信家具,古典风格典范,成功人士选择",它虽然去除了潜在的殖民主义/后殖民主义意识形态问题,但却转而倡导复古主义的意识形态,将之与中产阶级的生活格调"接合"起来。

态问题存有千丝万缕的勾连,"香车＋美女"是汽车广告中最常见的叙事和表现手法,这些都在下面这支汽车广告片中得到充分的体现。

　　某国际汽车品牌近几年在中国的市场占有率一直保持在 20％左右的高位,而促成该国际车企在中国市场取得如此傲人战绩的直接力量无疑正是国内日益壮大的中产阶级群体。这一群体的主体生活在中国的各个大中城市中,他们身家殷实,事业有成,普遍追求舒适超前、有品位的生活方式以维护自身的中产阶级地位并与较下层的群体区隔开来。"有房有车"是这一阶层显见的外部特征之一。正因为如此,他们才会成为各大车企(当然还有房企)广泛追逐的对象,成为汽车广告最理想的目标受众。在这些汽车广告中,自觉地维护和宣扬中产阶级的生活方式和意识形态成为必然的诉求点。

图 3.9　某国际车企广告片视频截图

　　音乐响起,风姿绰约的年轻女子正优雅地坐在一栋别墅的客厅里,客厅面对着一泓波光粼粼的湖水(显然这是一栋颇能彰显主人身份和地位的"湖滨别墅")。女子身着淡黄色的职业装,留着披肩长发;她双腿细长,足登一双跟部看上去足有五厘米高的高跟鞋。女子似乎在等待谁。镜头一转,大城市所特有的高楼大厦、高架桥等建筑群像特征进入画面,显示出广告故事所发生的空间背景。这时,一辆黑色的香车在我们的视野中一闪而过。镜头切回到客厅中的那位年轻女子,这时她已站立起来在客厅中慢慢地走动,修长的双腿衬托出她那迷人的身段,给人很强的性暗示。年轻女子拿出手机拨打了一个号码,画面切到黑色汽车的内部,车载的语音接听系统(这显然也是此款汽车的卖点之一)铃声响起,正在开车的年轻男子轻按下接听按键,话筒中传来年轻女子温柔似水的声音:"到哪里啦?"男子回答道:"马上就到!"语气中透露出自信,而这份自信显然与他正在驾驶的那辆黑色汽车不无关系。年轻女子接着说道:"好嘞,快点!"语气中透露出她已经迫不及待地想早点见到自己的心上人。男子心领神会,马上换档加速,绝尘而去。镜头切到一位身着白色西装的中年男子身上,他大踏步走向一辆白色汽车,拉开车门上了车,汽车启动,画面给出车尾右侧的品牌 Logo,虽然只是短暂的一瞬,但却给人留下深刻的"身份印象"。画面切回年轻女子,此时她正在搔首弄姿,往身上喷洒香水。镜头显示黑、白两辆汽车竟为同一品牌、同一款式,唯一的差别只是颜色。镜头不时穿插给出两辆汽车的车头牌照位置上醒目的四个大字:"全新 X 腾。"故事至此,镜头中年轻女子正面对客厅的落地玻璃窗向楼下望去,原来黑色汽车已经到楼下。直至这时我们才有机会一睹女子的芳容——原来是一位标准的"白富美"!女子走出房门迎出来,已经赶到的男子下了车,他摘掉宽大的墨镜,面露微笑地快步向女子走去。两人行将亲热之际,女子似乎听到了什么,她扭头望去,原来那辆白色汽车也已杀到!车中的中年男子下了车,关了车门,向女子走来。这时,女子一声"爸爸"终于为我们揭开真相。原来,在这场黑、白香车飙速游戏的背后,是年轻女子的爸爸赶去向女儿和"准女婿"道贺的故事。广告的最后在别墅背景中打出:"智臻成就,辉映人生——全新一代 X 腾,傲然登场",字幕的下面是迎面停着的两辆黑白香车。

尽管这支广告片长达 62 秒,但除了对车速和车内智能电话接听系统的简要描画外,通片并不再破墨介绍汽车性能,全部情节围绕两位男士——一位是女子的男友,另一位则是女子的爸爸,驾车赶往女子住处的故事展开。广告的诉求点集中于这款新上市汽车的速度之快捷以及非凡的质感中蕴含着的品味,这种品味足可使它"傲然登场"。这就是德波意义上的"商品形象"的展示,也是鲍德里亚意义上的"商品符号"的展示,这种展示策略已成为后现代广告设计和制作中的十分重要的视觉传达和表现手段。它着意为我们营造出一种意境,并以此意境为依托引导我们的想象力朝着广告符号的"所指"方向前行。就这则广告片而言,片中的美女、别墅、年轻男子和中年男子所驾驶的汽车及汽车的卓越性能表现,片中人物共同叙写的一段生活故事构成广告符号的"能指"。这一广告符号的所指是中产阶级成功人士的"品味"(taste)和生活方式。香车、别墅、美女、速度、主人公的着装和优雅的举止……这些正是构成中产阶级成功人士之"品味"和生活方式诸多符号中的重要组成。能指和所指之间的意指关系则通过每一个镜头切换、情景展示、画面剪接,甚至音乐效果,来实现。这样,由能指、所指、意指关系共同构成的广告符号便成功地传达了一种文化意义——中产阶级的意识形态。

当然,正如前面提及的那样,这支广告片中除了浓浓的中产阶级意识形态之外,还有十分明显的性别意识形态问题。女人是静态的、男人是行动的;男人有看的权力,女人以被男人看和欣赏为满足;男人以征服时间和空间为己任,女人则自甘成为男人的"玩物"……所有这些性别意识形态都在这支广告片中得到充分诠释。在广告片中我们发现,年轻女子一直都在焦急地等待着心上人早些到来,在得知他即将到达时甚至还要打扮一番、向身上喷洒点香水,用意当然是不言自明的——显然是要通过这种性暗示来博得男人的欢心。

(三)广告意识形态批判

上文已经对广告中的意识形态问题进行了诠释和揭露,指出广告是对既存的不平等社会秩序和权力关系的维护力量而不是相反。在男权社会中,广告从自身的利益出发自觉地站在代表和维护男性的权力地位的一边;而在一个中产阶级日益成为中坚力量的社会中,广告又必须要维护和宣扬中产阶级的意识形态和生活方式。

不可否认的是,广告已经成为现代人的十分重要的生活"导师",它教会我们如何生活,告诉我们什么样的生活方式才是理想的,在生活中遇到问题又该如何解决——这当然要寻求万能的广告的帮助啦!广告之所以能够取得这样的显赫地位,一个深切的原因恰如奥曼所说的,它利用了我们对"优裕的生活和美好的社会"的欲望。在这一点上,广告十分体贴地与我们达成"默契",通过作用于我们的潜意识甚至是无意识来精心地编织和维护双方的这一"默契"。这正是广告的意识形态作用,它将我们召唤成一个个"自由的"消费"主体",再现我们与我们的真实的生存条件之间的想象性的、虚假的关系以维护与商品的认同。对此,马克·波斯特显然有深刻的理解,他认为,"广告不仅刺激人们选择某一物体,做出一次认知决定,做出一次理性评价,而且力图在其他语言学层面上制造种种使观看者与该产品合而为一、彼此依附的效果。观看者是广告中缺席的男女主角。观看者被引诱,而把他或她自己置换进广告之中,从而使该观看者与产品意义合而为一"①。

从葛兰西的"文化领导权"理论看,广告意识形态无疑是一种对既存的社会权力关系和秩序的维护性力量,它维护的是统治阶级对被统治阶级的文化领导权,将统治阶级的价值观"自然化"为全社会共同的价值观。从阿尔都塞的意识形态国家机器理论看,广告意识形态推销和维护的其实是行动者与结构之间的经再现的、虚假的关系。说它"虚假",一定意义上是因为我们其实并不是广告中"缺席的男女主角",而是被广告"引诱"和"召唤"进去的,广告

---

① 波斯特.第二媒介时代[M].范静哗,译.南京:南京大学出版社,2001:88.

通过营造出一个个虚幻的意象空间将统治阶级(在现代广告中主要是中产阶级)的生活方式呈现在我们的面前,"引诱"和"召唤"我们向他们靠拢并认同和内化他们的价值观。不难想象,广告的这种意识形态功能拥有强大的社会整合力量,也正是在这一意义上,美国学者戴维·波特提醒我们说,现代广告的力量已与具有悠久传统的学校和教会不相上下。在法兰克福学派的文化批评家们眼中,广告这一"大众文化王国的总理"①无疑就是一种"社会水泥",它积极地维护现存的不平等的社会权力关系,通过向大众传播和推销大量的"精神鸦片"来麻醉和消弭大众的反抗意志从而将他们变成为一个个"单向度的人"(马尔库塞语)。

当然,在"后现代主义""后结构主义""后马克思主义"等"后学"盛行的当代用类似于准阶级斗争式的思维来理解广告意识形态对社会和人的影响似乎也不太合宜,因为它夸大了意识形态乃至社会结构的"铁笼"(韦伯语)作用而忽视了人的主体性。这也是人们批评法兰克福学派"文化工业"理论的主要原因。但同样不可否认的是,法兰克福学派这种在某些人看来过于"激进"的思考方式为我们揭露广告乃至整个大众文化的意识形态性对人、对社会的负面作用开辟了有效的路径。仅就这一点而言,法兰克福学派的批判理论家们对于人类解放做出了重要贡献,这一点不容置疑。正因为如此,我们致力于提高全社会的大众文化素养、媒介素养以及广告素养,回顾和温习马克思主义批评传统和法兰克福学派批判理论家们对意识形态和资本主义"文化工业"的深刻洞见不仅十分必要,而且不无裨益。

本章小结

本章我们对广告本体开展了解释学或曰诠释学意义上的研究,即对广告这一当代社会中最重要的社会和文化文本在话语层面进行解读,以揭示其背后蕴含的意义与意识形态性,以及这种意义与意识形态中隐含着的权力关系。在具体操作中,笔者选择符号学的理论与方法对广告本体进行了研究。这是因为,符号学历来以其对文本中的意义和意识形态的强有力的释读能力而为人们所称道。因此,本章也可以被视为是广告符号学领域的一项新的尝试性研究。

在广告符号学研究领域,法国人罗兰·巴特是开创性的人物。早在二十

---

① 拉尼奥.广告社会学[M].林文,译.北京:商务印书馆,1998:2.

世纪五六十年代,巴特即已开始运用索绪尔和叶尔姆斯列夫等人开创的结构主义语言学的理论与方法对包括广告在内的多种文化现象展开研究。巴特的研究多以解释研究对象背后的意义与意识形态性为旨趣,从而为我们识察现代社会中各种纷繁复杂的社会和文化文本开辟新的视角。在巴特之后,威廉森、加利等人也在广告符号学领域做出重要贡献。威廉森的《解码广告》、加利的《广告符码》都是对广告进行符号性释读的经典性成果,它们对后人更加全面地认识广告产生了深远的影响。

在现代广告中,存在着两类主要的意识形态问题尤为引人关注。其一是性别意识形态,它以维护和固化既存的两性之间不平等的权力关系为己任,这种意识形态尤其遭到女性主义者们的激烈批判。其二是中产阶级意识形态,它以宣扬和维护特定社会中的中产阶级的审美趣味和生活方式为己任,从而达到强化社会"结构",实现在意识层面对社会的有效整合。究其实,广告既是特定社会中既存意识形态型塑的结果,又是这种既存意识形态的型塑性力量;广告既是"结构化"的结果,又是"结构化"的力量。关于这一点,在第五章中我们还将进一步展开论述。

在完成了对广告本体的文化研究之后,下一章我们将离开本体,到更为广阔的社会语境中去考察广告与社会之间的互动关系,看看这种互动过程会擦出怎样的火花。

第四章　广告社会文化研究

　　在《预言篇》中,法国 19 世纪的天才诗人兰波说:"我知道,人当耳聪目明,洞察一切。""洞察一切"意味着要站在艺术和历史的远侧,去辨识其他人没能看到的现实,辨识"没能精微审视和聆听的事物"①。在中国,北宋大诗人苏轼同样有"不识庐山真面目,只缘身在此山中"的警句。因此,对于研究主题广告而言,光从本体对之进行释读还不足以全面认识它,我们还应跳出本体,从更为宽广的社会视角对之进行详察。

　　从符号学的角度对广告这一社会和文化文本进行诠释性的释读有助于我们理解广告本体中蕴含的意义,特别是其意识形态特性,它提醒我们,任何广告都试图影响消费者的心智,因而都具有意识形态性。广告对各种艺术元素的运用都有功利性。广告的符号学阐释揭示了广告其实就是通过创造一个个符号来与消费者进行对话、影响消费者的态度和意识。根据鲍德里亚的研究,进入后现代社会之后,广告实际上是在执行一种创造"漂浮的能指"的任务,这些"漂浮的能指"彻底挣脱实在的束缚,自由地弥布于我们的生活空间之中,它们以抽干生活的物质基础和实在意义为手段,不断地创造出一幅幅欲望的"形象",激起人们无休止、无边际的消费欲望。可见,广告的符号学阐释对于我们近距离理解广告和广告文化的内在运行机制是不可或缺的重要手段。然而,符号学阐释虽然有其独到之处,但它在面对如何解释广告与人们的社会实践之间的关系,广告是如何通过与社会的互动来为视觉文化的转向推波助澜的,广告是如何创造时尚和引领流行的,广告与消费社会和消费主义之间有着怎样复杂的勾连,广告是如何参与社会等级和社会秩序的塑造的,广告的后现代主义转向有着怎样的社会动因,诸如此类的问题时显得无能为力,对这些问题的解答需要我们对广告进行社会分析。

　　所谓社会分析,简单地说,就是运用社会理论对各种各样的社会现象和文化现象进行反思性的考察,这种分析可能得出现象之间的因果关系(涂尔

---

① 　贝尔.资本主义文化矛盾[M].叶蓓雯,译.南京:江苏人民出版社,2012:29.

干开创的实证主义社会学传统),有时却只能得出基于"理想类型"的理解性释读(韦伯开创的"理解的社会学"传统)。对广告进行社会分析就是要把广告视为社会现象和文化现象(行动者),并将之置入历史和社会背景之中来考察其与社会结构之间的互动以及因这种互动而产生的各种结果(次现象)。

社会分析是社会学中的主要研究方法,它因宏大的历史视野和考察问题的宏观的、历史的视角而往往能把握住问题的本质特征,这是符号学或其他诠释学研究方法所不具备的。因此,将社会分析的研究方法引入广告学研究领域极其必要。

第一节 社会理论梳理

对广告的社会意义的分析将我们的视线引向社会学和社会理论。社会学作为专门术语,由奥古斯特·孔德于 1838 年出版的《实证哲学教程》中首次提出。孔德提出这一概念是为了将他倡导的用实证方法研究社会问题的学术分支与那种传统的思辨的社会哲学研究方法相区别开来。社会学是从社会整体出发,通过社会关系和社会行为来研究社会的结构、功能、发生、发展规律的综合性学科,它与经济学、人类学、心理学、政治科学、法学等都从属于社会科学。在《社会学概论新修》中,郑杭生将社会学定义为"关于社会良性运行和协调发展的规律性的综合性具体社会科学"①。

社会理论,顾名思义,指关于社会实在、社会关系及社会行动(统称为社会现象)的一般性规律的理论框架。社会理论来源于对社会现象和社会规律的总结并在实践中用来解释社会现象。正如上文指出的那样,社会学得名于孔德,经由赫伯特·斯宾塞、卡尔·马克思、约翰·斯图亚特·穆勒、埃米尔·涂尔干、马克斯·韦伯、格奥尔格·西美尔等学者的不断发展逐渐形成有独立研究对象和研究方法的社会科学。

社会理论并不完全等同于社会学的理论,尽管二者之间有密切的关联。总体而言,社会理论概念的内涵与外延均要大于社会学理论。社会学理论是由社会学领域发展出来的有关各种社会问题的理论体系的总和。作为一门学科,社会学得到快速发展,越来越学院化和制度化,这限制了其学术活力和对问题的多视角的思考。社会理论却与此不同,社会理论的发轫可以追溯至

---

① 郑杭生.社会学概论新修[M].北京:中国人民大学出版社,2009:6.

18 世纪的启蒙运动。① 查尔斯·勒莫特认为,社会理论是市民社会和公共领域的产物,是人们对自己身处的社会及其这种社会的发展转型所持有的言说形式。从这一意义上讲,黑格尔、马克思、波德莱尔、韦伯、涂尔干、西美尔等人都是社会理论领域的先师。这些社会理论大师凭借敏锐的嗅觉感知到时代的历时性变迁并对这种变迁开展多角度的深邃的思考。正如史蒂文·塞德曼在《后现代转向》一书中指出的那样:

> 社会理论通常采取广义的社会叙事形式,它们讲述关于起源和发展的故事以及关于危机、衰败和进步的故事。社会理论通常是和当代社会冲突和政治争论紧密联系在一起的。这些叙事的目的不仅是澄清一种实践或是社会构造,而且还要塑造它的结果——也许是通过赋予一种结果以合法性,或是用历史重要性来影响某些行动者、行为和机构,却将恶毒的邪恶的性质归因于其他一些社会力量。社会理论讲述的是有现实意义的道德故事,它们体现了塑造历史的意愿。②

可见,社会理论中"有感而发"或曰"由内而外"的冲动性因素非常明显,这也为它打上深深的价值判断的烙印。这一特征在上述经典社会理论大师们的思想中表现得同样十分明显。20 世纪 50 年代以降,西方的社会理论趋向于"碎片化""话语化"的转型,其一个突出的表征就是宏大叙事的衰退和极具颠覆性、解构性的后结构主义、后现代主义话语理论的兴起,利奥塔、拉克劳、墨菲等人都是这方面的代表性人物。

许多经典社会理论有共同的特点,它们都认为人类社会有确定的发展路径,人类社会的发展演变是线性的,区别在于这种发展路径将人类社会引向何方——是引向社会进步还是社会衰落? 循环论者则对西方自文艺复兴和启蒙运动以来的技术进步和发展成就持怀疑态度,他们辩称这种所谓的进步只不过是人类社会发展进程中的循环周期而已,与其说这是一种进步,不如说是一种幻觉。经典社会理论的研究方式遭到许多现代社会理论家的批判,

---

① 波斯特.信息方式:后结构主义与社会语境[M].范静哗,译.北京:商务印书馆,2000:21.

值得注意的是,美国当代文化理论家马克·波斯特将社会理论的发轫追溯到了 17 世纪法国思想家笛卡尔那里,认为正是笛卡尔的主-客、心-物等形而上学的二元论认识开启了近现代西方社会理论研究的帷幕。波斯特指出:"社会理论产生于将主客体截然分开的笛卡尔文化,产生于将心物概念推而广之的二元论形而上学。在这种理论语境中,社会科学家被构建成一个与其研究客体分离的认知主体(knowing subject),以单一意义的词语界定着一个与他/她自身截然分开的客观社会领域。"

② 塞德曼.后现代转向[M].吴世雄,陈维振,王峰,等,译.沈阳:辽宁教育出版社,2001:160-161.

卡尔·波普尔、罗伯特·尼斯贝特、查尔斯·蒂利和伊曼纽尔·沃勒斯坦等都参与了批判。马克思拒绝孔德的实证主义社会学研究方法,他继承了德意志民族强大的思辨传统,通过对资本主义上升时期生产力和生产关系的研究,敏锐地发现资本的秘密。在对人类社会历史的研究中,马克思又发展出著名的历史唯物主义思想,为社会理论的研究开辟了新的时代。19世纪末20世纪初,包括韦伯和西美尔等在内的一批德国社会学家发展出被称为"唯名论"的反实证主义社会学思想,这也与德国民族的思辨传统一脉相承。目前,在社会理论研究领域,存在着三种主要的流派,或用托马斯·库恩的话说——"范式",它们是:涂尔干的实证主义和结构功能主义、马克思的历史唯物主义与冲突理论,韦伯的反实证主义的理解的社会学。

一、社会行动理论

社会行动理论关注作为主体的人的行动的目的、意义,关注行动本身与对其形成制约关系的社会结构之间的互动关系。要做到这一点,关键要考察行动的构成。马克斯·韦伯在《科学论文集》中指出:"要想考察任何有意义的人类行动的根本成分,首先应从'目的'和'手段'这两个范畴入手。"①这一点在帕森斯那里得到了发扬。在他那本"砖头般厚"的《社会行动的结构》书中,帕森斯从对人类行动中的"目的"和"手段"两个要素的细致考察来致力于对马歇尔—帕累托—涂尔干—韦伯的社会行动理论思想进行会通。

帕森斯通过对马歇尔、帕累托、涂尔干、韦伯的社会行动理论的研究,敏锐地发现了一条贯穿于社会学研究始终,从实证主义方法论向"实证主义—唯意志论"融合方法论过渡的演进脉络。帕森斯指出,在一般化的行动体系的结构中存在着三组确定的成分:生物性与物质性因素、基于"经济人"理论的工具理性因素、基于观念的价值理性因素。他就此写道:

> 在这样大致勾画出来的一般化的行动体系的结构当中,所有的成分分成了意义非常确定的三组。第一组是遗传和环境,从主观上看是行动的终极手段和终极条件,也是无知和"起决定性作用的"谬误的本源。对这些成分的科学理解可以借助于不涉及主观方面的范畴而达成。它们是各种行动科学的素材,关于它们的本性和行为的知识,是激进实证主义的社会理论遗留下来的关于人类行动理论的"永恒正确的精华"。

> 第二组是内在手段—目的关系的中介部分里面所包含的。这一组成分就是功利主义理论里面的永久正确的精华。由于功利主义思想有

---

① 帕森斯.社会行动的结构[M].张明德,夏遇南,彭刚,译.南京:译林出版社,2008.

原子论的特点,所以这个中介部分内部的差异不能够清楚地显示出来,但是,若干界线还是能辨别的。它们共有的行动合理性的一般概念阐述的是技术成分。在社会层面上以利益的天然一致性为出发点的功利主义理论阐述的是经济成分。在概念的精确方面,它在自杰文斯和马歇尔以来,在现代经济理论的边际效用分析当中已经达到顶点。最后,强制力量成分由霍布斯在功利主义基础上作出了经典式的阐述,从此只要利益的天然一致性的假定被突破,这个成分就以不同形式出现。

第三组是围绕在终极价值体系周围的一整组成分,这是就其整合为一体而且不能化约为功利主义的随意性目的而言的。如前所述,这组成分是从实证主义的传统中产生的,它的产生过程,就是实证主义传统在向唯意志论行动理论演变之中瓦解的过程。①

另外,帕森斯在这三组因素之外还指出存在一个"第四因素",即被称为"努力"的成分。他指出,"这个名称是用来表示在行动的规范性成分与条件性成分之间起联系作用的因素。如果规范得到实现,并不是规范本身自动地实现,而只能是通过行动才得以实现。因此,就必须有'努力'的成分。这个成分在行动理论当中分析问题时所处的地位,大致非常近似于物理学当中的能量。"②可见,在帕森斯那里,非理性的或曰观念的因素取得与生物性与物质性因素以及被实证主义奉为圭臬的基于"经济人"原则的工具合理性因素平等的地位。这些因素共同构成人类社会行动的结构体系,成为理解人的社会行动的切入口和参照系。

与帕森斯同时代的奥地利裔美国社会学家阿尔弗雷德·舒茨则在胡塞尔现象学的启发下提醒我们理解行动者的关键是通过对行动者的所作所为和所感的充分把握。在舒茨看来,"由于无论从什么方面来看,社会世界都是作为一个非常复杂的、由人类的各种活动组成的宇宙而持续存在的,所以,我们总是能够回到各种社会科学的'被遗忘了的人'那里去,总是能够回到存在于社会世界之中的行动者那里去,而这些行动者的所作所为和感受则是这整个体系得以产生和存在的原因。在这种情况下,我们就会尝试通过这样的所作所为和感受、通过那诱导他针对其社会环境而采取的特定态度的心灵状态,来理解这样的行动者。"③舒茨区分行动者的行动(action)和行为

---

① 帕森斯.社会行动的结构[M].张明德,夏遇南,彭刚,译.南京:译林出版社,2008:718-719.

② 帕森斯.社会行动的结构[M].张明德,夏遇南,彭刚,译.南京:译林出版社,2008:719.

③ 许茨.社会理论研究[M].霍桂桓,译.杭州:浙江大学出版社,2011:7.

(behavior)这两个概念。他指出,行动"是根据某种经过设计的行为计划而进行的行为;而且,这种行为计划也只不过是以将来完成时的形式存在的、预先经过设想和决定的行动本身而已。这样一来,这种计划就变成了行动所具有的首要和根本性的意义"①。行动的特点在于,它是由"某种在时间上先于它而存在的设计(project)决定的"②。舒茨还指出,要想解释一个行动,要从行动者实施这一行动的"动机"入手,但"动机"这一术语存在着指涉性模糊,为此,他从斯托尼尔和卡尔·博德研究他的理论的论文中借用了两个术语进一步将"动机"区分成两个相互关联的范畴——"目的动机"和"原因动机"③,"目的动机"指的是行动的目的或意图,行动则是达成这种目的或意图的手段,它指向未来。"原因动机"指的是行动的理由或原因,它指向过去。"目的动机是某种'terminus ad quem'(终点)……原因动机就是某种'terminus a quo'(起点)"④。

无论是帕森斯还是舒茨,他们的社会行动理论都未脱离韦伯框定的"目的"和"手段"这两个核心的社会行动理论范畴。这两个范畴,再加上社会行动理论中同样十分关键的"结构"范畴,也便成为我们理解广告、广告运动和广告活动(它们组成广告行动和广告行动体系的内核)的关键。

二、1950 年代以降的西方社会理论检视

伴随着所谓的"丰裕社会"的来临,20 世纪 50 年代以降,西方大规模的社会革命烟消云散了,人民的革命英雄主义激情在持续衰减,社会"中性化"趋势愈发突出,人们在资本主义所创造出来的丰富的物质财富的滋润和"文化工业"的"涵养"之下似乎正在享受着人类历史上的"美丽新世界"(赫胥黎语)。然而,在这样的新世界中,我们是否可以看出尼采笔下的"最后的人"(letzte Menschen)的些许轮廓呢? 事实上,早在 19 世纪末 20 世纪初,韦伯就从资本主义上升时期的大发展中敏锐地嗅出尼采这句话中的深刻洞见。在他那对资本主义精神起源的重要社会学研究著作中,韦伯即已预见到资本主义社会未来的发展和人在其中的生存状况。韦伯写道:

> 没有人知道谁将生活在这一钢铁般坚硬的外壳里;也没有人知道在这惊人的大发展的终点是否会有全新的先知出现,或者是否会有古代观念和理想的伟大再生。或者,如果两者都没有,那么是否将会在某种顽固的妄自尊大的被迫感的掩饰下产生一种机械的麻木僵化呢? 因此,确

---

① ②　许茨.社会理论研究[M].霍桂桓,译.杭州:浙江大学出版社,2011:12.
③ ④　许茨.社会理论研究[M].霍桂桓,译.杭州:浙江大学出版社,2011:13.

实，如果这一僵化出现，用下面这段话来描述这一文明长期发展的"最后的人"会很贴切。

　　狭隘的专家没有头脑，寻欢作乐者没有心肝；在这个虚无者的想象中，它幻想着自己已经攀上了人类前所未至的文明高峰。①

　　韦伯指出一个可怕的事实，即生活于资本主义现代性打造的"钢铁般坚硬的外壳"②中的人有丧失批判性，丧失对民主、自由、参与、公平的追求，丧失对人的主体性的坚守，最终丧失对解放人类追求的危险而成为"最后的人"。这些"最后的人"在尼采眼中是缺乏感情的可憎之徒，"他们通过其'卑微的快乐'使一切都变得卑微——然而，他们却声称'发明了幸福'"③。

　　正是在这样的社会背景下，1950 年后，西方的社会理论发展出现新的动向，其中的一个重要思潮便是认为西方社会已由一种广义的、在"工业社会理论"基础上形成的"正统共识"所主宰④。这种思潮认为，西方社会的阶级冲突已被"规范地管制"了，马克思主义意义上的意识形态冲突作为从传统农业社会向工业社会过渡过程中的主要动力和特征也已基本消失。正如贝尔指出的那样："在西方世界里，在今天的知识分子中间，对如下的政治问题形成了一个笼统的共识：接受福利国家，希望分权、混合经济体系和多元政治体系。从这个意义上讲，意识形态的时代也已经终结。"⑤显然，支撑这一理论的是对社会规范性共识的强调和对自由主义神话的迷信。然而，这种迷信，在 20 世

---

　　①　韦伯.新教伦理与资本主义精神[M].斯蒂芬·卡尔伯格，英译.苏国勋，覃方明，赵立玮，秦明瑞，译.北京：社会科学文献出版社，2010：118. 着重号为笔者所加。

　　②　韦伯.新教伦理与资本主义精神[M].斯蒂芬·卡尔伯格，英译.苏国勋，覃方明，赵立玮，秦明瑞，译.北京：社会科学文献出版社，2010：中文新译本序言：2.韦伯在《新教伦理与资本主义精神》中的德文原文是"stahlhartes Gehäuse"，这一概念在帕森斯 1930 年的英译本中被译为"iron cage"（铁笼）并在社会学界广为流传。这一译法近年来遭到了一些社会学者的挑战，如皮特·鲍尔就认为译为"shell as hard as steel"更安帖。史蒂芬·卡尔伯格也认为"iron cage"的译法意味着巨大的刚性和不可抗拒性，其"理性化宿命论"的蕴义过于浓厚而有将人的能动性彻底排除之意味。因此之故，卡尔伯格在他的英译本中将之译为"steel-hard casing"。卡尔伯格的这一英译在苏国勋、覃方明、赵立玮、秦明瑞等人的中译本中被译为"钢铁般坚硬的外壳"。诚如苏国勋指出的那样，"Cage（笼、牢笼）意味着巨大的刚性，没有像 casing（外壳）那样在某些情况下可以不具有太强的限制性，甚至可能会被剥落，表达的是一种社会现象的偶在性，而不是刚性的规律性、必然性或者线性进步史观所强调的单一的决定性。"在本研究的各章节中，对两种译法基本上是不加区分地予以使用。

　　③　韦伯.新教伦理与资本主义精神[M].斯蒂芬·卡尔伯格，英译.苏国勋，覃方明，赵立玮，秦明瑞，译.北京：社会科学文献出版社，2010：330.

　　④　GIDDENS A. Studies in Social and Political Theory[M]. London：Hutchinson，1977.

　　⑤　贝尔.意识形态的终结[M].张国清，译.南京：江苏人民出版社，2001：462.

纪 60 年代,随着激进社会运动的兴起遭到重创,导致对意识形态概念的"再发现"①,推动英国的文化研究转向新的范式——结构主义②。不过,到 1980 年代中期以后,情况再次发生逆转——社会的碎片化催生后结构主义、后现代主义和后马克思主义,"虚无""主体性消解""符号民主"等成为西方学术界新的时髦术语。在这种背景之下,"意识形态终结论"的声音再次泛起——它以弗朗西斯·福山提出的"历史终结论"为代表,只不过是这次换了件马甲。

当然,比较来说,1980 年代的"意识形态终结"说的理由和基础不同于 1950 年代的"意识形态终结"说。如果说前者是"出于对一个假定已经实现了的规范性共识社会的颔首嘉许"的话,那么后者的基础"恰恰反而是对差别观念和异质话语的'弹冠相庆'"③。换言之,前者的基础是对社会一体化的称颂,后者的基础则是对社会差异化的欢庆,原因虽然不同,但殊途同归。

1970 年代以降,西方社会理论出现的一个重要趋向——认识论的消解和本体论转向,这在福柯的知识考古学中或拉克劳和墨菲的后马克思主义理论中都十分明显。福柯抛弃了真实/虚假或真理/意识形态的分野,拒绝分析各种话语体制的研究本身是否提供了任何意义上真实、正当、充分和不被曲解的知识④。福柯对权力的理解也超越传统的意识形态理论,他认为权力对人的规训主要不是通过对人的信仰系统的强制扭曲来实现,而是通过对人们日常生活中的实践施加影响来实现⑤。权力与其通过改变人的社会意识来得以实现,不如通过规训人的日常行为来实现。对于福柯的后结构主义与传统马克思主义意识形态理论,托尼·本尼特曾通过对比研究福柯和葛兰西的理论之间的异同来区分:

> 福柯强调了社会技术在规范那些被认为是社会管理客体(objects of social administration)的民众(populace)及其行为方面扮演的角色。这反过来又导致对身体/心灵之结的关注:即权力关系投射在身体之上,对

---

①　HALL S. The Rediscovery of 'Ideology': Return of the Repressed in Media Studies[M]//GUREVITCH M, BENNETT T, CURRAN J, et al.(eds). Culture, Society and the Media. London:Methuen,1982:56-90.

②　HALL, S. Cultural Studies: Two Paradigms[M]// Media, Culture and Society, January 19802:57-72.

③　赵月枝.传播与社会:政治经济与文化分析[M].北京:中国传媒大学出版社,2011:21.

④　赵月枝.传播与社会:政治经济与文化分析[M].北京:中国传媒大学出版社,2011:22.

⑤　福柯.规训与惩罚[M].刘北成,杨远婴,译.北京:三联书店,2003;福柯.疯癫与文明[M].刘北成,杨远婴,译.北京:三联书店,2003.

其进行规训并强迫其完成任务,通过产生自我监控和自我约束的行为体的方式以影响、修正心灵。与此对照,葛兰西则强调了意识形态在组织形式上相对于人民(people)的文化、道德和知识领导权的角色,在这里人民被视为政治行动的主体(subjects of political action)。他强调了争取民心的斗争,即可以评估意识形态在组织政治主体的意识方面所产生的"心理影响"。①

福柯推动从社会批判向微观政治转变,实现权力与话语霸权之间的"接合",在拉克劳和墨菲的后马克思主义理论中,整个社会就是一个"话语领地",根本不存在这一"话语领地"之外的实在。换言之,一切社会实在都被消解在话语世界之中,这在后结构主义的基础上进一步消解了认识论强调的主体性。以福柯为代表的后结构主义认为能指和所指之间的关系是不稳定的,意义系统具有自我繁殖、自我指涉的"自由游戏"特征。后马克思主义则将这一点引入社会和政治领域,切断了社会实在和社会意识之间任何的必然联系。这样,能指便获得完全的自主性,凌驾于所指之上实现自我指涉和意义系统的建构。

后结构主义和后马克思主义的话语理论同样在鲍德里亚那里得到引人瞩目的张目。在鲍德里亚的社会理论中,仿真(simulation)、超真实、内爆具有一脉相承的连贯性,它们共同构成鲍氏眼中的后现代社会图景。在这个后现代社会图景中,"符号价值和符码比那些诸如交换价值、使用价值、生产之类的传统政治经济学要素更为基本更为重要","媒介、仿真、超真实和内爆终将抹去私人和公众、内部和外部、媒介和现实的区别。从此以后,在客体的世界中,一切都变成公众的、透明的、狂热的和超真实的,而随着时间的推移,这个客体世界正在获取着魅力和诱惑力。这样,到了最后,主体,这个现代哲学的宠儿,就在波德里亚形而上学的设想和客体的胜利中被打败了,对一向为现代哲学框架的主体客体辩证关系来说,这是一个令人震惊的终结。因此,客体就是主体的致命所在,而波德里亚的'致命的策略'就仅是一种对于仿真策略和客体诡计的含糊呼唤。"②

鲍德里亚描绘了能指是如何逐渐实现与所指的分离并最终实现自由漂浮和自我指涉。鲍氏沿袭了西方社会理论家钟爱的三段论社会分期,从这种三段论出发将能指和所指的关系描述为:在第一阶段(大致相当于前现代时

---

①　赵月枝.传播与社会:政治经济与文化分析[M].北京:中国传媒大学出版社,2011:23.

②　波德里亚:一个批判性读本[M].陈维振,陈明达,王峰,译.南京:江苏人民出版社,2008:绪论22-23.

期），能指与所指是紧密相连的，所指决定能指；在第二阶段（大致相当于现代时期），能指与所指之间的联系遭到破坏从而出现联接的松动，能指获得一定程度的自由；在第三阶段（大致相当于后现代时期），能指彻底挣脱所指的制约从而成为自由漂浮的能指，能指与所指之间相对固定的意义关联不复存在，能指就是意义，意义就是能指。这便是鲍德里亚的符号政治经济学批判强调的核心内容。在鲍氏看来，后现代的社会是一个被完全符号化了的时代，形象代替实在，客体消隐主体、能指取代所指成为社会运动的主因。正如凯尔纳指出的那样："他（指鲍德里亚——引者注）对于现代社会的看法体现了一种倾斜的增长和增生（croissance et excroissance），扩张并分泌更多的商品、服务、信息、消息或者需求——在一种螺旋式上升的、未加控制的生长和复制中超越了所有的理性限度和边界。"①

　　总之，在鲍德里亚的理论中，后现代的世界无意义、无深度、虚无。在这个世界中，理论丧失了社会实在的根基而在虚空中漂浮，符号成为唯一可以触摸、可以感知的东西，这使得意义不再有深度，也不再有隐含的维度——虽然看不见但却稳固的基础。在后现代世界中，社会变得透明化、浅薄化，生活于其中的人如同一个个微小的原子，他们为符号和能指所包围，注定要走向虚无，虚无得连乌托邦的幻像都不复存在。

　　在这里，我们发现，马克思和弗洛伊德等社会理论大师曾描绘的现代性世界正在崩塌，代之的是福柯经由拉克劳和墨菲直至鲍德里亚等描绘的后现代性的世界。在马克思和弗洛伊德生活的时代，现代性的革命"是由历史、经济或欲望的辩证关系安全地支撑着的一场意义的革命"②，而在后现代世界中，意义不再有意义，世界因此变得虚无，客体、形象和符号成为我们这个世界的核心命题。于是，根植于现代性的认识论的理性和宏大叙事不再有效，代之而起的是本体论。关于这一点，布赖恩•麦克黑尔曾通过对"20世纪小说的历史诗学"的研究予以证实。麦克黑尔提出两个论点：

　　　　第一个论点是"现代主义写作的主因是认识论的。也就是说，现代主义写作旨在提出此类问题：要知道什么？谁知道？他们怎么知道，且具有多大程度的确定性？知识怎样从一个知者传达到另一个，这又在多大程度上是可靠的？等等。"第二个论点是"后现代主义写作的主因是本体论的。亦即，后现代主义写作旨在提出以下问题：什么是世界？有些

　　①　波德里亚：一个批判性读本［M］.陈维振，陈明达，王峰，译.南京：江苏人民出版社，2008：绪论第22页.

　　②　波德里亚：一个批判性读本［M］.陈维振，陈明达，王峰，译.南京：江苏人民出版社，2008：绪论第17页.

什么样类型的世界，它们是如何构成的，它们有怎样的区别……什么是文本的存在模式，什么又是文本所投射的世界(或诸世界)的存在模式？等等。"

为了解释从一个主因向另一个主因的过渡，麦克黑尔求助于一种内在的变化模式：当现代主义质疑的逻辑被推至极端，它就导致后现代主义质疑的逻辑；反之亦然。麦克黑尔写道："将认识论问题推至足够远时，它们就会翻转过来，变成本体论问题——进步并不是线性的和单向的，而是循环的和可逆的。"①麦克黑尔实际上承袭"循环论"的衣钵，因为在他看来，认识论发展到极致就会"盛极而衰"，为本体论的登场铺平道路。反之亦然。

总之，1950年代以降的西方社会理论研究呈现从认识论滑向本体论的倾向，现代社会理论中的宏大叙事逐步让位于碎片化、话语化、符号化的后现代社会理论。这一转变也被西方学者称为"语言学转向"。伴随着这一深刻的知识转变，广告传播理论也从现代向后现代过渡。这也正是作者不吝笔墨对这一社会理论的发展演变轨迹进行梳理的原因所在。关于广告的后现代主义转向，本章的第三节将进行讨论。现在，让我们从社会行动理论的视阈来讨论广告与消费主义和消费社会之间的关系。本章还将讨论广告与视觉文化转向之间的关系，这也是与后现代性和后现代主义密切相关的一个领域。

三、社会行动理论与广告

将"目的"和"手段"、"行动"和"结构"等社会理论概念运用于对广告的理解可在两个方面进行。一是将广告、广告运动和广告活动作为整体，即将之置于"行动者"的位置，考察其与社会结构之间的互动关系。二是考察作为消费者的行动主体与社会结构之间的互动关系。前者为我们考察诸如广告与视觉文化转向及社会风尚之间的关系、广告的后现代转向的动因分析、广告本体的演进与变异分析、广告与消费社会和消费主义转向之间的关系分析等广告与社会结构之间的互动，指明方向。这些都是广告文化研究关注的问题。对这些问题的研究将有助于全面地理解和认识广告，准确地预测广告的未来走向。后者则为分析作为社会行动者的消费者个人与经广告参与塑造的社会结构之间的关系指明方向，这些问题包括消费者对流行和时尚的追随、消费者消费观念和生活方式的改变、消费者审美趣味的变化等等。上述问题相互交集彼此包蕴，相互之间并没有明(确的界限。本章将就广告与消

---

①　卡林内斯库.现代性的五副面孔[M].顾爱彬，李瑞华，译.北京：商务印书馆，2002：328.

费文化和消费主义、广告的后现代主义转向，广告与视觉文化的转向等问题
展开论述。

第二节 广告与消费主义

　　作为"行动者"的广告在与社会结构的互动过程中会发生多种多样的关
系，其中最引人注目的是广告与消费社会和消费主义的关系。广告也经常被
认为是消费社会和消费主义的一个"主因"，保守点说，它在消费社会和消费
主义的形成过程中至少起关键作用。这一说法如果准确，就要考察广告如何
推动消费社会和消费主义的形成；如果不准确就要考察造成消费社会和消费
主义的真正"主因"。广告真的能洗清它与消费社会和消费主义之间的"选择
性亲和"（韦伯语）关系吗？对这些问题的回答需要我们认真研究广告与消费
社会和消费主义之间的关系。

一、消费社会的来临

　　消费社会和消费主义不同，消费社会指人类社会在发展演变到较高阶段
后出现的有别于前现代社会和工业社会的社会形态，其显著特征是消费取代
生产而成为社会关系和文化的基本组织条件。消费主义属于文化的范畴，它
是消费社会特有的社会意识，或曰意识形态。借助詹姆逊将后现代主义理解
为晚期资本主义的"文化逻辑"的做法，我们也不妨将消费主义界定为消费社
会的文化逻辑。

　　自称为"知识的恐怖主义者"的鲍德里亚在《消费社会》一书的开篇中即
指出："今天，在我们的周围，存在着一种由不断增长的物、服务和物质财富所
构成的惊人的消费和丰盛现象，它构成了人类自然环境中的一种根本变
化。"①鲍德里亚的《消费社会》出版于 1970 年，而通常的看法是，西方发达资
本主义国家早在 1950 年代即已普遍进入丰裕社会、消费社会。应该说，生活
于"新社会"中的鲍德里亚对于周围环境的变化是十分敏感的。作为一个批
判理论家，鲍氏敏锐地发现消费社会与前现代社会的不同——物，代替人包
围了人自己。这一生存环境的变化必然改变人类的社会关系和生活方式，进
而改变人的社会意识。因此，消费社会的来临，对于人类而言，不仅是经济结

---

① 波德里亚.消费社会[M].刘成富,全志钢,译.南京:南京大学出版社,2000:1.

构和生活方式的改变,更是一场影响深远的文化转变。这种转变对人类社会的重要性不容低估,事实上,它塑造了今天的整个社会形貌。

(一)福特主义:生产与消费联接的新模式

马克思主义认为,在社会发展中起决定作用的是生产方式,它是生产力和生产关系在生产过程中的统一。资本主义社会要想维系,必须同时完成资本主义生产方式的再生产和劳动力的再生产,二者缺一不可。前者使得资本主义大生产得以不断循环往复并在此基础上实现扩大再生产,后者使得为这种生产方式再生产提供源源不竭的劳动力资源。这便牵涉资本主义的两个核心环节——生产与消费。在资本主义生产方式中始终存在着一对矛盾:一方面,资本家为了最大限度地榨取剩余价值,加速资本积累,总是要想方设法降低生产成本;另一方面,资本家支付给工人的工资必须构成有效需求,确保剩余价值的实现和资本主义生产和扩大再生产的循环往复。简单地说,资本主义的生产要想维系就必须确保生产出来的大量产品能够卖出去,而要做到这一点就必须有足够数量的有支付能力的消费者。为了解决这一对矛盾,资本主义需要调节生产与消费之间的关系,使二者保持平衡,"福特主义"(Fordism)便是在这一背景下应运而生。因此,对消费社会的研究必然与福特主义有关,尽管消费社会的渊源要比福特主义更为久远,这一点下文还将论及。

诞生于 20 世纪头十年的福特主义与"泰勒制"(Taylorism)密切相关。工人出生的美国人泰勒是一名工程师,凭借对机器大生产各个环节的熟练掌握,他设计出了一套精简的工作程序,通过计算工人工作中的必要动作和所需时间,它将工人操作中不必要的动作减到最少,确保工人按规定的标准时间完成工作量,工人工资与实际完成的工作量挂钩。这就是著名的泰勒制。泰勒制对于提高资本主义的生产效率做出巨大贡献。后来,福特汽车公司的老板亨利·福特对泰勒制进行改进,通过生产流水线的建立和使用通用零部件进一步提高生产效率,降低了工人装配工作的复杂程度,对工人劳动技能的要求也因而得以降低。这便是"福特主义"。1913 年,福特汽车公司设在美国密歇根州德尔朋的生产流水线投入使用并生产出第一辆采用流水作业生产的汽车,这标志着福特主义成功地运用于实践。

福特主义对于提高资本主义生产率贡献卓著,它也对资本家和工人之间的关系乃至于整个社会劳动力的再生产产生革命性的影响。在流水线作业中,工人就像一个固定的"零件",被安排在生产岗位上,他们被动、机械般地受着自动化流水线的操纵,失去对劳动和工作节奏的控制,"哪怕在最小的细节上也被迫从属于生产过程"①。这种现象在马克思那里被称为劳动的"异化",在马克斯·韦伯那里被称为"理性化",在卢卡奇那里则被称为"物化"。福特主义表面上看降低了对工人劳动技能的要求,然而实质上它与泰勒制一样,大大增加了工人的劳动强度,工人在劳动过程中失去自由支配的时间,没有余裕的时间用来恢复体力。筋疲力尽的工人下班回到家中不再可能像以前那样从事生活资料的生产,生产劳动和家庭生活被生生地割裂开来,工人必须到市场上去购买商品来满足日常生活的需要。正如法国经济学家米歇尔·阿吉列塔指出的那样:"在历史上,福特主义第一次创造了一种工人阶级的消费模式,在这种模式中,个人对商品的占有支配了消费的具体实践。"②

应该说,这种消费模式是与福特主义完全契合的。福特主义通过标准化、规模化的社会大生产生产出大量的产品,这些产品必须销售出去才能实现资本主义生产的循环往复,维持生产体系的正常运转。福特主义"一天工作 8 小时,挣取 5 美元"的口号对工人阶级也确实有着很强的吸引力。在这一口号的诱惑下,工人阶级同意接受高强度的劳动和放弃工作时间内除劳动之外的其他权力,"心甘情愿"地成为资本主义生产体系中的一颗颗螺丝钉。正如葛兰西指出的那样,福特主义通过"高工资"、禁欲和禁酒,以及对劳动和生产过程的"合理化"等一系列措施,以历史上前所未有的速度和目的意识将大批的社会劳动力"改造"成资本主义大生产所必需的新型产业工人,满足和加快了工业资本主义的发展进程。③ 于是,资本主义社会劳动力再生产乃至整个资本主义社会体系的再生产便在消费社会和消费主义的降临中实现华丽的转型。

(二)后福特主义的登场与消费社会的降临

然而,福特主义并未在"赞誉"声中止步不前。随着资本主义社会化大生产的发展,到二十世纪六七十年代,福特主义最大的弊端——僵化——日益

---

①② 罗钢,王忠忱.消费文化读本[M].北京:中国社会科学出版社,2003:前言 5.

③ 葛兰西.狱中札记[M].葆煦,译.北京:人民出版社,1983:398-399.

葛兰西在《狱中札记》中曾辟专章讨论"美国主义和福特主义",深入分析美国工业主义大发展的历史和现实条件。谈到美国工业主义的发展提倡"禁酒""禁欲"等要求时,葛兰西指出:"应该注意的是工业家(尤其是福特)很关心自己工作人员的性的关系,并一般地关心他们家庭生活的安排情况。不能被这种关心所披着的'清教主义'外衣(正如实行禁酒法的场合)引入迷途:真理在于生产和劳动合理化所要求的新型人物,在性的本能没有得到相应的调节以前,没有像其余的一切问题得到合理化以前,是不能发展的。"葛兰西还认为,工业主义之所以能在美国得到飞速发展,其中一个重要因素是美国没有像旧欧洲大部分国家中的那种沉重的"历史包袱",即大量不事生产的寄生阶层人口的存在。

凸显。"福特式大规模生产体系需要长期和庞大的固定资本投资,很难适应迅速变化的市场需要,而高质量和低单位成本的生产方式要求售出大量产品,又与日趋多样化和日趋饱和的市场发生矛盾,同时线性的生产方式缺乏横向的协调机制,也造成了生产组织的僵化。这种种僵化反映出作为一种协调生产与消费的控制模式,福特主义已经达于它的极限"①,福特主义转向后福特主义(Post-Fordism)势成必然。与福特主义的"僵化"相比,后福特主义主张"灵活积累"地调节生产和消费;它从生产的大众市场导向转向小众市场导向,通过小规模、小批量的生产来灵活地满足市场的需求。这种生产导向缩短了生产和销售的周期,可以迅速适应市场的变化。后福特主义还重视工人在劳动过程中的个性和创造性,允许工人实行灵活的工作时间,缓解了资本家与工人阶级之间的矛盾。总之,它"用机会经济取代了规模经济,在劳动力市场、劳动过程、产品及销售方式等方面都表现出极大的灵活性"②。后福特主义是极富弹性的生产和积累机制,这种弹性生产方式,使得资本主义企业和经济即使在经济萧条甚至是经济危机时期也能确保稳定运转。

后福特主义不仅给资本主义生产带来革命,它对消费领域的影响也十分深刻。与福特主义相比,后福特主义有以下五个主要特点。一是新技术特别是信息技术的大量运用;二是从面向均质化的市场的大生产转向小型市场特别是"利基市场"的差异化生产;三是服务取代生产成为资本主义经济的新宠儿;四是工人构成的女性化倾向越来越明显;五是金融市场全球化。这些特点在加快生产的同时加快交换和消费的步伐,使得非物质性消费和服务消费占消费的比重持续上升,消费领域的后现代倾向——注重时尚消费、健康消费、休闲消费、日常生活审美化消费——愈来愈突出。消费领域的这些变化催生对商品设计、包装、广告等的需求,使得"商品美学"的重要性前所未有的增强。广告和商品美学联手制造了一个被许多后现代理论家关注的符号体系和视觉形象,它们不仅是时尚的表征,更是操纵消费者趣味和消费欲望的主要因素。"现代广告和传媒形象在当代文化实践中是一种强大的整合力量,它不再是普通意义上的信息传递,而是通过与所欲推销的商品有关或无关的形象来操纵人们的欲望和趣味。更有甚者,正如德波(2006)、鲍德里亚(Baudrillard,1981,1998)和詹姆逊(1997,2013)等理论家们都曾论述过的那样,晚期资本主义社会中,"形象"自身也变成商品,它也具有使用价值和交换价值;而且"形象"还具有"象征交换"的功能,这使得它成为后现代社会中符号经济的主要策源地。

从福特主义向后福特主义的转变不仅仅是资本主义生产方式的深刻变

---

①② 罗钢,王忠忱.消费文化读本[M].北京:中国社会科学出版社,2003:前言第7页.

革,它还是资本主义文化体系的盛大转型。在这场史无前例的转型中,资本主义成功地从以"生产"为中心的社会转变成以"消费"为中心的社会,完成从工业社会向后工业社会的转型;与这一社会转型同时,资本主义文化体系也从现代主义向后现代主义转变。这一转变的突出的特征便是符号和形象大量出现,广告对人类生活世界进行全面殖民。福特主义为大规模商品消费奠定了物质基础,为消费社会的到来铺平了道路,后福特主义则使消费社会成为活生生的现实。

二、广告与消费主义的"接合"

消费主义是消费社会的意识形态(社会意识),用美国当代马克思主义文化理论家詹姆逊的话来说,它是消费社会的"文化逻辑"。作为社会意识,消费主义只是在消费社会才有的文化逻辑吗?换言之,是否可以说它是从消费社会的土壤里顿生出来的呢?在消费主义的形成过程中,广告扮演怎样的角色呢?

(一)消费主义溯源

罗钢曾追问消费主义和消费文化的起源问题。他考察"生产主义"视角下认为消费仅仅被认为是生产力发展的附带结果这一观点反拨进而指出,其实早在"工业革命"之前,"消费革命"就已经在欧洲社会悄然发生。罗钢就此援引西方历史学家的研究成果辩驳道:"尽管以大规模商品消费为特征的消费社会出现于20世纪,但一种源远流长的消费文化却不是20世纪的产物。它与资本主义经济和社会体系之间存在着一种长久的互动关系,它直接参与了近三百年来西方现代性的历史建构,是西方在其现代化过程中逐步发展起来的一种占支配地位的文化再生产模式,它与支持西方现代性的许多核心的价值观念有着千丝万缕的联系。"①这实质上推翻了那种认为消费主义只是消费社会才有的文化逻辑的说法,使我们有可能将这种资本主义社会新的意识形态与现代性这一更为抽象、更为根本的社会和文化范畴"接合"起来。

现在,让我们把目光从欧洲大陆投向美洲大陆,更具体地说就是美国,因为消费主义和消费文化,无论是作为社会意识还是作为概念范畴,都与美国有密不可分的关联。在西方发达资本主义国家中,美国率先于20世纪50年代进入消费社会,因此,任何试图研究消费主义源头的努力都应该关注消费文化和消费主义在美国的萌生和发展以及演变轨迹。

诚然,在美国,福特主义和后福特主义为消费主义和消费文化的兴起奠定

---

① 罗钢,王忠忱.消费文化读本[M].北京:中国社会科学出版社,2003:前言第7-8页.

了物质基础,但是,正如一些西方学者所追问的那样,没有大规模的消费需求,这样的物质和经济基础如何产生？即使产生,市场又如何吸纳这么多的商品呢？对这些问题的思考要求我们深入地考察消费主义和消费文化的思想源头。

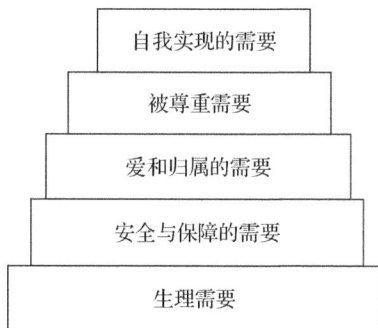

图 4.1　马斯洛的需要层次图①

　　事实上,草蛇灰线,伏脉千里,消费主义意识形态源远流长,它的源头至少可以追溯至资本主义萌芽的初期,甚至更早。正如贝尔早就指出的那样,资本主义的本质特征不是需求(needs)而是欲求(wants)。② 需求满足的是人的生理需要,欲求则不然,它满足的是人的心理需要,心理需要是无限制的。当然,人有多种心理需要。美国人本主义心理学家马斯洛在 20 世纪 40 年代曾提出过"需要层次理论"。按照这一理论,人有五个层次的需要,它们按照从基本到高级依次为:生理需要、安全需要、爱和归属的需要、尊重的需要、自我实现的需要。其中,除了生理需要和安全需要之外,其余三种需要都可以归结为心理需要,即欲求的范畴。这三种心理需要中,尊重的需要和自我实现的需要在更早的美国制度经济学派代表人物凡勃伦那里被认为是人追求地位的冲动的结果。凡勃伦 1898 年出版的《有闲阶级论》认为,炫耀性消费(conspicuous consumption)是人的本性使然③。凡勃伦的观点与创造了"资本主义"一词的 19 世纪德国经济学家和社会学家桑巴特对资本主义起源问题的研究成果一脉相承。作为马克斯·韦伯的同事和论敌,桑巴特认为贪欲和黄金是资本主义的起源。这与韦伯将新教伦理——更具体地说就是加尔文宗的新教伦理,认定为资本主义起源的研究结果大相径庭。一边认为是贪欲和黄金,另一边认为是新教伦理的虔诚、节俭、自律、审慎、对工作的全力投入,二者孰是孰非？当然,从两方面的研究成果来看,韦伯的结论得到更多人

　　① 　MASLOW A.H. A Theory of Human Motivation[M].//Psychological Review，1943，50:370-396.

　　② 　贝尔.资本主义文化矛盾[M].叶蓓雯.译.南京:江苏人民出版社,2012:21.

　　③ 　凡勃伦.有闲阶级论[M].蔡受百.译.北京:商务印书馆,1964.

的支持,他的研究成果也因此成为 20 世纪最重要的社会学研究成果。桑巴特的研究成果则长期无人问津。但是,如果就此断然拒斥桑巴特的理论也有失偏颇,因为他的理论显然也有合理性。而且,桑巴特的观点也得到后来者的佐证。比如,托克维尔在《论美国的民主》一书中曾把"伪奢侈"认定为现代性的基本冲动之一。他写道:

> 在所有阶层的杂然共处中,每个人都希望表现得像他本身不属的阶层,并以巨大的努力去实现这一目标……模仿美德是每一时代皆然的;但伪奢侈却比较特别地属于民主时代……艺术家的产品日见其多,每一件产品的价值却在降低。艺术不再能飞升到伟大艺术的境域,他们就精雕细琢于小巧优美之物;外表比实质更受重视。①

托克维尔显然受到凡勃伦《有闲阶级论》中提出的"炫耀性消费"理论的影响。在托克维尔之后,约瑟夫·熊彼特也发表文章支持对桑巴特。熊彼特认为西欧资本主义导源于高度世俗化的性理论,这种性理论以市井享乐生活为主要特征并在 17 世纪到 18 世纪的大部分时间内在社会各阶级中蔓延,使追求感官享乐的侈靡之风盛行。② 这种享乐主义和纵欲主义的社会风气成为推动大规模工业生产和贸易产生的最重要社会动因,最终导致资本主义生产方式和消费方式的出现。

丹尼尔·贝尔则十分巧妙地将韦伯的思想与桑巴特的理论有机地统一了起来,认为二者都是资本主义的起源。贝尔综合考察资本主义经济、政治、文化和社会后认为:

> 回顾历史,资产阶级社会有双重起源和双重命运。一个源头是清教,即辉格党资本主义,它不仅强调经济活动,也强调**性格**(审慎、正直、视工作为天职)的养成。另一个是世俗的霍布斯主义,这是一种激进的个人主义,它认为人的欲望是无限的,这种欲望在政治领域可以通过君权统治加以限制,但在经济和文化领域可以为所欲为。以上两种动力一直难以和睦相处。但随着时间的流逝,它们之间的紧张关系消解了。就

---

① 卡林内斯库.现代性的五副面孔[M].顾爱彬,李瑞华,译.北京:商务印书馆,2002:243-244.

② 爱德华·博克斯曾在《欧洲风化史:风流世纪》一书中为我们生动地描绘了一幅17—18世纪欧洲大陆上的风流图景,他将这段时期称为欧洲的"风流世纪"。他在该书的"前言"中借用塔列朗老头的话说:"谁要是没有在 1789 年以前生活过,那就压根儿不算生活过。"在博克斯看来,1789 年法国大革命之前的欧洲具有"极乐岛的醉人的欢乐",而这一切,随着大革命的到来一去不复返了,"美和欢娱从此好梦难续"。博克斯.欧洲风化史:风流世纪[M].侯焕闳,译.辽宁:辽宁教育出版社,2000:前言 1.

如我们看到的,在美国,清教精神沦落为一种执拗的小镇精神,只讲究所谓的体面。而世俗霍布斯主义滋养了现代性的主要动机——对无限制经验的贪求。①

贝尔并未说明清教精神在美国是什么时候开始沦落为"执拗的小镇精神"的;但根据相关的研究成果我们至少可以说,早在 19 世纪末 20 世纪初这种"沦落"即已相当明显。及至 1920 年代,美国的清教精神已经被彻底地边缘化,世俗化、享乐主义、"对无限制经验的贪求"占据了社会意识的中心舞台。

事实上,在美洲大陆,"清教精神"和"世俗的霍布斯主义"起点是一致的。1620 年,当第一批清教徒搭乘"五月花号"从英格兰来到美洲大陆的那一刻起,这两种源自欧洲大陆的价值观念即同时抵达这片新大陆。在近三个世纪的社会发展演变过程中,这种对立的动力沿着各自的轨迹发展,彼此难有交集,更难实现和睦相处。但是,最终的胜利者却是"世俗的霍布斯主义",它的胜利在为美洲大陆开辟了一片"自由主义"新天地的同时,也为后来率先在美洲大陆兴起的消费主义的塑造和成型铺平了道路。因此,追根溯源,消费主义的源头可以追溯到世俗的霍布斯主义那里。当然,作者在此并无意追问世俗的霍布斯主义是如何最终打败清教精神的,也即这一过程是如何发生的,因为这样的论题足以写一篇社会学、文化人类学,甚至是哲学方面的鸿篇巨著,这超出本文的研究主题和作者的能力范围。

(二)广告与消费主义的互动

我们已经将消费文化和消费主义的源头追溯到"世俗的霍布斯主义"、桑巴特的"贪欲"、熊彼特的"以享乐主义为特征的性理论"那里。现在,我们要来探讨广告在消费主义和消费文化的形成过程中扮演的角色。

现代意义上的广告诞生于 19 世纪中叶以后的美国,其标志性的特征就是现代广告公司。从这一时间点直至 1920 年代新教伦理所倡导的禁欲苦行主义在美国的崩塌,只有短短的数十年时间。从韦伯的"理解的社会学"的角度出发,我们不妨大胆地假设:广告在这一过程中扮演了双重的角色:对于消费主义而言,广告是一针催化剂;对于新教伦理而言,广告是压垮新教伦理的"最后一根稻草"。因为美国是现代广告的发源地,因此我们的视线依旧停留在美国。

先来看看贝尔的一段论述。他在《资本主义文化矛盾》一书中这样写道:"20 世纪资本主义在某些方面的发展,甚至比社会变革更令人吃惊——资本

---

① 贝尔.资本主义文化矛盾[M].叶蓓雯,译.南京:江苏人民出版社,2012:84.黑体为原文所加。

主义的支点从生产转向消费。这是消费耐用品的兴起:汽车、冰箱、电视机、洗衣机和烘干机,诸如此类。所有这些引起零售的变革,特别是,就像我指出的,导致了分期付款的产生,这是削弱新教伦理最具'颠覆性'的手段。"①贝尔在这里表达了两个层面的意思,一是资本主义在 20 世纪(50 年代以后)的支点从生产转向了消费,这是消费社会来临的前提;二是耐用消费品的兴起引发零售变革,资本家为了售出更多的商品想尽各种方法。其中主要的有两种,一是借助广告的手段通过大众媒介将商品信息传达至尽可能广泛的大众以引起人们的购买欲望;二是在支付方式领域通过技术创新引入信用的概念和分期付款的方式,从而成功地引诱消费者用未来的钱来满足今天的消费欲望。正是在包括这两股强大力量在内的多股力量的联合作用下,新教伦理倡导的苦行禁欲和先劳动后享受的消费观念被颠覆,享乐主义和以快乐为原则的生活方式成为占统治地位的社会意识。这就是消费主义和消费文化根植于其中的社会土壤。

　　广告在鼓吹消费主义和倡导消费文化方面向来不遗余力。当然,广告要想把商品信息传达给广大的消费者必须借助一定的媒介。在印刷媒介时代,报纸以其良好的时效性和到达率成为广告传播的主要媒介。廉价报纸——便士报的出现更是大大降低大众接触报纸媒介的成本,为广告信息接触更多的消费者创造了可能。1833 年,为了与竞争者争夺读者,出版商兼印刷商本杰明·代创办《纽约太阳报》,该报售价仅一便士,其他同类报纸的售价通常为五或六便士。这使得《纽约太阳报》在竞争中占据很大的优势。便士报一出现便很快成为广告商们的青睐对象,大量的商品广告信息混杂在新闻内容之中被送达至大众,冠冕堂皇地履行起"教化大众、引导消费"的职能。

　　1865 年,美国内战结束后,国家迅速走上工业化和城市化的道路,大量的商品被生产出来,大量的人口流向城市,社会结构发生根本性的变化。民众的生活模式也发生巨大的转变。经济的快速发展,城市人口的大量增加也促进了广告的发展,这一时期的美国广告出现新特点。据朱利安·西沃卡的研究,从 1880 至 1890 这十年间,美国广告业的最大变化是"批量生产的包装上有品牌名称的商品开始出现在全国性的广告上"②。与此同时,美国国内的广告额迅速增长。1880 年,美国的广告总额为 2 亿美元,而到 1900 年,这一数字一下子升到 5.42 亿美元。

　　进入 20 世纪以后,美国的广告业得到进一步的大发展,广告在影响和塑

　　①　贝尔.资本主义文化矛盾[M].叶蓓雯,译.南京:江苏人民出版社,2012:307.
　　②　西沃卡.肥皂剧、性和香烟:美国广告 200 年经典范例[M].周向民,田力男,译.北京:光明日报出版社,1999:68.

造美国人的日常生活方面发挥着越来越重要的作用。正如西沃卡所言："在这方面(指广告在型塑人们生活方式方面——引者注),没有任何一个行业能够与之相比。"①及至 20 世纪 20 年代,广告的影响力已经与教会与学校不相上下,"它影响着美国人的正常生活,决定着美国人购买怎样的产品和时装流行款式,甚至个人的生活方式。广告还把它们的目标对准女性,向她们兜售雪茄、化妆品以及各种各样时髦的歌舞演出。广告向从未进入博物馆的人介绍最新潮艺术风格和流派。广告还促进电烤箱、洗碗机和电冰箱的销售。广告甚至还改变了人们生活中最细微的环节,如促使人们形成喝桔汁、刷牙、洗澡和使用除臭剂等生活习惯"②。

一句话,广告已经成为日常生活中最重要的一位"导师"。不过,这位"导师"却是"单向度"(马尔库塞语)的——它只会致力于把消费者导向消费主义的享乐世界而不是其他世界。正如贝尔所指出的那样:

> 所有现代广告都配合着销售幻像这个任务,具有巫婆般巧妙的说服力。这就是资本主义的一个矛盾。《华尔街》中,迈克尔·道格拉斯扮演的主角高登·盖哥是个投资顾问,他在一群谨慎的股东召开的大会上发言,用响亮而充满胜利感的声音宣称贪欲的美德。另一部是罗伯特·阿尔特曼的《成衣》,其中有一幕是巴黎时尚秀,展示了富豪时尚的最新款,最后这个秀以一个濒于破产的女服装设计师的展览而结束。这位女设计师让她的模特在 T 型台上漫步——一丝不挂!——以此博得了全场喝彩。这些便是皇帝的新装。
>
> 这离新教伦理多远啊!③

就这样,广告一步一步地实现既定目标——它在不遗余力地打压新教伦理的同时,也在尽其所能地鼓吹和培育着消费主义和消费文化,最终它在两条战线上均取得巨大的胜利。其标志就是:及至 1920 年代,美国进入大众消费时代。当然,这其中除了广告因素之外,还有技术和社会动因的作用。一是技术因素,主要是家庭通上了电,这便为家用电器产品的普及铺平了道路;二是资本主义生产组织形式的变革,以福特主义为代表的生产流水线的投入使用大大加快了商品生产的步伐,为大规模消费奠定了物质基础;三是信用制度的建立和分期付款的普及,这一支付手段的创新彻底打消了清教徒对欠

---

①　西沃卡.肥皂剧、性和香烟:美国广告 200 年经典范例[M].周向民,田力男,译.北京:光明日报出版社,1999:556.

②　西沃卡.肥皂剧、性和香烟:美国广告 200 年经典范例[M].周向民,田力男,译.北京:光明日报出版社,1999:558.

③　贝尔.资本主义文化矛盾[M].叶蓓雯,译.南京:江苏人民出版社,2012:309-310.

债的顾虑;四是交通和通讯发生革命,在有效地整合国家的同时,也为商品的流通和消费主义和消费文化的传播提供了新的可能。

1920年代以后,各种技术和社会动因的发展变化都朝着更加有利于消费主义和消费文化发展壮大的方向进行。其中,传播媒介技术的发展变化尤为引人瞩目,因为它为广告和消费文化的传播提供了更为便利的条件。1920年,世界第一家广播电台——美国匹兹堡KDKA电台开播以后,广告商便迅速瞄上这一新兴的电子媒介带来的新的接触消费者的机会。据西沃卡的考证,美国的第一条广播商业广告是为长岛的一家房地产公司做的,据说该地产公司当时以50美元的价格买下时长为10分钟的播音时段。广告播出后收效明显,很快便售出好几套公寓。从此,美国的广播广告进入快速发展时期。及至30年代,随着美国电台广播业的成熟,广播广告终于超过杂志,一跃成为广告收入排名第一的传播媒介,且"这一差距越来越大,直到采用电视。广告的外观也与不断变化的时代保持同步"[1]。

广播媒介的诞生开启了人类社会的电子传播时代,推动电子传播技术在20世纪实现井喷式的高速发展。40年代,电视技术的日益成熟为广告传播开辟了新的、更大的空间。1941年7月1日,美国第一条电视广告通过纽约的WNBT电视台播出,开辟了电视广告时代。直至今日,电视仍然享有着"媒介之王"的桂冠,它也是广告商最看重的传播载体。1969年,互联网在美国诞生,经过20多年的改进,到90年代,互联网已经发展成为重要的新兴的大众传播媒介。1994年11月27日,第一条互联网广告通过"热线"网站(hotwired.com)传出,广告主是美国电话电报公司(AT&T)。从此,新的广告时代——互联网广告时代迅速兴起。

伴随着电子媒介、互联网媒介,卫星通讯的迅速发展,麦克卢汉预言的"地球村"已经成为不争的现实。"地球村"的形成也推动资本主义全球化的发展,在这一史无前例的经济和政治全球化的发展进程中,文化的全球化同样引人瞩目。借助文化全球化的东风,消费主义和消费文化依附在西方的"文化工业"产品中传播至世界各地。正如贝尔早已预测到的那样:

> 在西方,在经济领域和文化领域中,新教伦理(如今是个神话了)被贪欲战胜,而现代主义在后现代主义和后现代的沼泽中终结。在全球经济的回流中,资本主义被向东推至太平洋,在那里,贪欲(和不平等)的新潮流和新儒教(政治国家主义)的意识形态成为新时代的标记。这些亚洲国家此时自豪地站在历史舞台上,可能是个足够满意的成就。但更深

---

① 西沃卡.肥皂剧、性和香烟:美国广告200年经典范例[M].周向民,田力男,译.北京:光明日报出版社,1999:251.

层次的问题仍然存在：对这些"新"文明来说，如果失去了传统和宗教之锚，其经济力量和文化融合留下的是什么，如果它不是资本主义更深层次矛盾的话？①

贝尔的话为今日中国敲响警钟。当代中国正处于现代性加速发展的新时期，在这样的时期，发展经济无疑是第一要务。然而，在发展经济的过程中有效地规避西方发达资本主义国家曾经或正在出现的社会问题和文化问题是我们应研究和解决的。在这方面，贝尔精确地预言了资产阶级的"贪欲"文化将成为席卷全球的商品文化而为许多国家带来深层次文化矛盾，这些问题，再加上社会问题，如消费主义的盛行导致环境危机的持续加剧，广告和消费主义对人性的戕害致使社会出现大面积的道德滑坡，等等，正在成为困扰今日中国之发展的严重的问题。

第三节 广告的后现代主义转向

一、后现代主义的概念

后现代主义是诞生于 20 世纪晚期的文艺思潮和运动，它最初出现在建筑领域，后来逐渐蔓延至艺术、美学、文学等领域。后现代主义通常被认为是对现代主义的反动并与解构主义和后结构主义密切相联。在《现代性的五副面孔》一书中，马泰·卡林内斯库将后现代主义作为现代性五副面孔中的最后一副，并认为，"在现代性的诸副面孔中，后现代主义也许是最好探询的：自我怀疑却好奇，不相信却求索，友善却冷嘲"②。而美国马克思主义文化批评家詹姆逊则受恩内斯特·曼德尔对资本主义的三阶段划分的启发，提出后现代主义不仅是一种文化风格，它首先应是一个文化分期的概念。曼德尔曾将资本主义划分为三个阶段：市场资本主义、垄断资本主义、晚期资本主义或跨国资本主义。针对这三个阶段，詹姆逊分别用"现实主义""现代主义"和"后现代主义"这三个文化概念来一一对应之。其中，后现代主义对应的正是晚期资本主义或跨国资本主义，是后者的"文化逻辑"（culrural logic）③。在詹姆逊

① 贝尔.资本主义文化矛盾[M].叶蓓雯,译.南京:江苏人民出版社,2012:364.
② 卡林内斯库.现代性的五副面孔[M].顾爱彬,李瑞华,译.北京:商务印书馆,2002:299.
③ 詹明信.晚期资本主义的文化逻辑[M].陈清侨,严锋,等译.北京:三联书店,2013:16.

看来,后现代主义文化是平面化、无深度的文化,"是一种新型的、名副其实的表面文章"①。

后现代主义与后现代社会联系在一起。学界普遍的看法是,西方发达资本主义经济体早在 20 世纪 60 年代后即已进入后现代社会(在另一些场合也被称为后工业社会、消费社会、丰裕社会、传媒社会)。作为社会形态,后现代社会在文化上基本对应于后现代主义。这便为我们讨论广告在美学(艺术)层面的后现代主义转向提供时间节点参照。

二、作为艺术的广告

广告既是一种"科学",也是一种艺术。从科学的角度研究广告,通常会将我们引向"广告效果至上主义"的方向,而从艺术的角度研究广告,则为我们将广告置于整个社会和文化背景下考察它的美学特征开辟进路。

广告艺术概念有广义和狭义之分。广义的广告艺术泛指整个广告运动过程中表现出来的艺术性,它涵盖"向谁说""说什么""如何说"等广告运动的各个环节,从某种意义上说,可以将它理解为是"广而告之"的艺术。狭义的广告艺术则聚焦于"如何说"这一广告本体的关键环节,指的是广告作品紧密围绕广告主题并在其他各种限制条件的作用下,充分发挥创作人员的想象力与创造力,以恰当的形式实现与目标受众有效沟通的艺术构思。

广告是实用性的视觉设计(visual design)艺术,它兼具实用性与审美性特征②。作为实用艺术的广告艺术还是综合性艺术,它既是时间艺术(如广播广告③),也是空间艺术(如平面广告),还是一种时空并列艺术(如影视广告和互联网广告);任何一种艺术元素或艺术形式——音乐、舞蹈、绘画、雕塑、建筑、文学、戏剧、影视,都可以在广告作品中得到运用。套用一句形象的话说便是,广告艺术是个"筐",任何艺术元素都可以往里装。

(一)广告与艺术的结合

现代广告是商品经济的产物,作为经济信息的沟通载体,广告的首要功能是说服和推销,即要为广告主的营销传播计划服务。在传统的 4P 营销理

---

① 斯道雷.文化理论与大众文化导论[M].常江,译.北京:北京大学出版社,2010:238.

② 彭吉象.艺术学概论[M].北京:北京大学出版社,2006:95-100.

③ 广播广告是一种基于声响(语言、音响)的广告艺术,它不在本书的考察范围。本书考察的广告艺术被界定为以图像为基础的广告艺术,包括平面广告、电视广告、户外广告牌广告以及互联网广告。

论中,广告属于促销(Promotion)工具,足见其肩负着的核心功能之所在。从这一意义上讲,广告其实是"商品推销术",其与艺术并无多大瓜葛。这一点,无论是在早期的西方广告中还是当代中国早期广告中,都体现得相当明显。以美国广告为例,20世纪以前的美国近代广告基本上是直白的"印在纸上的推销术",很难将其与艺术联系起来。当代中国广告重开于1979年,在80年代初的中国广告中,基本上沿袭早期西方广告"叫卖式"模式。但这种直白的、毫无艺术韵味的"叫卖式"广告,在商品奇缺的市场经济条件下,仍然能够取得明显的效果。"广告一响,黄金万两""一则广告救活一家企业"是对当时广告效果的形象描述。"我国广告业恢复后,广告运作和设计简单而粗糙,信息告知成广告主要内容;广告版面设计方面没有图文并茂之意识,遵循的是'传递的信息越多越好'的原则。电视广告几乎千篇一律都是产品性能、厂名、厂址、电话、电话挂号以及'实行三包,国内外首创'之类指导性和阐释性词汇,基本不讲究广告传递的艺术性和美感,单纯突出广告的功利性作用。"①

20世纪90年代以降,随着中国商品经济的快速发展,竞争越来越激烈,生硬推销式的广告越来越难以奏效,广告越来越需要借助创意与艺术的力量来实现说服和推销的目的。于是,广告的"艺术化"越来越为人们所重视。广告与艺术的这种更紧密结合绝非偶然,而有深层的历史和社会动因。历史地看,西方自18世纪的启蒙运动以来,宗教和教会对艺术的控制体系逐步坍塌,这便为艺术从古典艺术(传统艺术)依附于宗教和教会的状态中分化出来,成为自在和自为的行业。但实践证明,这种自在和自为仅具有相对的意义——艺术虽然不再依附于宗教和教会,但来自外部的力量以及来自艺术界内部的不同的认识都对其现代性的发展产生多方面的影响与制约。

周宪认为,现代主义艺术遇到的这种困境主要来自三股力量的冲突和斗争。第一种力量是来自艺术领域之外的政治的或经济的或伦理权威和传统;第二种力量是来自艺术界内部的"为艺术而艺术"趋势,这种趋势主张艺术应该据守自律王国,以划清与世俗的界限,保持自身的居高临下、超然的地位。第三种力量也来自艺术界内部,"它也主张艺术独特的审美功能,但并不把这种独特性作为封闭狭隘的理解,而是强调艺术如何恢复与生活实践的广泛联系,透过审美的功能而更加有效地反作用于社会现实"②。正是这三种力量之间的冲突和斗争塑造了现代主义艺术的面貌。一方面,自律的艺术要求与世俗划清界限;另一方面,"商品化的逼迫不断使艺术转向自身,审美的自律性

---

① 杜积西.1978—2008:广告审美意识的流变[D].重庆:西南大学,2012:15.
② 周宪.审美现代性批判[M].北京:商务印书馆,2005:263.

变成为一种否定的政治"①。随着现代主义向后现代主义的转变,艺术界内部的这种矛盾和张力促使艺术"一方面要维持审美与认知、伦理的区别与界限,另一方面又混淆艺术与非艺术的其他领域的界限,逐步走向日常生活的'审美化'"②。

换一个视角来审视,会发现艺术从古典主义艺术发展到现代主义艺术,这一过程表征为艺术从其他价值领域中分化出来,日益自主和独立的过程。伴随着这一分化过程的是艺术外延的日益缩小和内涵的日益明晰。18世纪法国哲学家巴托提出的"美的艺术"(fine art),包括音乐、诗歌、绘画、雕塑和舞蹈等五种艺术形式。进入后现代,艺术在"日常生活审美化"和"审美日常生活化"潮流的裹挟下,回归生活,回归世俗,其外延又呈现不断扩大之势,工业设计、广告、影视娱乐、现成品,甚至日常生活中的美容美发美体,都以艺术来自称;与此同时,艺术的内涵则愈趋模糊。

从社会动因方面来考察,法兰克福学派意义上的"文化工业"社会的到来和消费主义的兴起是推动艺术泛化并接纳广告的重要原因。消费主义的兴起使得商品越来越"形象化","形象"在现实生活中已经无处不在,它包围了人,使人无处遁形,出现德波所说的"商品即形象","形象即商品"的景观。"景观不是附加于现实世界的无关紧要的装饰或补充,它是现实社会非现实的核心。在其全部特有的形式——新闻、宣传、广告、娱乐表演中,景观成为主导性的生活模式"③。周宪就此写道:"商品即形象这一社会现实的出现,从文化角度说,一方面可以看作商业化对社会各个层面的渗透所致,这就促使商业与艺术之间不可避免地结合起来;另一方面,这一倾向又可以视为艺术向商业的全面降伏,它具体呈现为种种原本商业化的手法已经进入艺术,并被作为艺术本身的手法而加以采用。"④詹姆逊在分析晚期资本主义的文化逻辑时深刻地指出:"随着电视的出现,广告得到了爆炸性的发展。广告及广告形象这一问题就成了我们所称的后现代主义的中心问题。"⑤

其次,消费社会还是信息"过度传播"的社会。每天,大量的信息(包括广告信息)通过报纸、杂志、广播、电视、互联网、手持终端等媒体向受众展开狂轰滥炸,受众出现"视觉疲劳""听觉疲劳""审美疲劳",信息的传播致效性急遽下降,出现了里斯等人所说的"墙纸效应"⑥。在这种情况下,广告亟需借助

---

①② 周宪.审美现代性批判[M].北京:商务印书馆,2005:267.

③ 德波.景观社会[M].王昭风,译.南京:南京大学出版社,2006:3-4.

④ 周宪.视觉文化的转向[M].北京:北京大学出版社,2008:121.

⑤ 杰姆逊.后现代主义与文化理论[M].唐小兵,译.北京:北京大学出版社,1997:159-160.

⑥ 里斯和里斯写道:"当一个起居室铺满400平方英尺的墙纸时,谁都不会注意到墙纸的存在。"里斯 A,里斯 L.公关第一,广告第二[M].罗汉,虞琦,译.上海:上海人民出版社,2004:19.

创意的力量和艺术的手法来增强对受众感官的吸引力。再次,从作为"艺术哲学"的美学的视角来看,随着本雅明所说的"机械复制"艺术时代的到来、电子传播技术的发展,西方后现代思潮的涌现,90 年代以来,作为"艺术哲学"的美学日益泛化,出现了"日常生活审美化"运动。受这一运动的影响,以往"曲高和寡"的艺术也不可避免地走向泛化并步下圣坛,这便为广告与艺术的结合创造了条件。

(二)广告的艺术性与科学性之辩

广告与艺术的结合产生广告艺术,广告作品是否具有艺术性便成为人们评价广告优劣的重要指标。但是,过度强调广告的艺术性势必削弱广告的科学性,于是引发现代广告史上旷日持久的广告科学性与艺术性之争。

广告业界和学界对广告科学性与艺术性的争论由来已久。广告的科学性渊源可以追溯至 1898 年美国人路易斯提出的 AIDA 广告法则。三年后,即 1901 年,斯科特在芝加哥的一次集会上提出要把广告发展成为一门科学,他于 1903 年和 1908 年分别出版《广告理论》和《广告心理学》两书。随后不久,希克斯出版《广告学大纲》和《广告心理学》两部著作,这被认为是广告学的两块基石。1923 年,美国人霍普金斯出版著名的《科学的广告》一书,对广告科学化产生深远的影响。1926 年,全美营销学和广告学教员协会成立。《科学的广告》和协会的成立标志着广告学作为一门独立学科的正式确立。

广告的科学性指广告从策划到调查、创意、制作、传播直至信息反馈、收集、处理等环节都要遵循一定的规律,掌握一定的法则,这样才能确保广告传播不至偏离方向,达成传播致效的目标。在科学性的指引下,现代广告发展出一整套行之有效的科学的理论体系,包括广告调查、广告策划、产品分析、市场区隔、消费者心理分析、创意策划、广告制作、媒介策划与组合、广告发布、效果监测与评估,等等,这些科学的方法和手段正被用来指导广告实践的每一个环节。

时至今日,广告学作为科学性和实践性很强的学科的地位已十分稳固,这一点,可以从广告学教育在世界各国高等学校中迅速展开的事实得以确证。广告发展成为一门学科是由经济基础决定的。作为商品经济的产物,现代广告起步于欧美发达资本主义国家也有着其历史必然性。18 世纪,英国通过工业革命和海外掠夺,迅速发展成为资本主义世界的头号强国。资本主义经济的发展促进了广告的发展,英国也因此成为当时世界上广告业最为发达的国家,将这一地位一直保持到二次大战。二次大战后,美国迅速崛起而成为资本主义世界的头号经济强国,世界广告业的中心也从英国转移到美国,纽约的麦迪逊大街由于集聚了大量广告业的精英而成为世界广告业新的圣殿。广告业的飞速发展迫切需要大批广告人才,在这种情况下,广告学教育迅速进入美国的一些大学,成为商学或新闻传播学教育的重要组成部分。据统计,截至 2013 年,美国东部、东南部、西南部、中西部及西部各地区开设有广告学专业的高校数量分别达到了 23、32、22、45 及 17 所,总数达到 139 所。虽然这一数量较 2005 年的 145 所略有减少,但 2012—2013 学年度的在校广告专业本科生和研究生总人数却较 2004—2005 学年度增长了 8.6%,达到 29 346 人的新高①。另一方面,随着广告学研究的深入,广告的科学化愈发得以完善,其对广告传播的指导作用也日益得到增强,广告科学性的大旗也因此被越来越高地擎起。

与科学派相对,广告艺术派的大师们则主张广告是打破陈规的艺术,而非建立定律的科学,广告创意表现需要艺术的想象、艺术的空间和艺术个性的张扬。他们认为广告的生命在于从美的角度来刺激人的联想和想象,使人对文案的表象进行感知,进而达到理解、认同,并逐步产生欲求,最后达成在此欲求影响下的行动。广告艺术派的代表中包括一些著名的广告大师,如威廉·伯恩巴克、信奉"与生俱来的戏剧性"的李奥·贝纳、主张"五步创意法"的詹姆斯·韦伯·扬、乔治·路易斯。其中,路易斯的观点十分激进,他曾说过:"所谓的'定位'简直是废话,这就好比告诉我在上厕所之前要拉开拉链"②。"如果做广告是一门科学,那么我就是一个女人"③。放眼中外的优秀现代广告作品,无一不具有出色的艺术想象力与创造力,能够在瞬间抓住受众的心智,在向受众传达美的同时,将广告中包含的产品和服务或观念性的信息以"润物细无声"的方式传达出去,达到广告艺术化、审美化的境界。

广告的艺术性带给受众的是艺术审美,而要做到这一点,广告创意必不可少。在今天这样一个"眼球经济"时代,广告尤其需要提高创意水平,因为信息爆炸极易使得那些创意低下的广告作品迅速淹没在信息的海洋之中。正如刘泓所言:"一个成功广告必须具备伟大创意和完美表现的基本品格,广告的成功首先在于其创意表现得不平凡,具有强烈的心理震撼力,就像黑夜里的一束光芒,牢牢地吸引大家的目光,激发起大家的兴趣,使心灵感受到强烈的震撼。创意是一盏神灯,指引着现代广告走向更高的台阶。"④

从现代性发展的角度来考察,不难发现广告的科学性与艺术性之争恰似

---

① 罗志超.美国高校广告教育发展研究[J].广告大观:理论版,2014(8):26-39.

② 路易斯,皮茨.乔治·路易斯大创意[M].何辉,译.北京:中国人民大学出版社,2008:35.

③ 路易斯,皮茨.乔治·路易斯大创意[M].何辉,译.北京:中国人民大学出版社,2008:17.

④ 刘泓.广告美学[M].北京:中央广播电视大学出版社,2011:155.

周宪分析的那样——启蒙现代性与审美现代性之间不断加剧的抵牾与张力。一方面,启蒙现代性(这里对应着广告的"科学性")要求广告运动严格遵循科学、理性的"逻各斯"原则而不得越雷池半步;另一方面,审美现代性(这里对应着广告的"艺术性")在这种"理性中心主义"的压制之下,"艾洛斯"不断膨胀而愈发抵制"逻各斯"的霸权。按照弗洛伊德的精神分析理论,这里多少可以看出"超我"对"本我"的压制以及"本我"对"超我"的抵牾。而在德国古典主义美学家席勒那里,广告的这种"科学性"与"艺术性"对立则体现为"形式冲动"(又称"理性冲动")与"感性冲动"之间的抵牾与碰撞。为了调和二者间的冲突,席勒提出"游戏冲动"的概念①。这或许就是所谓的"第三条道路",就是下文将谈到的"建设性后现代主义"的主张。现代广告正是在这种工具理性与价值理性之间延绵不绝的抵牾与张力中一路走到今天并于20世纪晚期一脚踏入后现代主义语境——这一晚期资本资本主义文化逻辑的。

三、后现代主义的广告艺术

前已言及,作为始于20世纪晚期的重要的文艺思潮,后现代主义有很强的"否定"性和"摧毁"性。后现代主义反映在文化领域,就是人的主体性丧失,怀疑一切,反叛一切,解构一切,西方自文艺复兴至现代主义建立起来的价值体系——人本主义、个人主义、科学主义、理性主义等,彻底坍塌,一切陷入虚无,一切都值得怀疑,从而走向"否定"一切、"摧毁"一切。彭吉象就此写道:"打个比方,如果现代主义的反叛表现在'上帝死了,只有人的主体存在',那么后现代主义的反叛则更加彻底,表现在'主体也已经死亡,人再也没有主体性可言'。"②

(一)后现代主义广告艺术的表征

随着工业社会向后工业社会的过渡以及现代主义向后现代主义的转向,广告传播赖以存续的生态环境发生改变。这种改变突出表现在社会文化环境领域——人的主体性丧失,怀疑一切,否定一切,反叛一切,颠覆一切,摧毁一切……在后现代精神的强大"感召"下,现代广告一百多年以来建立起来的价值观念和审美原则也难逃被解构、被颠覆的命运,现代广告向后现代转向便势成必然。

广告艺术的后现代转向与"形象"这一概念密切相联。对于"形象"(im-

---

① 席勒.审美教育书简[M].张玉能,译.南京:译林出版社,2012:32-52.
② 彭吉象.影视美学[M].北京:北京大学出版社,2009:133.

age),詹姆逊认为"它不仅有哲学上的背景,而且现在已经发展出一整套对形象进行分析的方法,最终和社会学还有关系。在美国只要你和任何人交谈,最后就会碰到这样一个词,例如说某某的'形象',里根总统的形象等,但这并不是说他长得什么样,不是物质性的,而是具有某种象征意味……形象具有某种象征性,并不完全等于物质意义上的形象。"①可见,后现代意义上的"形象"是表征性的,与物质意义上的"形象"并非一回事。

鲍德里亚对"形象"的思辨似乎走得更远,他从西方学术界的"三阶段历史论"视阈出发,将文艺复兴以来的文化发展分为三个递进的阶段。"第一阶段是以模仿为主要范式的古典文化,这一文化从文艺复兴开始一直延续到工业革命。这种文化的特征是强调符号的理性原则,主张符号与实在世界的模仿关系。第二阶段是以生产为主导范式,它是工业革命的产物。这一阶段符号主要围绕着模型来组织生产,符号与现实的关系不再恪守模仿原则而呈现出符号的自主性。第三阶段是所谓的模拟(又译作"仿拟")阶段,在这一阶段出现新的图像类型——仿像(simulacrum,又译"拟像")。图像符号的生产日益转向以仿像为主导,符号依赖实在的传统关系被颠倒了,不再是符号模仿实在世界,而是相反,符号自身获得了完全的自主性。"②可见,鲍氏对"形象"的阐释源于符号学,其"第一阶段"对应的显然是西方文学艺术的"现实主义",第二阶段对应的是"现代主义",第三阶段则对应"后现代主义"。在这三个递进的发展阶段,符号与现实(实在)之间表现出越来越疏离的演进脉络,直至在第三阶段中二者之间联系的彻底断裂,符号成为自在和自为的"仿像"。

"形象"这一概念对于我们理解后现代十分重要,因为后现代社会也是以"视觉文化"("形象"文化)为核心的大众文化异常发达的社会,还是"消费主义"盛行的社会。以电视为代表的视像媒介每天二十四小时不间断地通过卫星、地面、有线,甚至是互联网,向大众传送着铺天盖地的"视觉文化"。在以电视为代表的感性的"视觉文化"大行其道的时代,理性的印刷与阅读文化被挤到边缘。赫胥黎在《美丽新世界》中忧虑的"人们会渐渐爱上压迫,崇拜那些使他们丧失思考能力的工业技术"③成为现实,波兹曼则更是一针见血地指出:"我们的政治、宗教、新闻、体育、教育和商业都心甘情愿地成为娱乐的附庸,毫无怨言,甚至无声无息,其结果是我们成了一个娱乐至死的物种。"④

---

① 杰姆逊.后现代主义与文化理论[M].唐小兵,译.北京:北京大学出版社,1997:209.
② 周宪.视觉文化的转向[M].北京:北京大学出版社,2008:36.
③ 波兹曼.娱乐至死:童年的消逝[M].章艳,吴燕莛,译.桂林:广西师范大学出版社,2009:3.
④ 波兹曼.娱乐至死:童年的消逝[M].章艳,吴燕莛,译.桂林:广西师范大学出版社,2009:6.

　　电视有电视的"形象",广告也有广告的"形象"。在鲍德里亚的后现代概念中,广告形象是一种"拟像",它区别于"摹本"(copy)。前者"是那些没有原本的东西的摹本。形象、照片、摄影的复制、机械性的复制以及商品的复制和大规模生产,所有这一切都是拟像。它意味着一种现实的非现实化,一种现实的虚拟化",后者"是对原作的摹仿,而且永远被标记为摹本。原作具有真正的价值,是实在,摹本的价值只是从属性的,它帮助你获得现实感"①。广告形象作为"拟像",它在人与真实世界(如产品)之间设置了一个虚拟语境,迫使人不得不通过这一虚拟环境来认识世界,人们不是在消费商品,而是在消费由电视广告营造的"形象"。在形象不断增生的时代,广告创意若不大量借助艺术的创新是断然无法吸引消费者早已疲惫麻木的感知力的;因此,广告创意成为当代艺术的绝对命令,在这个意义上,阿多诺认为,广告成为唯一的艺术品。

图 4.2　后现代主义广告拾零
左上:喜力啤酒"性帮助销售"广告;右上:意大利贝纳通意识形态广告;左下及右下:台湾中兴百货广告

---

①　杰姆逊.后现代主义与文化理论[M].唐小兵,译.北京:北京大学出版社,1997:218.

张品良曾总结后现代广告艺术风格的八大特征——意识形态化、形式符号化、内容模糊化、自我表现化、主题观念化、风格多样化、戏谑嘲讽化、新旧糅合化。他认为,后现代广告设计"善于把商品、特质精神、文化观念等加以解构,改变了现代广告设计的风格,往往以晦涩的表达、冷傲的形象、模糊的意旨;以荒诞、戏谑、嘲讽、自谑的形式表现;以漂亮的面目呈现,手法怪异、内容模糊、主题反叛;它有着强烈的否定与破坏色彩,重视解构而轻视建构"①。陈苏阳总结了后现代电视广告的五大特征——个人化诉求,消解中心;拼贴手法,消解权威;符号化生产;主题观念化与去理性消费观的培养;文本无所指,消解意义。② 其中,"个人化诉求,消解中心"和"颠覆、反叛、反传统"是后现代主义广告艺术中最突出的两个特征。前者在我们的日常生活中越来越多见,如"Just do it"(想干就干——耐克)、"Nothing is impossible"(没有不可能——阿迪达斯)、"我的地盘我做主"(动感地带)、"我选择我喜欢"(安踏)、"不走寻常路"(美特斯邦威),等等。后者中典型的有贝纳通于1991年推出的"教士吻修女"篇广告等。从意识形态分析的视阈来看后现代主义的广告,我们多少都能体会到詹姆逊所说的"没有根,浮于表面","幻觉与现实混淆"的感觉,体会到"时间(历史)的断裂"和"能指"的霸权及"所指"的虚无。③

(二)对后现代主义广告艺术的辨思

对广告艺术设计的后现代转向的评价见仁见智,肯定者如鞠惠冰认为:"后现代主义偏重视觉形象的美学特征为广告创作开辟了更为广阔的表现空间,广告就应该让形象本身说话,因此,消费社会才会偏重视觉与图像文化。"④否定者如高渊等认为,后现代广告"为虚假广告的出现提供了温床""促进了社会不良的消费习惯的产生"⑤。

笔者以为,理解后现代广告艺术可以从两个视角来展开。一个是"后现代"的视角。从这一视角出发我们可以将后现代广告看作后现代文化的一部分,这种文化的基调正是前文所说的"否定"和"摧毁",因此,它具有很强的颠覆性和破坏性,其消极意义毋庸置疑。尤其是对正处于前现代、现代、后现代融合发展阶段的当代中国来说,国情和社会结构的巨大差异使得后现代广告

---

① 张品良.后现代广告艺术风格的特征[J].美与时代,2005(1):36-38.

② 陈苏阳.近十年商业电视广告的后现代转向研究[D].成都:西南交通大学,2009:18.

③ 杰姆逊.后现代主义与文化理论[M].唐小兵,译.北京:北京大学出版社,1997:208,219.

④ 鞠惠冰.形象文化与后现代广告的狂欢[J].电影艺术,2008(6):142-145.

⑤ 高渊,李晓英.后现代广告从"文本文化"向"视觉文化"的转变[J].新闻世界,2010(7):136-137.

艺术所具有的这种颠覆性和破坏性显得更为突出。中国共产党第十八次全国代表大会报告提出"文化是民族的血脉,是人民的精神家园",要"发挥文化引领风尚、教育人民、服务社会、推动发展的作用",扎实推进社会主义文化强国建设,后现代广告艺术的精神显然与这种要求相悖。

　　另一个是"广告"的视角,从这一视角出发,笔者认为后现代广告首先是广告,既如此,它就必须遵循广告活动普遍存在的运作规律。现代广告是在经过长时间的发展演变后才逐渐认识到广告运作的自身规律,这种规律一经发现便成为指导广告活动的行动指南。在广告学中,营销和传播始终是研究现代广告的两个基本维度。在营销的维度,广告活动被认为是企业4P营销组合(Marketing Mix)中的内容,隶属于促销(Promotion)的范畴。在传播的维度,广告活动遵循传播学的经典模式,即拉斯韦尔的"5W程式"。与这一传播模式对应,广告活动被分为五个重要的研究领域——广告主(广告客户)研究、广告信息研究、广告受众研究、广告媒介研究以及广告效果研究。可见,现代广告艺术是建立在其自身运作规律基础之上的科学性很强的社会实践活动,广告传播什么,向谁传播,通过什么媒介传播,传播的效果如何测定等都遵循着一整套成熟的、科学的准则和方法。广告艺术表现应该是"戴着枷锁跳舞"。

　　后现代广告主要诉诸消费者的情感,感性诉求是其主要的诉求方式,从科学的角度来说,这种诉求方式将许多产品排除在适用范围之外。对于广告主以及代表广告主开展广告活动的广告公司而言,在制定广告策略时一定要认清自己的产品特点和目标消费者所在,谨慎确定自己的产品或品牌是否适合使用后现代广告的形式。从消费者接受的角度来看,后现代广告具有的"否定"性和"摧毁"性往往不能取得想要的效果,甚至适得其反,激起消费者对广告作品的厌恶,进而殃及消费者对产品或品牌的态度。如后现代广告艺术中的反叛、戏谑、反讽、夸张、无厘头等,对于许多消费者而言,这是不可接受的。从社会和文化的角度来看,后现代广告艺术所具有的破坏性也值得人们警惕。一些后现代广告中存在的暴力扭曲画面对于受众(特别是青少年受众群体)的负面影响不容低估。有些后现代广告艺术作品中甚至出现歪曲历史,分裂民族国家,煽动民族和宗教仇恨的元素,造成恶劣的社会影响。后现代广告的这些消极影响是我们应该防范并采取措施杜绝的。

　　事实上,正是意识到了解构性后现代主义的消极面和破坏性,一些西方学者发展并提出建设性后现代主义的观点,以区别于既往的解构性后现代主义。建设性后现代主义的发轫可以追溯至怀特海的"过程哲学"。经过第二代建设性后现代思想家小约翰·B.柯布和第三代思想家大卫·雷·格里芬等人发展,建设性后现代思想在西方已经渐成气候。解构性后现代主义在反叛、解构、颠覆的同时并未给出"救世良方",建设性后现代主义则试图在坚持西方启蒙现代性中积极性的同时,融汇东方(主要是中国)传统文化思想库中的"和谐""中庸""仁者爱人""天人合一""敬天崇道""尊道贵德""民胞物与""和而不同"的思想,"推重创造性、鼓励多元的思维风格、倡导对世界的关心爱护"①。这或许可以成为指引广告艺术在后现代语境下发展演变的方向。因为作为资本主义现代性成果之一的现代广告,由于长期浸淫于现代主义的"染缸"之中,不可避免地沾染上诸如"个人主义、人类中心、父权制、机械化、经济主义、消费主义、民族主义和军国主义"等元素②,启蒙现代性的工具理性对价值理性的压制也在现代广告中清晰地体现出来,这些都与马克思主义追求的"人的自由与全面发展"的宗旨相背道而驰的。

在日益呼唤价值理性回归的后现代社会,"广告的成功与否不仅要用经济的实用的指标来衡量,还要用道德的、人文的标准进行价值判断。这种关注本身也向广告业界传递这样一个信息,即不牺牲社会效益、不戕害人性同样可以做出有经济回报的广告,也只有这样,广告行业才能健康、持续地发展"③,这或许是我们当下在"打造中国经济升级版"过程中,对广告活动的社会文化功能所提出的一个关乎其自身"合法化"宏旨的严肃的要求。

第四节 广告与视觉文化转向

分析了广告与消费文化和消费主义、广告的后现代主义转向之后,现在分析广告与视觉文化转向之间的关系。广告作为"行动者",它在与社会"结构"的互动过程中形成的多种现象和结果中以上述三种最为彰明较著,它们彼此之间有内在的逻辑联系。

一、视觉、视觉文化及视觉文化研究

(一)视觉和视觉文化

马丁·海德格尔在《世界图像时代》一文中深刻地指出:"从本质上看来,

---

① 格里芬.后现代精神[M].王成兵,译.北京:中央编译出版社,2011:3-7.
② 王治河,樊美筠.第二次启蒙[M].北京:北京大学出版社,2011:54.
③ 张殿元.广告视觉文化批判[M].上海:复旦大学出版社,2007:9.

世界图像并非意指一幅关于世界的图像,而是指世界被把握为图像了⋯⋯世界图像并非从一个以前的中世纪的世界图像演变为一个现代的世界图像;毋宁说,根本上世界成为图像,这样一回事情标志着现代之本质。"①海德格尔指出一个带有根本性的文化问题——"世界成为图像标志着现代之本质",这便将视觉文化与现代性联系起来。当然,对于什么是现代(性)的本质的问题,不同的学者从不同的视角进行研究或许会得出不同的结论,如马克思和波德莱尔从现代社会转型过程中出现的社会大变动对人、人的生活方式以及人性的影响的研究角度出发,都认为现代(性)的本质就是"变动不居"②。但是海德格尔则从人类观察世界和获取知识的手段的研究视角出发,认为现代(性)的本质特征是"世界被把握为图像了"。应该说,海德格尔的这一陈述清楚地表明,现代文化(包括后现代文化)事实上是一个视觉文化占据"主因"(the dominant)③的文化,在这样的文化中,人们通过图像来认识世界和获取生存所需的意义。因此,"视觉文化就是图像逐渐成为文化主因的(文化)形态"④。

如此,是不是意味着我们只需将视觉文化放置在一个适当的时空中——现代以降——来对之进行观照就万事大吉了呢?当然不是。作为一种文化形态,视觉文化的源头可以追溯至前现代社会甚至更远。从某种意义上讲,我们甚至可以说,视觉文化的历史与人类历史一样久远,因为,在远古时代,人类即已通过视觉来观察和认识世界,借助图像来获取自然界的知识。当然,这是人类学意义上的考察视角。从对视觉文化思考(这标志着视觉文化从自在到自为的转变)的角度看,人们对视觉、视觉性(visuality)⑤以及视觉文

① 海德格尔.世界图像时代[M]//孙周兴.海德格尔选集.上海:三联书店,1996:899.
② 所谓"现代性"(modernity),指的是"现代"的世界观和思维方式。法国诗人波德莱尔对"现代性"曾有过一个经典的定义:"现代性就是过渡、短暂、偶然,就是艺术的一半,另一半是永恒与不变。"马克思和恩格斯对"现代性"也有着相似的看法,他们在《共产党宣言》中指出,"现代性"就是"一切固定的僵化的关系都烟消云散了,一切神圣的东西都被亵渎了。人们终于不得不用冷静的眼光来看他们的生活地位、他们的相互关系。"关于现代性的更多讨论参阅第六章第三节的相关内容。
③ "主因")的概念最早由俄裔美国语言学家和文学理论家罗曼·雅克布森于1935年在《语法的诗性和诗性的语法》(*Poetry of Grammar and Grammar of Poetry*)一文中提出。该文后来收入《雅克布森选集》第3卷(总计7卷)。在文中,雅克布森将主因定义为:"艺术作品的聚焦元素:它统领、决定并改变其他元素,主因保证了结构的完整性"
④ 周宪.视觉文化的转向[M].北京:北京大学出版社,2008:4.
⑤ 所谓视觉性,在马丁·杰那里指的是看与被看的关系以及在这种看与被看的关系中主体是如何建构世界的。这种基于视觉性的隐喻在西方学术思想中形成视觉在场的形而上学,发展出称作"视觉中心主义"(ocularcentrism)的传统,这种传统被马丁·杰称为"视界政体"(scopic regime)。米尔佐夫.视觉文化导论[M].倪伟,译.南京:江苏人民出版社,2006:16.

化的思考至少可以追溯至古希腊时期的柏拉图和亚里士多德那里。

对于视觉的态度，古希腊先哲们的认识相互矛盾。一方面，他们崇奉视觉在人类各种感官中的"高贵"地位，另一方面，他们对视觉又持有一种莫名的恐惧并对之进行贬抑。前一种认识，在柏拉图直至亚里士多德那里是一以贯之的。柏拉图和亚里士多德一方面依据灵魂和肉体的二分，认为灵魂高于肉体，灵魂的理性的认识和德行是人的理想追求，肉体则是灵魂的拖累和坟墓。另一方面，他们又根据人的各种感官在认知事物过程中的特征而将它们分为距离性感官和非距离性感官，前者包括视觉和听觉，后者包括味觉、触觉和嗅觉。在他们看来，距离性感官是认知性的高级感官，它们与人的理性、德行等联系在一起；非距离性的感官则是低级感官，它们与人的感性、贪欲等联系在一起，因此，前者无疑要优于后者。在距离性感官中，视觉更是被柏拉图和亚里士多德认为是上帝赐予人类的高贵礼物，为此，上帝特意将视觉置于所有感官最高的位置，为之与其他低级感官之间设定了相对安全的距离，一方面是要让视觉可以"高瞻远瞩"，充分发挥其认知的功能，另一方面也是为了使之避免低级感官的腐蚀。柏拉图在《蒂迈欧篇》篇中就此写道：

> 在我看来，视觉乃是我们最大利益的源泉，因为我们若是从来不曾见过星辰、太阳、月亮，那么我们有关宇宙的谈论一句也说不出来。而现在我们看到了白天与黑夜，看到了月份和年岁的流转，这种运动创造了数，给了我们时间观念和研究宇宙性质的能力。从这一源泉中，我们又获得了哲学，诸神已赐予或将赐予凡人的恩惠中没有比这更大的了。我认为这就是视觉给我们带来的最大好处，至于其他那些较小的好处，我还有必要谈论吗？即使是普通人，如果失去视觉，也会为他的损失徒然地痛哭。然而，我还是要这样说，神发明了视觉并且将它赐予我们，其目的在于让我们能够看到天上的理智运动，并把它应用到我们自身的理智运动上来，这两种运动的性质是相似的，不过前者稳定有序而后者则易受干扰，我们通过学习也分有了天然的理性真理，可以模仿神的绝对无误的运动，对我们自身变化多端的运动进行规范。①

同样，在亚里士多德那里，视觉在人类所有感官中的重要性也得到充分肯定。他在《形而上学》的开篇即写道："求知是人类的本性。我们乐于使用我们的感觉就是一个说明。即使并无实用，人们总爱好感觉，而在诸感觉中，尤重视觉……理由是：能使我们认知事物，并显明事物之间的许多差别，此于

---

① 柏拉图.柏拉图全集：第 3 卷[M].王晓朝，译.北京：人民出版社，2003：298-299.

五官之中,以得益于视觉者为多。"①

　　总之,在柏拉图和亚里士多德那里,视觉是一种高贵的感官,它与人类的理性认知密切相关,仅这一点便足以将之与其他欲望性的低级感官区分开来。然而,柏拉图一方面将视觉置于高于其他感官的受崇奉的位置,另一方面却又对之保持怀疑甚至是敌意。正如米尔佐夫所指出的那样:"在源自柏拉图哲学的西方思想中,一直就存在着对视觉文化的敌意。"②这究竟又是因为什么呢?原来,在柏拉图的心目中存在着三个世界——理式世界、感性的现实世界和艺术世界。在它们之中,只有理式世界是自在自为、永驻不变的,它是真理的象征和所在。现实世界是摹仿理式世界的,艺术世界又是摹仿现实世界的。因而艺术世界是"摹本的摹本""影子的影子""和真理隔着三层"③。在柏拉图看来,我们在现实世界中看到的一切都只不过是真理的摹本,艺术家再现的东西则是对摹本的摹仿,扭曲得更加厉害,与真理的距离也更加遥远。柏拉图的这一思想也体现在他的"理想国"里。在"理想国"中,三类公民是必要的,最高的是哲学家,其次是战士,最低的是农工商,后两类公民须听命于哲学家,社会才能有"正义"。柏拉图的"理想国"中没有艺术家更没有艺术的位置,这是因为,"绘画和摹仿在生产其作品时便远离了真理……而且,摹仿相伴的是我们中最坏的那部分,因而远离了审慎,也不是怀着健康和忠实的意图的友伴"④。

(二)视觉文化研究

　　虽然我们将视觉和视觉文化追溯到古希腊,甚至远古社会,作为一种学术实践和知识谱系的视觉文化和视觉文化研究却并非如此。在西方的学术支脉中,视觉文化研究是晚近才发展起来的跨学科的研究领域。从学术起源看,对视觉文化的思考可以追溯至 20 世纪初电影的诞生。1913 年,匈牙利电影理论家巴拉兹明确提出"视觉文化"这一概念。巴拉兹认为,在印刷术被发明之前,人类的文化主因是视觉性的,代表人类精神和伦理价值的是"可见形象",随着印刷术的发明和印刷文明的兴起,"可见的思想"变成"可理解的思想",视觉的文化被概念的文化排挤到边缘。电影的发明则再次扭转概念文化和视觉文化之间的这种对立关系,使得后者重又成为社会的文化主因⑤。20 世纪 30 年代,伴随着传播媒介的技术进步,视觉文化对人类生活的影响日

---

①　亚里士多德.形而上学[M].吴寿彭,译.北京:商务印书馆,1959:1.

②④　米尔佐夫.视觉文化导论[M].倪伟,译.南京:江苏人民出版社,2006:10.

③　朱光潜.西方美学史[M].北京:人民文学出版社,1979:42-46.

⑤　巴拉兹.电影美学[M].何力,译.北京:中国电影出版社,1986:24-25,267-268.

益凸显,这也引起许多思想家的关注。1936 年,本雅明在《讲故事的人》一文中表达了对"讲故事"的老式交流方式的怀恋,表达对新的印刷文化和新闻业的兴起将这种"讲故事"传统边缘化的困惑。同一年,他在《机械复制时代的艺术作品中》一书中进一步思考了新的交流技术——电影和照相——对人类社会和文化的影响。与对"讲故事"的传统的怀恋不同,他这次对新技术带来的新的交流方式持赞美有加的态度:

> 总而言之,复制技术把所复制的东西从传统领域中解脱出来。由于它制作了许许多多的复制品,因而它就用众多的复制物取代了独一无二的存在;由于它使复制品能为接受者在其自身的环境中加以欣赏,因而它就赋予了所复制的对象以现实的活力。这两方面的进程导致了传统的大动荡——作为人性的现代危机和革新的对立面的传统的大动荡,它们都与现代社会的群众运动密切相联,其最大的代理人就是电影。①

在本雅明之后的半个世纪多时间里,人类的信息传播技术获得空前的大发展,继广播和电视之后,互联网在 20 世纪后半叶的迅猛发展已经将人类的信息交流带进数字时代、"地球村"时代。与此同时,人类社会也正逐步从现代社会向后现代社会过渡,印刷文化在人类交流领域的中心地位也逐渐为视觉文化所取代。正如米尔佐夫所言,"作为文本的世界已经被作为图像的世界所取代"②。

视觉文化的勃兴也推动了对视觉文化的研究,在詹姆斯·赫伯特看来,所谓视觉文化研究即指"一门以视觉文化为其研究对象的知识"③,换言之,视觉文化研究就是以视觉为"主因"的当代文化现实为研究对象,以"视觉性"为基本内核——"即组织看的行为的一整套的视界政体,包括看与被看的关系,包括图像或目光与主体位置的关系,还包括观看者、被看者、视觉机器、空间、建制等的权力配置,等等"④,以结构主义和精神分析为主导框架,旨在揭橥视觉文化背后的权力关系及其对人的社会文化的影响的一种跨学科研究。

综上,我以为,人类社会的发展演进既不是线性的,也不是循环式的,而是螺旋式进行的。在印刷文化出现之前,视觉文化曾长时间处于人类文化的"主因"地位,那时的人们普遍依赖于视觉和图像来把握世界、认识自然和改造自然,为此我们的祖先还曾创造出各种各样的神灵的形象予以供奉。隋朝时诞生的雕版印刷术后来经北宋仁宗年间(1041—1048)毕昇的发展和完善

---

① 本雅明.机械复制时代的艺术作品[M].王才勇,译.杭州:浙江摄影出版社,1993:7.
② 米尔佐夫.视觉文化导论[M].倪伟,译.南京:江苏人民出版社,2006:7.
③ 周宪.视觉文化的转向[M].北京:北京大学出版社,2008:18.
④ 吴琼.视觉文化的奇观[M].北京:中国人民大学出版社,2005:2,17,23.

而导致活字印刷术的出现。活字印刷术随着蒙古骑兵西征的铁蹄传入欧洲，并于 1450 年在德国人古登堡那里臻至完善，发展成金属活字印刷术。从古登堡的金属活字印刷术诞生到 1609 年世界最早的印刷报纸——德国的《报道与新闻报》诞生，期间只经过 150 多年。从此，人类文明进入印刷时代，印刷文化在将近四个世纪多的时间内一直是"主因"文化。印刷文化作为人类社会"主因"文化的地位在 1837 年遇到了一个小小的挑战，在这一年，法国人达盖尔在前人的基础上发明"达盖尔摄影术"，这是世界上第一个成功的摄影方法。两年后，当法国画家保罗·德拉罗什见识了这种奇妙的摄影术后，他发出了一句著名的断言："从今天起，油画死了！"[①]如果说照相摄影的发明只是给印刷文化造成小小的冲击的话，那么，进入 20 世纪，随着电影、电视以及互联网等传播媒介的出现，一个新的以视觉文化为"主因"的时代的到来已是不争的事实。视觉文化时代的到来也引起学术界的关注，开辟出一个新的文化研究领域——视觉文化研究。

至此，我已对视觉、视觉文化及视觉文化研究进行了简短的讨论。以这些讨论为铺垫，下面，我要转向对广告与视觉文化的关系的讨论。

二、广告与视觉文化

我们正身处一个视觉文化占据"主因"的时代，这是毋庸置疑的一个事实。那么，这样的一个视觉文化时代与本文讨论的宏旨——广告——之间又有着怎样的关联呢？或者换个方式提问：广告在视觉文化时代的形成和发展过程中扮演怎样的角色呢？这是我们需要讨论的一个重要方面。这里，我们又须回到本章开头讨论过的社会行动理论那里寻求帮助。我以为，从社会学中的"结构"和"行动者"概念出发进行观照，在广告与视觉文化转向之间存在着两个层面的逻辑性关联。一是作为行动者的广告要受制于社会结构，它只能在社会结构允许的范围内行动；同样，当社会结构改变，作为行动者的广告也要随之改变。二是作为行动者的广告并不是完全被动地受制于社会结构，而是具有一定能动性，进而会反作用于社会结构并推动着社会结构的改变。以下，我将从这两方面来讨论广告与视觉文化之间的关系。

(一)社会的视觉文化转向带动广告走向"形象化"

广告作为行动者必然要受制于社会结构，同样，当社会结构改变时，它也必然要随之改变。19 世纪末到 20 世纪中叶，西方发达资本主义国家的社会

---

① 米尔佐夫.视觉文化导论[M].倪伟,译.南京:江苏人民出版社,2006:81-82.

结构发生深刻的变化,这种变化反映在经济、政治、社会和文化的各个维度,引发人类历史上前所未有的巨大社会转型。这场社会转型以工业革命为先导。工业革命解放了社会生产力,实现资本主义经济的大发展,积累了大量的社会财富,为消费社会转型打下基础。经济基础的巨大变化也引发上层建筑的变化。工业化迫使大量农民离开土地和熟悉的乡村生活环境而涌入城市,形成人类历史上的一个新的阶级——工人阶级。人口的大量流动和城市化的快速发展在改变整个社会结构的同时也推动社会文化的深刻转型。在这场文化转型中,本雅明曾经怀念过的"讲故事"传统交流方式被边缘化了,代之而起的是报刊和现代新闻业;马克思和波德莱尔曾经论述过的静态、恒常的传统生活方式也难觅踪影,取而代之的是现代性的"变动不居"和齐格蒙特·鲍曼所说的"流动的现代性"。

我以为,报刊和现代新闻业的兴起、变动不居的现代都市生活方式的出现,以及"流动的现代性"的到来,都与我们这里讨论的视觉文化转向有密不可分的关联。报刊和现代新闻业的兴起关系传播媒介的革新,这一革新在 20世纪获得空前的发展,其中,以摄影、电报和电视为代表的电子媒介和以互联网为代表的网络媒介的出现成为推动人类社会从印刷文化转向视觉文化样态的重要原因。变动不居的现代都市生活方式的出现和"流动的现代性"的到来则指涉现代性社会的一个关键表征,它意味着人类社会从此告别静态、恒常的传统社会生活方式而转向以变化、流动、景观、惊奇等为表征的现代社会和后现代社会。对于现代社会的流动性,鲍曼这样论述:

> 因此,我们对现代性的看法,就是一种个体化的、私人化的观点,编造模式的重担和失败的责任,都首先落在个体的肩上。依附和互动模式的转变——即"液化"——已经开始。这种模式在今天具有可塑性,在一定程度上,我们的先辈们没有亲历过这些模式,对它也觉得不可思议;但是,像所有的流体一样,这些模式不能长期地保持它们的形态。塑造它们的形状比保持它们的形状更为容易。固体是一次成型,并且一劳永逸。保持流体的形状要求长期予以密切注意,同时保持警惕,并付出持久的努力——甚至这种努力的成功也只是一个太早的结论。"流动的"现代性的到来,已经改变了人类的状况,否认甚至贬低这种深刻的变化都是草率的。系统性结构的遥不可及,伴随着生活政治非结构化的,流动的状态这一直接背景,以一种激进的方式改变了人类的状况,并且要求我们重新思考那些在对人类状况进行宏大叙事时起构架作用的旧概念。①

---

① 鲍曼.流动的现代性[M].欧阳景根,译.上海:三联书店,2002:11-12.

可见，在鲍曼看来，现代性的这种流动正"以一种激进的方式改变了人类的状况"，给人们的心灵和精神状态造成前所未有的冲击。对现代性的这种"流动性"，本雅明也敏锐地感觉到。只不过与鲍曼从宏观的社会分析入手研究现代性的视角不同，本雅明的研究思路可归纳为见微知著。本雅明提出一个对于美学和社会学研究领域均影响深远的概念——"游荡者"（Flaneur，又译"浪荡者"）。他选取了19世纪法国巴黎——这座在本雅明眼中极富现代气息的大都市的"拱门街"为研究出发点，把研究的落脚点放在巴黎城中的游荡者这一现代社会特有的人群身上。透过这些闲逛者在巴黎拱廊街中的视觉经历，本雅明为我们描绘了一幅幅现代性的视觉意象。他写道："街道成了游荡者的居所。他靠在房屋外的墙壁上，就像一般的市民在家中的四壁里一样安然自得。对它来说，闪闪发光的珐琅商业招牌至少是墙壁上的点缀装饰，不亚于一个有资产者的客厅里的一幅油画。"①

鲍曼和本雅明笔下的现代性视觉文化图景在当代中国已十分普遍。在当代中国的大城市中，现代化的百货商场、购物中心，被包括广告在内的各种各样视觉元素充斥的步行商业街、咖啡馆、剧院、酒楼，等等，每天都可见现代和后现代的视觉奇观。这种视觉奇观与偶然、新奇、震惊、转瞬即逝、断裂不连续的现代性/后现代性体验交织在一起，充当视觉文化转向最好的背书。

（二）广告的"形象化"推动社会的视觉文化转向

广告具有两个方面的基本功能：一是告知，二是说服。在现实操作中二者往往紧密结合在一起，在绝大多数情况下，告知是说服的手段，说服才是最终目的。这样的内在逻辑要求广告须想方设法让受众注意自己的存在，在此基础上说服受众按照自己期待的方向行动。于是，吸引受众的注意力便成为现代广告的首要任务，要最大限度地吸引受众的注意力，显然光有优美的文案是不够的，必须借助形象的威力。这一点，美国现代广告之父本杰明·富兰克林很早即已认识到。早在十八世纪二三十年代，他便将广告图画引入广告设计领域，一改之前广告全部采用文字陈述的陈旧做法，为广告向现代的过渡进行了有益的尝试。

进入19世纪，大规模的工业革命加快了美国资本主义经济的发展，到南北战争爆发前，美国已经积累起了大量的物质财富。正是在这样的社会和经济背景下，现代广告于19世纪中叶以后在美国迅速发展起来。包括艾尔父子广告公司等在内的现代意义上的广告公司的出现是现代广告诞生最重要的

---

① 本雅明.发达资本主义时代的抒情诗人[M].张旭东,魏文生,译.北京:三联书店,2012:60.

标志,这标志着广告行业从此走上专业化、规范化的发展道路,将行业引上发展的坦途,也为随后的广告学术研究奠定了实践基础。关于广告代理公司在美国出现的背景和社会动因,朱利安·西沃卡在《肥皂剧、性和香烟——美国广告 200 年经典范例》中这样描述:

> 作为一种"职业"的广告业直到 19 世纪中叶才出现,当时还没有广告撰稿人、艺术指导、业务经理或者市场营销专业人员。只要针对的是本地区内的读者群,广告商几乎就不需要外援,而可以直接和报纸进行业务来往。
>
> 运输方式改进以后,制造商可以把产品运往广大地区,这样就需要能够延伸到边远地区的产品促销。刊登广告的制造商经常发现,媒体用来印刷他们的广告的准备工作,涉及一大堆细节工作,还要完成很多耗费时间的任务。这些工作包括确认高效率的报纸,谈判价格,指导印制厂家,批准插登广告位置,还要缴纳广告费用。为了满足这种需求,报纸开始付费给广告代理人,把广告版面销售给广告客户,这样就造就了一种全新的行业——广告代理人。①

可见,现代广告公司的诞生适应了当时美国经济发展的需要,因而具有历史的必然性。现代广告公司从诞生的第一天起就认识到形象对于广告的重要性。但在十九世纪五六十年代的时候照相摄影还处于萌芽状态,大规模地被应用于商业领域尚须假以时日,因此那时的广告还只能借助于图画艺术来为自己"增光添彩"。而要完成这项任务,就"需要大量的作家和艺术家参与进来。于是,"那些富有创新精神的人突然拥有了空前多的机会,能够靠自己的本事过上好日子。最终,如果他们愿意放弃浪漫的伪装以及使自己适应组织要求的话,作家和艺术家是可以逃离无人喝彩的困境的"②。可见,广告的大范围传播为作家艺术家们提供了一展身手的广阔天地,他们在形象创作领域的天赋在广告领域找到用武之地,实现自身与广告的双赢。当然,这种双赢是以牺牲现代主义艺术的美学趣味为代价的,因为"艺术家和商业经理人都不愿意承认市场交换和审美展示之间的密切关系。艺术家坚持认为自己处在一个高高在上的世界中"③。

---

① 西沃卡.肥皂剧、性和香烟:美国广告 200 年经典范例[M].周向民,田力男,译.北京:光明日报出版社,1999:52.
②③ 西沃卡.肥皂剧、性和香烟:美国广告 200 年经典范例[M].周向民,田力男,译.北京:光明日报出版社,1999:200.

图 4.3　19 世纪初的美国广告画示例　　图 4.4　民国初期月份牌广告画(郑曼陀)

　　类似的情形也出现于近代中国广告的发展过程中。上海作为二十世纪三四十年代的中国广告重镇,也曾涌现出包括杭穉英、郑曼陀等在内的一大批月份牌广告画家,他们的月份牌作品曾经为中国近代广告增添亮丽的色彩,许多作品成为人们研究那一时期中国广告艺术水平的重要资料(图 4.4)。"月份牌对中国近代广告的形成与发展具有极其重要的影响,在月份牌的指引下,中国近代广告不但开创了许多先河,更达到了一个史无前例的艺术高峰!"①事实上,上海月份牌在当时是深受广大老百姓喜爱的通俗艺术,它兼具艺术性和实用性的特点,在将知识和美学带给百姓的同时,也为民族企业家宣传产品做出贡献。月份牌"以艳丽的色彩、丰富的摩登资讯成为当时社会消费潮流的风向标,将中国近代广告领入一个视觉消费的时代"②。

　　我们的视线回到美国。进入 20 世纪以后,随着照相摄影、电影、电报、电视等传播媒介的兴起,为美国现代广告的"形象化"演进提供了强大的技术手段支撑。大量形象被引入广告的设计与制作中,成为争夺消费者眼球的利器。不难发现,广告"形象化"的过程事实上正是视觉性和视觉文化转向的过程,广告通过运用大量的形象,有力地推动了社会的视觉文化转向。

----

　　①②　陈洁.从上海月份牌解读近代中国社会文化的变迁与发展[D].长沙:湖南师范大学,2011:15.

　　另一方面,我们还注意到,在广告"形象化"推进的过程中,一场商品的品牌化也正在发生。从 19 世纪中叶到 19 世纪末,工业革命大大促进了美国资本主义经济的发展,到 1894 年美国已发展成为西方资本主义世界的头号工业强国。在接下来的几十年时间内,美国经济的这种快速发展势头得以保持,很多企业都从白手起家的状态迅速发展成为拥有千百万美元资产的大企业,这些企业通过引进包括生产流水线在内的技术革命,生产出大量的工业产品,其中大部分为日用消费品。大量的日用消费品涌向市场,使商品的同质化竞争空前激烈。为了使自己的产品与其他同类产品相区别,生产商开始借助于商标和品牌的力量。品牌化在这一时期得到巨大的发展。这一点,在娜奥米·克兰影响甚广的批判性著作《否定品牌》中得到突出强调,她写道:

　　　　与我们今天所理解的品牌化相比,始于 19 世纪下半叶的首个大众市场营销运动与广告的关系更为紧密。面对许多新发明出来的产品——收音机、电报、汽车、电灯泡以及诸如此类——让用户接受这些新产品要比为它们创造品牌更为紧迫,因此广告商承受着更大的压力。首要的是,广告商需要改变人们的生活方式,广告必须将这些新的发明创造告知消费者,并设法让他们相信只要他们使用——比如说,汽车以代替马车、电话以代替邮件、电灯以代替煤油灯的话——他们的生活就会变得更美好。这些新产品中的许多都带有品牌名称——有些直至今天还在我们的日常生活中所常见——但这几乎可以说是一种偶然现象。这些产品本身就是新玩意,而这本身即是很好的广告。

　　　　大约与宣扬新发明的广告出现的同一时期,首批品牌化的产品也出现了,这主要是由于另外一种"新发明"——工厂的出现之故。工厂化的大生产不仅使得"新产品"而且使得许多"老产品"——甚至最最普通的一些产品——的外观看上去都十分惊人地相似。使品牌化尝试不同于更加直接的推销术之处在于:市场上充斥着大量同质化的、几乎无法彼此区分的大规模生产出来的产品。于是,比较性的品牌化运动成为"机器时代"的必然选择——在生产同质化的语境下,基于"形象"(image)的差异必须与产品同时被"生产"出来。

　　　　于是,广告的角色便从传递产品信息的"新闻公告"(news bulletins)转变为围绕特定产品构建品牌形象。而构建品牌形象的首要任务即是为普通货品如糖、面粉、肥皂和谷类食品等(这些货品以前在地方杂货店那里都是从桶里舀出来销售的)赋予适当的名称。在 1880 年代,公司名称便被贴上了一些大量生产出来的产品,如坎贝尔罐汤(Campbell's

Soup)、亨氏(H.J. Heinz)泡菜及桂格燕麦(Quaker Oats)麦片等。①

就这样,大量经过"品牌化"的商品通过全国性广告向美国大众推销,在不断增长的物质财富和不断增长的消费者数量的双重推动下,新型的以视觉文化为主因的消费社会在 20 世纪初的美国已初具规模。正如西沃卡所言:"到美国卷入第一次世界大战时为止,消费型经济的标志已经随处可见。美国人那时要花费几亿美元去购买有包装的香皂、谷物食品、罐头蔬菜、面包店烤制的面包和成衣。大都市百货商店的落成,邮购商店的出现和连锁店的诞生提供了新的购物去处,与此同时,许多商家每天都例行公事地介绍新产品,广告似潮水一般滚滚而来。"②

潮水般滚滚而来的广告使经过品牌化处理的产品潮水般涌向消费者,广告的"形象化"和产品的"形象化"在推动社会的视觉文化转向方面达成共谋,形成一股强大的合力。在它们的协同作用以及其他社会和文化因素的联合作用下,社会的"景观化"出现了。这正是法国"境界国际"(Situationalist International)运动的代表人物德波影响甚广的《景观社会》一书的主题,德波曾深入研究商品与"形象"(spectacle)③之间的关系,得出一个著名的结论——商品即形象,形象即商品。他就此写道:"现代生产条件无所不在的社会,生活本身展现为景观的庞大堆聚。直接存在的一切全都转化为一个表象。"④正如周宪所分析的那样:"商品即形象这一社会现实的出现,从文化角度说,一方面可以看作商业化对社会各个层面的渗透的结果,这就促使商业与艺术之间不可避免地结合;另一方面,这一倾向又可以视为艺术向商业的全面降服,它具体呈现为种种原本商业化的手法已经进入艺术,并被作为艺术本身的手法而加以采用。"⑤这即是说,商品的形象化与艺术的商业化实际上是一对孪生兄弟,一方面,商品需要借助艺术来实现自身的形象化,另一方面,在商业化洪流的裹挟下,艺术早已丧失现代主义先锋艺术高高在上、不食人间烟火似的美学尊严,走向与商业化的合流。显然,在这股"形象化"的浪潮中,广告和产品的品牌化的作用不可小觑。

由此观之,变动不居的现代社会就是"流动的社会",是德波意义上的"景观社会",是视觉文化占据主因的社会。在这样的社会中,广告作为行动者,

---

① KLEIN N. No Logo[M]. New York:Picador,2009:5-6. 着重号为笔者所加。

② 西沃卡.肥皂剧、性和香烟:美国广告200年经典范例[M].周向民,田力男,译.北京:光明日报出版社,1999:128.

③ spectacle,又译景象、景观、影像、奇观。本书在涉及德波的"景观社会"理论时,在不太严格的意义上视它们为同义。

④ 德波.景观社会[M].王昭风,译.南京:南京大学出版社,2006:3.

⑤ 周宪.视觉文化的转向[M].北京:北京大学出版社,2008:121.

它一方面受社会结构视觉文化转向的影响而转向形象化,另一方面其内在逻辑又要求它从诞生的第一天起就要倚重形象来达致告知和说服的目的,主动走上形象化的发展之途,成为推动社会结构视觉文化转向的重要因素。

本章小结

　　本章跳出广告本体,从更为宽广的社会视角考察广告。如果说运用符号诠释的理论与方法对广告进行研究是一种深入广告内部揭示其意义与意识形态的研究路径的话,那么,社会分析则是运用社会理论和文化理论对广告与社会结构之间的互动关系以及这种互动过程所产生的各种各样的社会和文化现象进行细察的有效路径。因此,所谓广告社会文化研究也就是运用社会理论和文化理论对广告这一当代社会中最重要的社会和文化景观进行反思性考察。

　　在广告这一"行动者"与社会"结构"之间的互动过程中,出现多种多样的社会和文化问题,其中包括广告与消费主义及消费文化之间的关系问题、广告的后现代主义转向问题、广告与整个社会的视觉文化转向之间的关系问题,当然还有广告与社会时尚和流行之间的关系问题①,等等。这些社会和文化现象对于现时代的人类社会而言都十分彰明较著,也是亟待研究的问题。

　　不可否认的是,广告已经成为现代社会中强大的控制机制,它的型塑能力甚至超越传统上的家庭、学校、教会。在大众文化之风劲吹的时代,广告以其"大众文化王国总理"的显赫身份引人关注。因此之故,本章对广告的社会分析只是个起点,更多的研究工作有待其他广告学者社会和文化学者进一步展开。

――――――――――

　　① 有关广告和时尚及流行之间的关系研究参见第五章的相关论述。

第五章　广告政治经济学批判

　　在对广告开展本体的诠释性研究和社会分析之后，本章将进一步考察广告传播系统中的社会关系，特别是权力关系，考察这些关系的生产与再生产的机制问题，完成揭示广告这一现代社会中最重要的社会与文化现象之运作秘密的关键一步。要完成这关键一步，笔者的研究视野自然而然地被引向政治经济学，尤其是批判性的马克思主义政治经济学。这是因为，政治经济学，尤其是马克思主义政治经济学，关注一定社会制度条件下的"生产方式"及基于这种生产方式之上的生产关系，特别是这种生产关系中包含的不平等的权力关系。

　　可惜的是，马克思生活的时代总体而言依旧是匮乏的时代，因此那也是一个"生产中心论"的时代。在马克思生活的时代中，现代广告虽然已经存在，但远未发展成为显山露水的社会现象和文化现象，更未发展成为强大的社会控制机制；因此，它没能像"商品"那样成为马克思关注的焦点也就不足为怪了。基于同样的时代局限，马克思甚至也未发展出系统的文化理论，它对文化问题的论述散见于经济学哲学著作之中。

　　时势造英雄，什么样的时代孕育出什么样的学术。广告要想引起学术研究的关注，只有发展到一定的阶段之后才有可能。这个"一定的阶段"，从广告学作为一门学科的发轫来看，是19世纪末20世纪初；而从本章的研究主题来看，则是20世纪50年代以降。正如前文已经论及的那样，20世纪50年代以降，西方主要发达国家先后进入消费社会，广告也发展成无处不在的强大的社会和文化景观，相关学科领域的学者们对广告的思考亦逐渐增多，在广告业最为发达的北美，情况尤其如此。因此，达拉斯·斯迈思对广告的政治经济学批判研究路径探索就是水到渠成的事。

第一节 政治经济学

一、批判的政治经济学与政治经济学批判

所谓批判的政治经济学指马克思主义政治经济学,因为马克思主义的经济学对资本主义社会生产关系中不平等的权力关系——资本家阶级有权榨取工人阶级的剩余劳动及由这种剩余劳动产生出的剩余价值——的揭露具有极强的批判性。这种批判性的经济学也因此成为工人阶级从"自在的阶级"走向"自为的阶级"之一股振聋发聩般的召唤性力量。所谓政治经济学批判就是要通过政治经济学的研究揭露社会中不平等的社会关系尤其是权力关系,亦即将政治经济学研究当作批判性的工具。

二、政治经济学一般

政治经济学是一门有悠久历史的学科,它的源头甚至可以追溯到古希腊城邦的家政管理与控制活动。但通常认为,现代意义上的政治经济学诞生于18世纪的苏格兰启蒙运动,以亚当·斯密、大卫·李嘉图和约翰·斯图亚特·穆勒为代表的思想家对由资本主义大革命引发的巨大的历史变迁和社会转型而产生的各种经济和文化现象的思考和研究为古典政治经济学奠立了基础。后来,马克思结合其生活的时代背景对古典政治经济学进行回应,"他认为为了理解最终导致从资本主义转向社会主义的社会变迁过程,政治经济学主要研究内容是对资本主义社会内在动力的认识,以及对资本主义与其他政治经济组织形式的关系的探究"①。

什么是政治经济学呢? 在学界,对政治经济学这一概念的定义与阐释远未达成一致。为了解释政治经济学这一概念,引述下面一段话是必要的,因为这段话简明扼要地说明了政治经济学的研究对象:

> 物质资料的生产,是人类最基本的生产活动。在物质资料生产过程中,人们用劳动资料作用于劳动对象生产出某种产品,并且必然产生人

---

① 莫斯可.传播政治经济学[M].胡春阳,黄红宇,姚建华,译.上海:上海译文出版社,2013:4.

与人之间的各种联系或关系,这种关系是直接生产过程中产生的生产关系,也即狭义的生产关系;在存在社会分工的条件下,人们不可能生产自己所需要的一切产品,因此必须用自己生产的产品和他人交换,人们之间发生交换关系;产品的生产需要投入生产资料和劳动,相应地产生生产成果的分配,这就形成人们之间的分配关系;产品进入消费过程,就发生消费关系。人们的生产、交换、分配和消费构成社会再生产的总过程。在社会再生产过程中形成的包含生产、交换、分配和消费各个环节的生产关系,是一种广义的生产关系,也即政治经济学所研究的生产关系。①

这段话引自国内政治经济学领域的一本较为权威的教科书,它十分清楚地指出政治经济学的研究对象是由生产、交换、分配和消费构成的广义的生产关系。这种生产关系绝不仅仅是人与物或物与物之间的关系,更重要的是,它指向人与人之间的生产关系——一种社会关系。无论是人与物之间的关系还是物与物之间的关系,其背后起支配作用的说到底还是人与人之间的关系,即社会关系。因此,经典的政治经济学教科书将政治经济学定义为"研究一定社会生产、交换、分配和消费等经济活动中的经济关系和经济规律的科学"②。

当然,就从研究对象来为政治经济学下定义的尝试看,国内的学界也有不同的观点,分歧的焦点就在于"生产关系"的研究对象说。侯风云认为,马克思虽然在《资本论》1867 年第一版的序言中说过"我要在本书研究的,是资本主义生产方式以及和它相适应的生产关系和交换关系"③,但马克思"对于政治经济学研究对象的阐述是不明确的,由于不明确,人们对于政治经济学研究对象的理解不清楚,但是马克思的研究内容及角度是非常明确的,那就是一定社会中不同阶级或利益集团的物质利益关系及其变化规律"④;因此,她认为应该将政治经济学的研究对象界定为"研究一定社会中,物质资料生产和再生产过程中(包括生产和再生产过程的各个环节——生产、交换、流通和消费及其相互联系中)不同经济主体之间的物质利益关系及其变化规律的科学,研究这种物质利益关系的形成基础或条件、运行规则、特征及其在一定

---

① 逄锦聚,洪银兴,林岗,等.政治经济学[M].北京:高等教育出版社,2014:16.
② 逄锦聚,洪银兴,林岗,等.政治经济学[M].北京:高等教育出版社,2014:1.
③ 马克思,恩格斯.马克思恩格斯选集:第 2 卷[M].中共中央马克思恩格斯列宁斯大林著作编译局,译.北京:人民出版社,2012:82.
④ 侯风云.政治经济学研究对象、学科地位及相关问题思考[J].经济理论与政策研究.2008(1):136-155.

社会对于生产力发展的作用等"①。侯风云进而建议将政治经济学的研究目的确定为"探讨不同的物质利益关系对于社会福利水平增进的影响"②。

　　吴易风早前的论文严格在马克思本人对政治经济学研究对象的规定,即"资本主义生产方式以及和它相适应的生产关系和交换关系"下展开讨论,他从马克思对"生产力—生产方式—生产关系"逻辑关系的论述中推导出马克思本人为政治经济学研究对象所做的规定是:生产方式和建立于这种生产方式之上的生产关系。这里将生产方式和生产关系作为两个并列的对象,且这两个研究对象在马克思那里是交融在一起的并被综合研究的。马克思在《资本论》中研究的生产方式指以英国为典型代表的资本主义生产方式,"即资本主义条件下劳动者和生产资料相结合以生产人们所需要的物质资料的特殊方式,也就是雇佣劳动和资本相结合以生产人们所需要的物质资料的特殊方式"③。吴易风还据此推导出政治经济学一般的研究对象:"这就是,政治经济学或经济学研究人类社会各个历史发展阶段上的生产方式以及和生产方式相适应的生产关系或经济关系。"④值得指出的是,吴易风将政治经济学与经济学并置处理,在他看来,政治经济学等同于经济学。这一点,后来也引起一些学者的质疑。的确,虽然马克思主义政治经济学是经济学而不是政治学,但它与传统意义上的经济学之间有区别。一般而言,传统意义上的经济学(主要指西方经济学)偏重于对经济现象的表层分析和研究,马克思主义政治经济学偏重于对经济关系的本质规定性的分析与研究。因此,将二者混为一谈容易引起歧义。

　　马克思在《资本论》中以当时资本主义世界具有典型代表性的英国为例,研究了资本主义生产方式和建基于这种生产方式之上的包括生产、交换、分配和消费在内的各种生产关系(社会关系),揭露了资本主义社会中以雇佣劳动为特征,以资本家阶级榨取工人阶级剩余劳动(这种剩余劳动产生出剩余价值)为动力学的生产方式的不合理性,分析各种生产关系背后隐藏着的不平等的权力关系,从而将资本主义的"掘墓人"——工人阶级——从"自在的阶级"召唤成"自为的阶级"而为共产主义的理想社会而奋斗。由此可见,马克思主义经济学包含清晰的政治规划,这种政治规划就是要用科学的理论把无产阶级武装起来,埋葬资本主义,开辟社会主义和共产主义。马克思主义经济学是极具批判性和革命性的政治经济学,这也是马克思主义政治经济学

---

　　①②　侯风云.政治经济学研究对象、学科地位及相关问题思考[J].经济理论与政策研究.2008(1):149.

　　③　吴易风.论政治经济学或经济学的研究对象[J].中国社会科学,1997(2):58.

　　④　吴易风.论政治经济学或经济学的研究对象[J].中国社会科学,1997(2):59.

不同于其他西方经济学或政治经济学的根本所在。

第二节　传播政治经济学①

一、传播政治经济学的渊源与概念

以上是对通常意义上的政治经济学(或曰政治经济学一般)概念的阐释。现在让我们再转向与本文的研究主题密切相关的传播学研究领域的政治经济学路径。

政治经济学的研究路径被引入传播学研究后产生传播政治经济学。传播政治经济学一诞生便以其从马克思主义那里继承而来的鲜明的批判性而成为与传播学研究领域的"行政研究"(administrative research,亦称"主流研究"——mainstream research)传统分庭抗礼的另一重要范式——批判学派的一股中坚力量。在一些传播学者看来,政治经济学的研究视野对于传播学研究而言是不可或缺的,因为"如果学者们要超越描述层次而进入阐释层次,政治经济学一定处于事业的中心地位。它不仅是传播学的一个必要组成部分,而且是它的基石之一"②。

传播政治经济学诞生于第二次世界大战之后,从那时起直至 1980 年,作为学科的传播政治经济学的基础才得以建立。在传播政治经济学的诞生地北美,有两位筚路蓝缕以启山林的开创者值得一提,他们分别是传播政治经济学的草创者——第一代学者达拉斯·斯迈思,以及斯迈思的学生,第二代传播政治经济学学者赫伯特·席勒。斯迈思于 1937 年从加利福利亚大学伯克利分校获得博士学位后曾在美国联邦政府中做了几年的公务员。他于 1943 年从供职的美国劳工部离开进入美国联邦通讯委员会(FCC)工作,在那

---

① 在马克思主义政治经济学著作之外,有两位传播政治经济学领域的重要学者的思想和著作对本书影响很大,他们是赵月枝和莫斯可。赵月枝的传播政治经济学学术思想集中体现在她的那本《传播与社会:政治经济和文化分析》。此外,由她和曹晋主编的《传播政治经济学英文读本》(上下册)对本书研究的助益尤其突出。本书对莫斯可及其思想的了解主要是通过阅读他的《传播政治经济学》以及他的英文论文进行。

② MCCHESNEY R W.The Political Economy of Communication and the Future of the Field[M]//CAOJ,ZHAO Y Z.The Political Economy of Communication:A Reader, Vol.1 of 2. Shanghai:Fudan University Press,2007:271.

里他一直工作到1948年才离开。斯迈思离开联邦通讯委员会后进入伊利诺伊大学正式开始学术生涯。在伊利诺伊大学,斯迈思从主讲传播经济学课程开始,逐步开设传播政治经济学课程。这一期间他还完成三项重要工作:一是支持公共广播的建立的研究;二是出版了第一部电子媒介的政治经济学著作①;三是开始了作为商品的受众的理论研究②。斯迈思在1977年发表的重要论文《传播:西方马克思主义中的盲点》中阐明受众商品论(audience as commodity)。这篇文章不仅对于传播政治经济学极具意义,它也标志着广告政治经济学研究的开端。

赫伯特·席勒在北美传播学界是一个极具影响力的公共知识分子。说他是一个公共知识分子,不仅意味着他的学术思想追求民主政治,将公众利益置于考虑的首位,还包蕴着他的行动主义者风范。席勒对全球媒介工业的反对立场十分鲜明,他对这种商业文化以及建基于这种商业文化基础之上的"文化帝国主义"的批判也不遗余力。席勒始终认为可以找到针对这种媒介商业文化的替代品,为此,他曾在多个场合,包括在联合国教科文组织的会议上,发表演讲,表达自己的立场。

应该说,斯迈思和赫伯特·席勒的传播政治经济学思想浸润了几代传播学者,他们当中包括斯迈思的学生托马斯·古拜克,古拜克的学生,研究电影的詹妮特·瓦斯科、研究受众的艾琳·米汉、研究技术的詹妮弗·斯莱克,研究帝国主义和拉美传播的弗雷德·菲杰斯等。在1979年于伊利诺伊大学香槟分校举行的一次学术会议上,上述研究者以及斯迈思本人和他在加拿大西门菲沙大学的学生如曼菊莱斯·彭达库、奥斯卡·甘地、卡罗琳·马尔文、蒂莫西·海特以及其时已是乔治敦大学社会学教授的文森特·莫斯可等悉数到会。莫斯可后来总结说,这次会议因为四个原因而在传播政治经济学的发展史上具有深远意义,一是将包括斯迈思在内的三代传播政治经济学者汇集一堂;二是会议标志着传播政治经济学研究网络开始在北美形成;三是会议表明传播政治经济学研究领域中出现女性身影;四是会议标志着"朝向民主传播联盟的形成的主要一步"。③

而在欧洲,英国的詹姆斯·卡伦、尼可拉斯·加汉姆、皮特·戈尔丁和格

① SMYTHE,D. The Structure and Policy of Electronic Communications[M]. Urbana,IL:University of Illinois Press,1957.

② 据莫斯可的考证,斯迈思最早是在1951年于瓦瑟学院(Vassar College)举行的消费者联盟学会的一次会议发言中正式阐明"受众商品论"的思想。莫斯可.传播政治经济学[M].胡春阳,黄红宇,姚建华,译.上海:上海译文出版社,2013:108.

③ 莫斯可.传播政治经济学[M].胡春阳,黄红宇,姚建华,译.上海:上海译文出版社,2013:113,114.

雷汉姆·默多克等在传播政治经济学研究领域也颇有影响。特别是卡伦,他对英国报业史的研究发现,19 世纪中后期得到资本支持的英国精英报刊相对于得不到资本支持、面向广大英国工人阶级读者的所谓的逃避印花税的"激进出版物"(radical papers)取得全面胜利。卡伦通过分析认为,这一现象背后的逻辑其实很简单:广告商不会把钱投给一份其读者缺乏消费能力的报刊。因为在广告商看来,报刊读者的质量(character)要比数量(number)更重要。一份在上层或中层阶级中发行上千份的报刊比一份在下层阶级中发行上十万份的报刊更重要①。而在法语学界,阿芒·马特拉凭借其国际视野和全球实践而在传播政治经济学领域占据重要一席。

在国内的传播学界,对传播政治经济学的了解多与赵月枝有关。赵月枝于 1984 年从中国传媒大学的前身——北京广播学院新闻系毕业,同年考取公费留学资格,1996 年获加拿大西门菲沙大学传播学博士学位。赵月枝长期以来一直致力于向国内介绍西方传播政治经济学的研究成果,为这一领域的中西学术交流与合作做出重要贡献。在传播政治经济学学科系统化建设方面,社会学出生的加拿大学者文森特·莫斯可贡献卓著,他于 1996 年出版《传播政治经济学》一书,是这一领域第一本系统化的学术专著。随着形势的发展,2009 年,莫斯可又出版《传播政治经济学》第二版,两个版本在国内都已有译本,成为国内学者了解传播政治经济学的重要学术资源。

在《传播政治经济学》一书中,莫斯可总结了政治经济学的两个定义,一个是狭义的定义,一个是广义的定义。他写道:"从狭义上讲,政治经济学是关于社会关系尤其是权力关系研究的一门学科,它们互相构成资源的生产、分配和消费,包括传播资源的生产、分配和消费。"②这一定义显然有马克思主义政治经济学的色彩,从这一定义可以顺理成章地引出传播政治经济学的研究对象:传播政治经济学研究传播系统中的社会关系尤其是权力关系,这种社会关系体现于信息产品的生产、交换、分配和消费的所有环节。

莫斯可认为政治经济学是"关于社会生活中的控制与存在的研究"③。莫斯可说这一定义是他在写作《传播政治经济学》第一版的过程中对斯迈思的采访中获得的启示。这一定义中的"控制"指向政治,它"特指一个社会是如何组织其自身组织、管理其事务的,以及如何适应或者不适应所有社会都会

①　CURRAN J. Capitalism and Control of the Press[M]//CAO J, ZHAO Y Z. The Political Economy of Communication:A Reader. Shanghai:Fudan University Press, 2007:311.
②③　莫斯可.传播政治经济学[M].胡春阳,黄红宇,姚建华,译.上海:上海译文出版社,2013:3.

面临的必然挑战的"①;"存在"则指向经济,"指人们如何生产其所需以便再生产其自身以及社会"②。将这一定义应用于传播领域,不难引出传播政治经济学是关于人类传播领域中"控制与存在的研究",亦即传播领域中的政治与经济研究。而政治和经济的背后同样存在权力的谱系。但是这一定义过于宽泛,正如莫斯可本人指出的那样,"它容易导致我们在意识或知觉上忽视人类政治经济学与自然中的一般存在与控制过程之间的区别"③。

二、传播政治经济学的哲学基础

莫斯可的《传播政治经济学》一书从认识论和本体论两个维度阐述传播政治经济学的哲学基础。所谓认识论,指对事物是可以认识的还是不可以认识的以及如何认识和认识的路径等所持的思想体系。传播政治经济学认为,传播作为人类社会中的"社会意义建构"过程,可以被认识,认识的重要路径就是政治经济学对传播的观照路径,这种路径"必须建立在一个现实主义的、兼容并蓄的、建构性的和批判性的认识论基础之上"④。说它是现实主义的,"因为它承认概念和社会实践二者的现实性"⑤。显然,这是一种唯物主义的立场。只有坚持传播的社会实在的本质,才能对之开展研究,将各种各样的属性和特征揭示出来。传播政治经济学的这种现实主义的认识论原则也使之与"个殊式"(idiographic)和"律则式"(nomothetic)路径区别开来,"前者仅仅论证观念的现实性,后者则宣称观念仅仅是人类行为的单一现实的标签⑥。说到底,无论是"个殊式"的认识路径还是"律则式"的认识路径,它们都强调观念在人类认识事物中的支配性地位,因此它们必然地与唯心主义有密不可分的关联。

其次,正因为传播政治经济学坚持现实主义的认识论路径,因此它是"兼容并蓄"的,"因为它反对本质主义,本质主义将所有的社会实践化约为单一的政治经济学解释,认为概念是进入色彩斑斓的社会领域的一个切入点或出发点"⑦。本质主义往往具有"武断"的特质,认为单一的认识事物的思想和路径是唯一正确的而将其他可能的思想和路径排除在选项之外。

再次,基于以上两个认识论原则,传播政治经济学必然也坚持"建构性

①② 莫斯可.传播政治经济学[M].胡春阳,黄红宇,姚建华,译.上海:上海译文出版社,2013:3.

③ 莫斯可.传播政治经济学[M].胡春阳,黄红宇,姚建华,译.上海:上海译文出版社,2013:4.

④⑤⑥⑦ 莫斯可.传播政治经济学[M].胡春阳,黄红宇,姚建华,译.上海:上海译文出版社,2013:13.

的"认识论原则。所谓"建构性的"认识论原则,我们对事物的认识是建构的一个环节,不可能一蹴而就,一劳永逸。实际上,社会学者坚持认为传播是"社会意义建构"的过程正是坚持这一原则。也正是因为传播政治经济学坚持"建构性的"认识论原则,所以它鲜明地反对因果决定论和所谓的传播的"线性互动模式"。

最后,传播政治经济学的认识论还具有批判性,这是"因为它把知识看作一种研究发现和其他知识体以及社会价值之间比较的产物"①。传播政治经济学拒绝承认"知识体"的绝对正确性,相反,它认为任何一种"知识体"都应在与其他研究发现的对比与对话中去检验自身的正确性与有效性。事实上,正是基于这一认识,莫斯科在《传播政治经济学》一书的最后一章,即第十章中专门探讨传播政治经济学与"公共选择"(Public Choice)理论及"文化研究"理论之间的"搭桥"问题。在莫斯可看来,这种在学科边界上的对话对于任何一种知识体而言都是有益的,因而是必要的。

所谓"本体论"即指"存在"本身,"本体论"研究就是指探索宇宙万物最终本源和最高根据。如果说认识论为我们提供了一条认识事物的路径,本体论则为我们提供了认识存在之本源的基础。一般来说,在本体论内部又存在着是把事物视为结构还是把事物视为过程的分殊。传播政治经济学不同于传统的政治经济学,后者按照莫斯可的说法"关注诸如企业公司与政府这样的结构"②,传播政治经济学则把传播系统中人与人之间的社会关系看作"建构性的"过程,"即社会变迁是普遍存在的,而社会结构与社会制度也变化不断,从而,确立描述过程特征的起点比确立简单地确认相关制度的起点更有用"③。

此外,传播政治经济学还"因其道德哲学的使命而广为人知"④。所谓"道德哲学",其实指人的价值观,即指导人们看待社会中各种物质现象和非物质现象的思想观念。亚当·斯密的《道德情操论》认为,西方国家商业资本主义的兴起与一定的道德哲学有关,这种"道德哲学的两个有用的部分——伦理学和法理学。诡辩学应当被彻底摒弃"⑤。在斯密看来,与西方国家商业资本主义的兴起伴生的是相应的文化意识形态的,这就是对何为美德的一整套价

---

①　莫斯可.传播政治经济学[M].胡春阳,黄红宇,姚建华,译.上海:上海译文出版社,2013:13.

②③　莫斯可.传播政治经济学[M].胡春阳,黄红宇,姚建华,译.上海:上海译文出版社,2013:14.

④　莫斯可.传播政治经济学[M].胡春阳,黄红宇,姚建华,译.上海:上海译文出版社,2013:5.

⑤　斯密.道德情操论[M].陈出新,陈艳飞,译.北京:人民文学出版社,2011:368.

值观——美德在于合宜,在于谨慎,在于慈善①,而这些美德也构成人们理解
诸如利己主义、物质主义以及个人自由等的钥匙。而在马克思看来,道德哲
学应该坚持把人的自由与全面发展作为灵魂,亦即"把人类劳动看作个人满
足和社会利益的源泉"②,最终实现共产主义社会那样的"自由人的联合体"的
发展目标。马克思因此尖锐地批判了工业资本主义社会生产关系中的"异
化"劳动,这种异化劳动导致人与人、人与自己的"类本质"相异化。对于传播
政治经济学而言,正如莫斯可指出的那样,它"支持广泛的道德立场,但为了
平衡,又倾向于赞同将民主扩展到社会生活的各个层面的价值。这包括政治
领域,在政治领域里,民主意味着公民参与政府管理的权利,但也扩展到经
济、社会和文化领域,在这些领域,民主的支持者们要求收入平等与教育机会
平等,文化生产的全社会参与以及对自由传播权利的保障"③。

三、传播政治经济学的研究框架

　　赵月枝的《传播与社会:政治经济与文化分析》一书为我们提供了"四维"
的传播政治经济学分析模式——(1)情境化(contextualizing);(2)图绘(map-
ping);(3)衡量/评估(measuring/evaluating);(4)实践/干预(praxis/interve-
ning)。④ 所谓"情境化",要将传播现象置于宏观的资本主义生产关系的大背
景下,考察传播在不平等的权力分配体制中发挥的作用。所谓"图绘",指"对
权力场域与控制机制"的描述。所谓"衡量/评估",则是在图绘的基础上,"从
一定的价值观出发,对传播机构和过程进行衡量和评估"⑤。在完成所有这些
步骤的基础上,传播政治经济学的工作并未结束,它还须完成至关重要的"临
门一脚"——实践/干预。这其实是鼓励传播政治经济学研究者向该学科奠
基人之一的赫伯特·席勒学习,积极投身于伟大的社会实践,身体力行地挑
战传播中所包蕴的不平等的社会权力关系,践行公共知识分子的担当。
　　如前文已言及的那样,莫斯可凭借其开阔的跨学科视野和理论归纳,在
传播政治经济学学科的系统化建设方面发挥了至关重要的作用。其《传播政
治经济学》一书也为传播政治经济学设定了清晰的研究框架——"三化"——

　　① 斯密.道德情操论[M].陈出新,陈艳飞,译.北京:人民文学出版社,2011:282-337.
　　②③ 莫斯可.传播政治经济学[M].胡春阳,黄红宇,姚建华,译.上海:上海译文出版社,2013:5.
　　④ 这一分析模式最初系由赵月枝指导的博士生格雷格·德·波特首先提出来的。赵月枝.传播与社会:政治经济与文化分析[M].北京:中国传媒大学出版社,2011:9.
　　⑤ 赵月枝.传播与社会:政治经济与文化分析[M].北京:中国传媒大学出版社,2011:9-12.

商品化、空间化、结构化。莫斯可写道：

> 商品化（commodification）是一个过程，在这一过程中因使用而产生价值的物品被转化为可以销售的产品，其价值来自它们能交换来的东西。一个典型的例子就是将一个朋友们喜欢的故事转变成一部可以在市场上售卖的电影或者小说的过程。人类的传播行为如何成为一种为了牟利而制造的产品？空间化（spatialization）指的是大众媒介和传播技术克服了地理空间限制的过程。比如，电视通过将地球上发生的事件的影像传送至世界各地从而克服了距离障碍。此外，公司越来越多地使用计算机通讯在全世界范围内组织业务，由此能够更广泛地接触顾客，管理工人，以及利用技术和资本。当需求出现的时候，比如可以在别处获得成本更低或者技能更好的劳动力，计算机通讯也使得它们能够灵活地采取快速行动。当传播遍布全球、商业利用传播在全世界范围内创造和制作产品的时候，会出现什么情况？第三个关键概念是结构化（structuration），即创造各种社会关系的过程，主要是那些围绕社会阶级、性别和种族组织起来的社会关系。比如，政治经济学描述了社会阶级的不平等是如何影响人们对大众媒介和新的传播技术的接触的，这种社会阶级的不平等根据收入和财富划分人群，使其中一些人能够接触得起而另一些人则被排除在外。①

两种传播政治经济学分析框架各具特点，难分优劣。相比之下，赵月枝的分析框架逻辑性较强，四个维度之间有较为清晰的一环扣一环的递进关系，按照这一框架对传播现象进行政治经济分析能够做到全面而不留死角。这一分析框架的不足之处是四个维度之间缺乏一定的张力与想象性空间，莫斯可的"三化"分析框架则不存在这样的问题。而且，从莫斯可的分析框架中还依稀可以见出马克思主义政治经济学研究对象——特定社会的生产方式和建基于这种生产方式之上的由生产、交换、分配和消费组成的生产关系——的影子。另外，莫斯可的分析框架还与本书的研究主题——广告的分析非常契合。因此，本章以下的研究中，笔者将采用莫斯可的传播政治经济学"三化"分析框架对广告传播展开分析。

①　MOSCO V. The Political Economy of Communication[M]. London & Thousand Oaks，CA：Sage，2009：127-128. 译文参考了 2013 中译本，有改动。

（第三节）广告政治经济学批判

　　先来界定一下广告政治经济学的概念。上文曾根据马克思主义政治经济学的研究对象将传播政治经济学概念界定为：传播政治经济学研究传播系统中的社会关系尤其是权力关系，这种社会关系体现于信息产品的生产、交换、分配和消费的所有环节。广告通常被认为是一种"应用传播"，因此我们可以根据传播政治经济学的这一定义将广告政治经济学的概念界定为：广告政治经济学研究广告传播过程中的社会关系，尤其是权力关系，这种社会关系体现于广告信息产品的生产、交换、分配和消费的所有环节。

　　前文已经言及，莫斯可的传播政治经济学"三化"分析框架很好地契合了我们对广告的分析需要。当然，这么说并不意味着这一框架不需要进行任何调整即可全面适用于这一研究目的。在莫斯可的"三化"中，"空间化"和"结构化"完全适用于对广告传播的空间化与结构化分析，"商品化"的内涵与外延则需要进行适当的调整。在莫斯可看来，"商品化"指传播成为商业性行为。这与广告的内涵和外延有偏差，广告本质上是商业性行为，不存在"成为商业行为"一说。不过，这也并不意味着"商品化"的概念不适合于对广告的政治经济学研究，事实上它十分适合对广告的批判性分析，只不过是我们要调整对商品化概念的思考角度。现代商业广告是商品经济的产物，商品经济是伴随着资本主义工业化大生产过程而出现的现代的经济形态。在马克思看来，资本主义工业化大生产存在两个重要的"秘密"，其一是产品的交换价值超越产品的使用价值而成为生产的"目的"，其二是在这种生产关系中劳动力的商品化以及由此带来的劳动的"异化"。这两个"秘密"是一枚硬币的两面，它们互为因果，相因而生，不可分割。商品经济的发展及在全社会的蔓延导致对广告这一工具性手段的需要，这清晰地表明，广告与商品经济之间是"手段的合目的性"的关系。商品经济的发展强化了产品交换价值的地位以及劳动的"异化"使人更加不自由，广告在这一过程中扮演"帮凶"的角色。广告加强了社会控制而不是相反，它为韦伯的"铁笼"加上一根坚固的钢条。这是我们在进行广告政治经济学批判研究中需要思考的深层问题。

　　"空间化"和"结构化"，对于广告政治经济学研究而言同样不可或缺。广告的"空间化"研究就是要站在经济全球化的角度，对广告在资本主义全球扩张的过程中扮演的角色和发挥的作用、其对发展中国家的"文化主权"和社会风尚造成的影响等问题进行深入的分析与反思。这方面的一个重要部分是

"国际广告"。20世纪90年代以后,学界对"国际广告"的问题一直存在争论,所谓的"全球化战略,本地化执行"可以看作这场争论的阶段性结论。但这样争论远远无法达到理论的高度,这是今后广告政治经济学"空间化"研究应关注的。参照传播政治经济学"结构化"的概念,广告政治经济学的"结构化"研究应该关注各种社会关系组织过程,如阶级、性别、种族等社会关系的结构化过程及其对社会和文化的影响。在这种结构化过程中,广告扮演怎样的角色? 广告是现有社会关系的维护性力量还是解放性力量? 广告又是如何维护(或解放?)既存社会关系的呢? 显然,这些都是广告政治经济学"结构化"研究绕不开的问题。值得注意的是,广告政治经济学"结构化"研究对阶级、性别、种族等社会关系的关注与"文化研究"学派存在广泛交集,因此,后者的研究方法和理论成果可以成为"他山之石"。

以下,本书将沿着商品化、空间化、结构化的思路逐层对广告展开政治经济学分析。

一、商品化

研究广告的人经常脱口而出,广告是商品经济发展的产物。说者无心,听者却有意,因为它指出现代广告的起源。问题还不仅于此。这句话对于本章研究主题而言还具有另一层的重要含义——它是我们研究广告传播过程中的商品化过程的起点。

商品化,英文的动词形式是 commodify,其名词形式是 commodification。商品化指,在这个发展过程中,产品的使用价值转换成交换价值。马克思主义政治经济学的全部根基就立足于对资本主义社会中商品和商品化的分析,商品是资本主义生产制度最直接可见的成果,体现为商品的堆积。因此,马克思在《资本论》中开门见山地指出:"资本主义生产方式占统治地位的社会的财富,表现为'庞大的商品堆积',单个的商品表现为这种财富的元素形式。因此,我们的研究就从分析商品开始。"[1]在马克思看来,"商品首先是一个外界的对象,一个靠自己的属性来满足人的某种需要的物"[2]。物的满足人的需要的属性就是其使用价值。但是,物光有使用价值还不能构成商品,构成商品还必须具有交换价值。深埋在地下的煤有使用价值,但它不是商品,只有当它被拿到市场上与其他商品(如棉花、由棉花织成的布、砂糖)交换并且这种交换得以成功进行的时候,它才具有交换价值且其交换价值才会得以体现。

①②　马克思,恩格斯.马克思恩格斯选集:第2卷[M].中共中央马克思恩格斯列宁斯大林著作编译局,译.北京:人民出版社,2012:95.

从马克思主义政治经济学对于商品的使用价值和交换价值的分析中,我们不难推导出商品化这一概念的涵义,那就是:所谓商品化,即指产品的使用价值转换成交换价值的过程。商品则是产品的使用价值转换成交换价值时的特定形式,或者按照马克思本人的说法,"能同别的产品交换的产品就是商品"①。

马克思主义经济学虽然关注商品的使用价值——因为它是"交换价值的物质承担者"②,但使用价值并非马克思关注的焦点,马克思真正关注的是商品的交换价值,商品的交换价值体现资本主义生产方式和立基于这种生产方式之上的生产关系的全部秘密。正是在这一点上,马克思主义政治经济学与古典政治经济学划清了界限。古典政治经济学虽然也注意到商品使用价值与交换价值的区分,但在面对资本主义社会中巨大的商品堆积时却走向"庸俗"的歧途。在亚当·斯密及其追随者们看来,这种商品堆积的社会"表征"体现了一种"不证自明、由自然强加的必然性"③,马克思却敏锐地洞察出这种"表征"背后隐藏着的不平等的社会权力关系。正如莫斯可指出的那样,"剥除马克思称之为商品外表的'洋葱皮'就会揭露出一个生产体系"④。这一生产体系用物与物之间的关系特征掩盖了人与人之间的社会关系的本质特征,马克思将其称为"商品拜物教"。

对于所要探讨的广告传播系统中的商品化而言,莫斯可在分析商品化与传播的关系时提出的两个维度值得我们注意:"其一,传播的各种过程和技术促进了整体经济的普遍商品化过程……其二,影响社会整体的商品化过程渗透了传播的各种过程和机构,以至于社会商品化过程的各种进步和矛盾影响了作为一种社会实践的传播。"⑤其实,这两个维度正是传播与社会之间的互动过程。前一个维度关注的是传播对整个资本主义经济社会商品化的推动作用,后一个维度则聚焦整个资本主义经济社会商品化过程对于传播系统的渗透。莫斯可的这两个维度对于我们理解广告传播系统的商品化过程也殊

---

① 马克思,恩格斯.马克思恩格斯选集:第1卷[M].中共中央马克思恩格斯列宁斯大林著作编译局,译.北京:人民出版社,2012:341.

② 马克思,恩格斯.马克思恩格斯选集:第2卷[M].中共中央马克思恩格斯列宁斯大林著作编译局,译.北京:人民出版社,2012:97.

③ 莫斯可.传播政治经济学[M].胡春阳,黄红宇,姚建华,译.上海:上海译文出版社,2013:165.

④ 莫斯可.传播政治经济学[M].胡春阳,黄红宇,姚建华,译.上海:上海译文出版社,2013:166.

⑤ 莫斯可.传播政治经济学[M].胡春阳,黄红宇,姚建华,译.上海:上海译文出版社,2013:166,167.

为重要。如果我们把整个社会的商品化视为一种结构,而把广告系统视为行动者,在这两者之间的互动过程中,商品化的过程就容易把握了。

具体而言,在广告传播系统中,商品化都表现为哪些具体的形式呢？借助莫斯可在《传播政治经济学》一书中的分析路径,我们可以区分出广告传播系统中的两种主要的商品化形式——内容的商品化和受众的商品化。需要指出的是,莫斯可在书中还在此两种商品化形式之外论述了另外三种商品化形式——劳动的商品化、内在商品化和外在商品化。劳动的商品化①是马克思主义政治经济学十分重要的发现。劳动力的商品化也是工业资本主义经济、社会和政治体系赖以存在的前提条件,因为资本家雇佣商品化了的劳动力进行社会化大生产是资本主义生产方式的根本特征。传播政治经济学研究劳动力的商品化体现了马克思主义历史唯物主义思想的回归,它在一定意义上对西方文化马克思主义偏重文化的意识形态分析趣向而偏废政治经济分析进行了反拨,因此具有很强的批判价值。"内在商品化"在莫斯可那里指的是一种"内在过程",在这一内在的过程中"一种商品直接从创造另一种商品的过程中产生"②。举例来说,有关受众对电视节目的欢迎程度排行数据就是内在化的商品,因为它是在电视节目内容商品化的过程中衍生出来的商品,这种商品或者由大众传播媒介或者由第三方的收视率监测公司(如美国的 AC 尼尔森公司或国内的央视索福瑞这样的公司)生产和出售。"外在商品化"指的是商品化过程向社会各个层面、各个领域的蔓延与渗透,这种发展表明"商品化过程已经延伸到那些曾经倾向于按照一种不同的社会逻辑——基于普适性、平等、社会参与和公民身份(citizenship)——组织起来的场所和实践;尽管历史详尽地记载了这种社会逻辑的种种短处,它还是扩大了社会行动的基础,而现在,它正在被日益简化为一种将权利与市场权力画等号的市场逻辑"③。

应该说,上述后三种商品化形式在广告传播系统中同样存在,因此花点笔墨对它们进行分析也很有必要。但由于篇幅的均衡性要求以及本书的研

---

① 按照马克思在《资本论》中的说法,更准确地说应该是"劳动力的商品化"。这是因为,"工人出卖的并不直接是他的劳动,而是他的暂时让资本家支配的劳动力"。恩格斯也在为《资本论》所作的书评中写道:"在现代社会关系中,资本家在商品市场上找到了一种商品,这种商品具有特别的性质,这就是,它的使用是新价值的泉源,是新价值的创造。这个商品,就是劳动力。"

② 莫斯可.传播政治经济学[M].胡春阳,黄红宇,姚建华,译.上海:上海译文出版社,2013:181.

③ 莫斯可.传播政治经济学[M].胡春阳,黄红宇,姚建华,译.上海:上海译文出版社,2013:184.

究重点,笔者在下文中将只对前两种商品化形式展开论述,广告传播系统中的其余三种商品化形式有待将来进一步的研究。

(一)内容的商品化

按照莫斯可的理解,传播系统中的内容商品化指报刊信息内容、电台广播的节目内容、电视广播的节目内容、电影的内容、基于互联网传送的信息产品等,通过一定的渠道传送并销售给受众,从而完成使用价值向交换价值的转换过程。[①] 在这一过程中,受众(即消费者)为获取这些媒体内容付费,消费者购买的是信息和/或娱乐性商品,这种商品满足消费者对于信息获取和娱乐感官的需求。显然,在这一过程中,传播内容与普通商品并无二致,因此它完全可以采用马克思主义政治经济学中关于商品的生产、交换、分配和消费以及这些过程的循环与再循环概念来进行分析,揭示资本家对剩余价值的剥削。

然而,这样的分析视角并不适用于广告传播系统。因为,广告传播的内容——广告作品——并不是商品,消费者也并不会为了获取它而付费。事实上,消费者不仅不会为了观看广告内容而付费,在许多情况下,大众传播媒介还需要向消费者支付费用以换取他们的时间和注意力。显然,作为产品,广告传播的内容成为在传播给受众的过程中并未完成使用价值向交换价值的转换,未转换成商品。这是就广告内容与消费者的接触视角分析得出的结论。

现在,让我们换个视角来审视广告传播内容的商品化过程。

正如第二章中指出的那样,广告行业内部有三个主要的行为主体——广告主、广告公司、广告媒介。在这一由三主体构成的产业链中,广告主将广告传播的工作委托给广告公司执行,广告公司受广告主的委托为其开展调查、策划、设计和制作广告,广告制作完成后一般还需要经过广告主的审核,审核通过后的广告作品会由广告公司提交给签约的媒介并经由该媒介向受众传播。在这一过程中,广告公司就如同一座桥梁,它一头对接着广告主,一头对接着广告媒介。广告主和广告媒介两个主体之间一般而言并不产生直接的关系。正如马丁·迈耶描述的那样:"广告主发号施令,广告公司提建议,媒体请求发下托刊(播)单,而市调人员冷眼旁观。"[②]这是现代广告产业内部运作的基本流程,这一流程自 19 世纪 60 年代末诞生于美国以来经过不断发展

---

① 莫斯可.传播政治经济学[M].胡春阳,黄红宇,姚建华,译.上海:上海译文出版社,2013:170-174.

② 迈耶.麦迪逊大道:不可思议的美国广告业和广告人[M].刘会梁,译.海口:海南出版社,1999:16.

和完善,于 20 世纪 10 年代至 20 年代之间被最终确定下来并被沿用至今。

在广告产业运作的这一基本框架中,我们发现广告传播中内容商品化的存身之所——就处于广告主和广告公司的互动过程中。在广告主和广告公司的互动过程中,实际上有广告公司生产广告传播的内容——广告作品并将这一内容卖给广告主这一交易过程。在这一交易过程中,广告公司生产的产品——广告作品的交换价值得以实现。根据马克思主义政治经济学的分析框架,我们大致可以将这一交易过程描述为:资本家(广告公司)雇佣产业工人(广告创作人员)生产产品(凝结了价值和剩余价值的广告作品)并将这一产品卖给广告主,完成一个生产周期。经过这一生产周期,资本(G)实现增值,变成 G′,即:G—W—G′。其中,G′＝G+ΔG,即等于原预付资本额加上一个增值额。这个增殖额就是马克思称为“剩余价值”(surplus value)的东西。①因此,马克思对资本主义生产方式和基于这种生产方式之上的生产关系的分析与批判同样适用。

当然,在这一广告作品(产品)的商品化过程中,由于广告作品尚未与受众发生接触,因此,广告作品中的意义与意识形态也还不发生作用。莫斯可强调的大众传播媒介“通过制造反映了资本利益的信息等手段,扩展了商品生产的过程”②这一论断只是部分正确。广告信息只有通过大众传播媒介传播出去并与受众发生接触之后,广告作品中的意义与意识形态性才可能发生作用。③

(二)受众的商品化

大众媒介生产和出售的商品是什么？对这一问题通常的答案是媒介内容,即上文所说的报刊的信息内容、广播和电视节目内容、电影的内容、基于互联网传送的信息产品等。但是,传播政治经济学奠基人之一斯迈思却有不同的看法。他于 1977 年发表了一篇在传播政治经济学领域具有深远影响的论文——《传播:西方马克思主义中的盲点》,挑战了关于媒介内容是大众传播媒介的产品的主流看法。在斯迈思看来,大众传播媒介生产的真正商品是受众,而不是内容。由于自卢卡奇、葛兰西经由阿尔都塞、法兰克福学派理论家(他们中的杰出代表有阿多诺、霍克海默、马尔库塞、洛文塔尔)以及包括威廉斯等在内的英国文化研究派理论家们都忽略了“受众作为(大众传播媒介

①　马克思,恩格斯.马克思恩格斯选集:第 2 卷[M].中共中央马克思恩格斯列宁斯大林著作编译局,译.北京:人民出版社,2012:157.

②　莫斯可.传播政治经济学[M].胡春阳,黄红宇,姚建华,译.上海:上海译文出版社,2013:172.

③　参见第三章对广告本体中意义与意识形态问题的分析。

的)商品"这一研究视角,斯迈思因此认为它也构成西方马克思主义者对资本主义社会文化研究中的"盲点"。斯迈思写道:

> 大众传播媒介及与广告、市场调研、公共关系及产品与包装设计等相关的有关机构代表了欧洲和大西洋沿岸文化中马克思主义理论研究中的一个盲点(blindspot)。这些机构的活动与消费者意识、需求、休闲时间使用、商品拜物教、工作与异化等密切相联。正如我们将会看到的那样,当从唯物主义视角审视这些机构的时候,劳动价值理论、发行支出、"特殊商品"(劳动力)的价值、无产阶级的形式及垄断资本主义条件下的阶级斗争也会被深深地涉及。马克思主义文献明显缺乏对这些被称做"意识工业"(consciousness industry)的复杂机构之功能的唯物主义分析。①

的确,西方文化马克思主义者在批判分析发达资本主义社会有偏重文化的意识形态性而缺乏历史唯物主义的分析视角的问题。这或许是因为他们看到马克思主义经典作家在其著作中没能发展出系统的文化理论的缘故。马克思主义经典作家(马克思、恩格斯、列宁、斯大林)生活的时代是资本主义社会矛盾激化、阶级斗争异常激烈的时代,在这样的时代背景下,马克思等人将全部精力投向于对资本主义生产方式和立基于这种生产方式之上的生产关系的分析,揭露这种生产方式和生产关系中蕴含的不平等的权力关系——资本家阶级凭借手中掌握的政治资本和经济资本剥削产业工人阶级的剩余劳动。因此,经典马克思主义作家的著述体系中的核心思想始终是历史唯物主义与辩证法的有机结合。当然,这并不是说包括马克思在内的经典马克思主义作家完全忽略资本主义社会中的文化矛盾。事实上,马克思本人对文化问题也有论述,只不过这些论述散见于他对哲学、意识形态上层建筑以及经济等问题的分析和论述中,尽管这些论述还未发展成为系统的文化理论。

在马克思主义经典作家之后,以卢卡奇、葛兰西、法兰克福学派理论家、威廉斯等文化研究派的学者为代表的西方文化马克思主义者认识到马克思主义思想体系中缺乏系统的文化理论的实际情况,加强了对文化领域的研究,发展出丰富的文化马克思主义理论。卢卡奇的《历史与阶级意识》一书继承和发展了马克思在《资本论》中对商品拜物教的理论分析,在此基础上提出"物化"概念。卢卡奇对资本主义社会中社会关系的"物化"分析与马克思在

---

① SMYTHE D W. Communications:Blindspot of Western Marxism[M]//CAO J, ZHAO Y Z. The Political Economy of Communication:A Reader. Vol.1 of 2. Shanghai: Fudan University Press,2007:38-39.

《1844 年经济学哲学手稿》中提出的"异化"概念基本上如同一辙①，足见其对马克思主义思想的理解之深刻。葛兰西的"文化领导权"概念可以说是西方文化马克思主义思想中极具代表性的。所谓"文化领导权"指统治阶级不是通过物理性的物质的力量实现对社会的整合，而是通过文化、思想、意识形态的灌输来"同化"被统治阶级从而将自己的价值观普世化并进行社会整合。在卢卡奇和葛兰西之后，法兰克福学派社会批判家们对发达资本主义社会中的"文化工业"展开犀利的批判。在他们看来，"文化工业"已经成为资本主义社会的控制机制，这种控制机制麻痹了工人阶级的思想，彻底摧毁了他们对不平等的社会秩序和权力关系的反抗意志，使得"人类之间最亲密的反应都已经被彻底物化了，对他们自身来说，任何特殊的观念，现在都不过是一种极端抽象的概念：人格所能表示的，不过是龇龇牙、放放屁的煞煞气的自由"②。威廉斯曾被认为是"英语世界中最具权威、最言行一致、最有原创性的社会主义思想家"，他继承了马克思的历史唯物主义思想，在对马修·阿诺德和利维斯所主张的文化精英主义的批判过程中发展出自己的"文化唯物主义"（cultural materialism）思想。在威廉斯看来，文化就是生活方式的总和。

　　威廉斯除外，上述西方马克思主义文化理论家的著作中普遍缺乏"文化工业"的唯物主义分析视角，他们大多关注文化的意识形态分析。威廉斯可能是个例外，但即便是威廉斯，他似乎对"主义"之类阶级斗争色彩浓厚的概念也态度暧昧。相比之下，威廉斯更重视"实践"，这也使得他的研究带有相当的文化人类学的色彩。因此之故，当斯迈思指出文化马克思主义者在开展

---

　　①　严格地说，卢卡奇的"物化"（Verdinglichung）概念与马克思和恩格斯在《德意志意识形态》中提出的"异化"（alienation）概念尽管有紧密的联系，但二者还是有严格的区分。简单地说，"物化"意指这样一种过程，在此过程中人与人的社会关系被人与物和物与物之间的关系所掩盖了。正如卢卡奇指出的那样："笼罩在资本主义社会一切现象上的拜物教假象成功地掩盖了现实，而且被掩盖的不仅是现象的历史的，即过渡的、暂时的性质。这种掩盖之所以可能，是因为在资本主义社会中人的环境，尤其是经济范畴，以对象性形式直接地和必然地呈现在他的面前，对象性形式掩盖了它们是人和人之间的关系的范畴这一事实。它们表现为物以及物和物之间的关系。"卢卡奇.历史与阶级意识：关于马克思主义辩证法的研究[M].杜章智,任立,燕宏远,译.北京：商务印书馆,2009:64."异化"在马克思和恩格斯那里，指的是工人的劳动及由这种劳动所创造出的产品成为相对于工人而言的"异己的存在"，"劳动所生产的对象，即劳动的产品，作为一种**异己的存在物**，作为**不依赖于生产者的力量**，同劳动相对立。"马克思进而指出，"人同自己的劳动产品、自己的生命活动、自己的类本质相异化的直接结果就是**人同人相异化**。"黑体为原文所加。在《历史与阶级意识》中，卢卡奇是在同一意义上使用"物化"与"异化"的概念的，但无论在社会中还是在概念上，两者都不尽相同。

　　②　霍克海默,阿道尔诺.启蒙辩证法：哲学断片[M].渠敬东,曹卫东,译.上海：上海人民出版社,2006:151.

媒介研究时普遍注重文化意识形态的功能而忽略大众传播媒介服务资本主义的经济功能时(斯迈思所说的"盲点"),无论是在传播学界,还是在整个西方学术界,都引起不小的争议。抛开这些不谈,对于本书研究主题而言,斯迈思的"盲点"理论对于我们理解广告传播中的受众商品化现象至关重要。

大众传播媒介是如何服务于资本主义经济的呢,我们又如何在对大众传播媒介的分析中消除斯迈思所谓的"盲点"而实现意识形态分析与唯物主义经济分析的双向平衡呢?让我们还是先回到斯迈思那里寻找答案。斯迈思认为,在资本主义社会中,大众传播媒介不仅具有文化意识形态的功能,它还具有服务资本主义的经济功能。大众传播媒介这种经济功能通过制造"作为商品的受众"(audience as commodity)而发挥。斯迈思写道:

> 针对垄断资本主义条件下由得到了广告支持、大量生产的传播系统所产生出的商品形式是什么的问题,我在这里提出一种唯物主义的回应:这就是受众和读者(为了方便起见以下称为受众)。垄断资本主义条件下的物质现实就是:绝大多数人的非睡眠时间都是工作时间。这种工作时间被用于一般商品(在这里,人们因为工作和作为受众的成员而获得报酬)以及劳动力的生产与再生产(对劳动力的付酬被归入了他们的收入之中)。在下班后的工作时间中,最大的一部分是被出售给广告商的"受众时间"(time of the audiences)。但是这些"受众时间"不是由工人们自己出售的,而是由大众传播媒介出售的。谁生产了这一商品?是大众传播媒介。大众传播媒介通过或显明或隐蔽的广告及"节目"内容(这些领域预先就占据了资产阶级传播理论家们的头脑)做到了这一点。[1]

在斯迈思看来,发达资本主义社会中大众传播媒介生产的产品是受众,由这些大众传播媒介生产出来的媒介内容的本质又是什么呢?这是我们不得不关心的一个问题。斯迈思对此进而分析道:

> 在垄断资本主义条件下,从经济的角度来看大众媒介的内容的本质是什么呢?传送给受众的信息、娱乐与"教育性"节目内容只是一种用来招徕受众和维持他们的忠诚度的吸引物(礼物、贿赂或"免费午餐"[2])。这就好比旧时的沙龙或鸡尾酒酒吧中向顾客提供的免费午餐一样:免费午餐中含有用来刺激受众胃口的内容,以便:(1)吸引和保持让他们观看

---

① SMYTHE D W. Communications:Blindspot of Western Marxism[M]//CAO J, ZHAO Y Z. The Political Economy of Communication:A Reader. Vol.1 of 2. Shanghai: Fudan University Press,2007:39-40. 着重号为笔者所加。

② 关于大众媒介的内容是一种"免费午餐"的说法最早见于美国记者李布林的作品,他在1961年出版的《新闻界》(*The Press*)一书中首先提出这一说法。

(电视)节目、阅读报纸或杂志；(2)培养一种有利于显明的或不显明的广
告信息的情绪。①

在斯迈思看来，正是因为有了广告的支持，大众传播媒介才将广大的受
众转变成商品，这种商品与其他普通商品一样，被生产它的资本家(大众传播
媒介)卖给广告商，实现剩余价值和资本的增值。在这一过程中，为了吸引受
众关注广告以便说服广告商购买其时间(广播和电视媒介)和空间(如印刷媒
介)或时间与空间的组合(如互联网)从而实现受众商品化，大众传播媒介还
精心地为受众准备了丰盛的"免费午餐"——媒介内容。

根据上述斯迈思的分析，受众的商品化对于广告传播系统的正常运转至
关重要。不能购买到受众这种特殊的商品，广告商就不会将大笔的金钱投给
大众传播媒介以支持其发展。这势必导致两种截然不同的结果，一是大众传
播媒介因得不到广告商的支持而倒闭；二是大众传播媒介不得不重回内容商
品化的老路，通过提高媒介内容商品的价格来维持自身的生存。前一种结果
的可能性不大，最有可能出现的结果是后一种。这里，我们发现了现代社会
中大众传播媒介系统中的悖论——受众要么被迫为获得信息和娱乐节目而
支付更多的金钱，要么接受自身的商品化去换取"免费午餐"。实际情况却
是，受众并无选择权。他们只能被动地被裹挟进商业化的现代传播系统中，
默默地而又不自觉地沦落为现代传播系统中的商品，在大众传播媒介和广告
商之间被买来卖去，卖来买去。这或许就是马克斯·韦伯所说的资本主义现
代性的"铁笼"效应和现代人的宿命，更是马克思所说的人的"异化"。正如斯
迈思总结的那样，发达资本主义社会中受广告支持的大众传播媒介使得作为
商品的受众发生三种异化。第一种异化是受众在工作中即与其劳作的结果
的异化；第二种异化是受众与他们参与向自己推销的"一般商品"
(commodities-in-general)之间的异化；第三种异化则是受众与他们及他们的
后代的劳动力的生产与再生产之间的异化。②

内容的商品化和受众的商品化是广告政治经济学中两种客观存在的现
象，对它们的研究构成广告政治经济学中商品化研究的两个核心面向，强调
其中一种而拒斥另外一种的观点和做法都不可取。这两股广告政治经济学

---

①　SMYTHE D W. Communications：Blindspot of Western Marxism[M]//CAO J，
ZHAO Y Z. The Political Economy of Communication：A Reader. Vol.1 of 2. Shanghai：
Fudan University Press，2007：41.

②　SMYTHE D W. Communications：Blindspot of Western Marxism[M]//CAO J，
ZHAO Y Z. The Political Economy of Communication：A Reader. Vol.1 of 2. Shanghai：
Fudan University Press，2007：53.

中的商品化倾向在当代中国的传播系统中同样存在,只不过在一些情况下内容的商品化表现得更为明显,而在另一些情况下,受众的商品化表现得更为彰明较著罢了。对于一些严肃性的报刊,比如《人民日报》,由于更依靠发行及来自国家财政支持的收入,对广告的依赖程度并不是很高,因此对这类报刊而言,内容的商品化更为明显。① 对于过于依赖广告的商业性媒体(这类媒体有越来越多的趋势)来说,由于它们很少收取订阅费,有些甚至完全免费赠阅,受众的商品化特征更为显明。

二、空间化

(一)空间化的概念及其演变

"空间化"(spatialization)这一概念最早见于西方马克思主义社会理论家亨利·列斐伏尔的著作。列斐伏尔在其 1979 年发表的论文《空间:社会产品与使用价值》(*Space:Social Product and Use Value*)一文中使用这一术语。在列斐伏尔那里,空间化意指这样一种过程,在这一过程中,社会生活中空间和时间的限制被突破。空间化对于传播政治经济学的研究具有特殊的重要意义。一方面,传播是空间化的主要手段,另一方面,随着人类社会空间化的发展,传播的重要性会不断加强。

这使我们想起马克思资本主义就是要"用时间消灭空间"的著名论断。在马克思看来,资本主义的扩张本性必然要求突破国界的限制而将其触角伸向世界的每一个角落。马克思和恩格斯在《共产党宣言》中说:"资产阶级除非对生产工具,从而对生产关系,从而对全部社会关系不断地进行革命,否则就不能生存下去……不断扩大产品销路的需要,驱使资产阶级奔走于全球各地。它必须到处落户,到处开发,到处建立联系。"②科技的进步,尤其是现代

---

① 《人民日报》的情况较为特殊,作为中国共产党中央委员会机关报和中国第一大报,其主要收入来自国家财政。另外,发行收入由于其发行量巨大(目前已逾315万份)也十分可观。《人民日报》的广告收入目前维持在每年1亿多元的水平,位列财政收入之后、发行收入之前。据对《人民日报》广告部朴俊丽博士的采访,采访日期2014—11—20。

② 马克思,恩格斯.马克思恩格斯选集:第1卷[M].中共中央马克思恩格斯列宁斯大林著作编译局,译.北京:人民出版社,2012:403,404. 在这一问题上,恩格斯在对19世纪英国工人阶级状况的调查研究中也表达了与马克思完全一致的观点,他写道:"资本主义生产是不可能稳定不变的,它必须增长或扩大,否则必定死亡。"在马克思和恩格斯之后,沃勒斯坦显然是继承马克思和恩格斯对这一问题的看法,他指出:"资本绝不会让民族国家的边界来限定自己的扩张欲望"。

通讯和运输技术的进步,为资本主义在全球的扩张提供了技术上和物质上的支撑。现代化的交通运输工具缩短了货物在地理上相距遥远的两地之间的流通时间,这相当于压缩了两地之间的时空距离。现代化的通讯技术(特别是无线电通讯技术)的出现使得马克思所说社会"交往"的便利性大为改善。无线电波以每秒钟绕地球跑七圈半的速度将世界各地的人紧密地联系在一起。基于无线电波的电报、广播以及卫星电视等通讯手段的应用在一定意义上实现麦克卢汉所说的"人的延伸",随着互联网技术的发展和应用的普及,麦克卢汉曾经预言的"地球村"①已成为现实。

随着人类交往能力的增强,空间化的进程也在不断加快。政治经济学对空间化的关注由来已久,但关注的视角却不尽相同。如我们上文所指出的那样,马克思对空间化的看法与缩短两地之间货物运输所需时间密切相关。而在马克思之前的古典政治经济学家如亚当·斯密和大卫·李嘉图等人看来,空间化意味着"如何测量土地和劳动时间的价值以及如何理解市场的空间扩张和劳动分工之间的关系"②,这与马克思对空间化背后的资本权力的关注与分析相去甚远。加拿大政治经济学家哈罗德·英尼斯继承了马克思对空间化中权力问题的关注,他的《帝国与传播》(Empire and Communications)一书中曾试图将各种不同的媒介形式以及它们对于时间和空间的压缩程度与权力结构联系起来考察。因尼斯对"传播的偏向"问题的考察对于我们理解空间化的概念也很有帮助。在因尼斯看来,不同的媒介具有不同的时间与空间属性,有的媒介具有时间偏向的属性,有些媒介则具有空间偏向的属性。他还通过对人类文明发展史的考察来证明媒介的时空偏向与社会的发展有紧密的联系,并据此认为"也许可以假定,一种媒介经过长期使用之后,可能会在一定程度上决定它传播的知识的特征。也许可以说,它无孔不入的影响创造出来的文明,最终难以保存其活力和灵活性。也许还可以说,一种新媒介的长处,将导致一种新文明的产生"③。

---

① 事实上,麦克卢汉后来对他的"地球村"概念又重新进行思考,他认为现代传播技术对时空的压缩程度甚至超越"地球村"这一概念所能传达的意蕴。麦克卢汉进而提出"地球房"的概念,他在1974年接受的一次采访中说:"由于是以光速传递,所以地球上的所有事件都是同时发生。在信息的电子环境中,所有事件都是同时发生。没有任何时间或空间将事件分隔……空间的缺乏使人想到村庄的概念。但是实际上,这个以光速沟通的星球并不比我们所处的房间大多少。就时间和经过编程的事件发生的速度而言,它们彼此迅速碰撞,以致就连一个村子用作比较对象也嫌太大。"

② 莫斯可.传播政治经济学[M].胡春阳,黄红宇,姚建华,译.上海:上海译文出版社,2013:202.

③ 伊尼斯.传播的偏向[M].何道宽,译.北京:中国人民大学出版社,2003:28.

在对空间化概念的讨论中,英国社会学家安东尼·吉登斯和政治经济学家戴维·哈维分别提出一个十分相似的概念——"时—空伸延"(time-space distanciation)和"时—空压缩"(time-space compression)。吉登斯使用时—空伸延这一概念来探讨时间和空间在资本主义现代性盛期的重要性的减弱,哈维则使用时空压缩的概念来描述政治经济学领域中时间和空间对于人们的限制能力的降低①。这两人的时空观对于我们理解广告传播系统中的空间化问题很有帮助,正是随着空间化的发展,广告才有可能在全球范围内自由流动,实现传播与影响力的无远弗届。

而在《全球经济与国际电信网络》一文中,美国传播学者哈米特·索尼则考察了现代传播技术的发展是如何催生出"电子帝国主义"的问题。索尼指出,在13世纪,世界存在着多个权力中心——中国、埃及、印度、意大利、伊拉克,它们"控制着权力分散的贸易路线"②。到了十四十五世纪,随着以葡萄牙、西班牙、荷兰、英国和法国等为代表的西方列强的崛起,原本多极的世界格局为以西欧尤其是英国为中心的单极世界格局所取代,一个以伦敦为中心向世界各地伸展的信息流动网络逐渐形成。进入现代,经过两次世界大战战火的摧残,欧洲主导的单极世界格局崩塌了,美国则凭借其独特的地理位置得以避免战争的破坏而迅速发展成为新的世界权力中心。值得注意的是,美国的全球霸权固然有硬实力的支撑,但其软实力,亦即"文化霸权"的作用愈来愈突出。美国制造和传播着全世界绝大多数的信息产品,这种"单向流动"的传播格局正引起越来越多的学者的关注,因为这种格局已经构成新的帝国主义形式,即索尼所说的"电子帝国主义"。索尼对电子帝国主义背后的权力关系提出的质问是:"当只有一小撮人拥有扬声器的时候,言论自由有什么益处呢?当我们考察全球现状的时候,我们能够提出同样的问题:当只有一小撮国家拥有扬声器的时候,信息的自由流动又有什么益处呢?"③

(二)企业集中与广告传播的制度性延伸

在政治经济学中,空间化研究关注的焦点问题是公司组织的活动在地理上和制度上的延伸。比如,微软公司的生产和经营活动超越美国本土的疆界而延伸到欧洲、中国和日本等国家和地区。与这种公司活动在地理上的延伸伴随的必然现象是,微软公司的企业经营性制度——一种烙上现代资本主义生产关系特征的公司制度——也延伸到美国以外的国家和地区。与此相类

---

① HARVEY D. The Condition of Postmodernity[M]. Oxford:Blackwell, 1990:260-307.
② 伽摩利珀.全球传播[M].尹宏毅,译.北京:清华大学出版社,2008:24.
③ 伽摩利珀.全球传播[M].尹宏毅,译.北京:清华大学出版社,2008:29.

似,在传播政治经济学的空间化研究中,"传播产业中企业权力的制度性延伸"(the institutional extension of corporate power in the communication industry)①受到特别的关注。具体而言,这牵涉对传播媒介公司规模的不断增长——如资产规模、营业收入、利润水平、雇佣人员的数量以及其在股票市场中的市值等的研究,牵涉这种增长背后带来的公司权力与影响力的增强等的研究。考虑到本书研究主题,笔者在下文中将把研究的方向对准广告传播公司在全球化扩张过程中因规模的增长而获得的权力的增长以及这种增长带来的经济、社会和文化影响。显然,在这些影响的背后,是现代广告传播在全球范围内的制度性延伸。

正如政治经济学研究关注现代资本主义经济体系中企业集中(corporate concentration)的各种形式以及其他各种企业用来增强自身支配市场能力的途径与方式一样,研究国际性广告公司集中化现象对于我们的考察主题也十分关键。

20 世纪末和 21 世纪初,国际广告行业掀起一股并购和资源重组的狂潮,经过这一波狂潮的洗礼,国际广告领域中出现五大广告巨头。从截至 2012 年 7 月这些国际广告巨头在全球范围的营收看,它们的座次依次为:WPP 集团、奥姆尼康(Omnicom)集团、阳狮集团(Publicis Groupe)、Interpublic 集团(Interpublic Group),以及日本电通集团(Dentsu)。这五大广告巨头占据世界广告市场 90% 以上的份额。审视这些广告公司集团的成长历程的时候,会发现它们无一例外都是通过一系列令人眼花缭乱的并购、合并、重组而走到今天这一步的(有关近十年来发生在国际广告业的大宗并购案参见图 5.1)。以世界排名第二的奥姆尼康公司为例,该集团成立于 1986 年,在其成长过程中曾先后并购包括天联广告(BBDO)、恒美广告(DDB)、李岱艾(TBWA)等在内的三大全球性广告公司。在美国国内,奥姆尼康旗下还运营着一些大多是并购而来的全国性广告公司,它们中包括:Arnell、Goodby、Silverstein & Partners、GSD&M、Martin｜Williams、Merkley＋Partners,以及 Zimmerman Partners 等。奥姆尼康集团坚持"多元化的代理服务"策略,在世界范围内运营着 100 多家的多业务类型的子公司,它们向客户提供包括直复营销/咨询、公共关系、促销以及其他各种专业服务。此外,奥姆尼康集团旗下还运营着一家领先的媒体代理/购买公司——奥姆尼康媒体集团(OMG)。OMG 旗下有两家全业务的媒体服务公司——OMD Worldwide 和 PHD Network,此外它还经营着多家专业性的媒体服务公司。奥姆尼康集团是全业务的营销传

---

①　MOSCO V. The Political Economy of Communication:Rethinking and Renewal. London:Sage,1996:175.

播集团公司,业务涵盖广告、营销服务、专门性传播服务、交互/数字媒体及媒体采购服务等众多领域。截至 2014 年 9 月 30 日,奥姆尼康集团在 2014 年前 9 个月中实现营业收入总计 111. 227 亿美元,比 2013 年同比增长 5. 7%。①

我们再来看一下排名第五的电通。该公司最近的一次巨额并购案曾震动了整个国际广告界,这就是其 2012 年 7 月对 Aegis 集团的并购。并购使得新的电通集团在全球的营收总额上升到 58. 9 亿美元,仅次于排名第四的阳狮集团的 70 亿美元,并进一步拉大与排名第六的法国哈瓦斯(Havas)集团的距离,后者的全球营收总额截至 2012 年 7 月为 22. 9 亿美元。②

表 5.1　2000—2012 年广告公司业重大并购案一览(按并购金额大小排序)

年份	并购者	被并购者	并购价格(美元)
2012	Dentsu	Aegis Group	49 亿
2000	WPP	Young & Rubicam	47 亿
2002	Publicis Groupe	Bcom3 Group (parent of Leo Burnett, Starcom Mediawest Group and 49% of B &H)	22 亿
2000	Havas	Snyder Communications (parent of Arnold Worldwide)	19 亿
2000	Publicis Groupe	Saatchi & Saatchi	19 亿
2005	WPP	Grey Global Group	17. 5 亿
2001	Interpublic Group of Companies	True North Communications (which included FCB Bozll and R/GAa	16 亿
2007	Publicis Grupe	Digitas	13 亿

资料来源:PAREKH R,PATEL K.Not the'Big Four' Holding Firms in Adland Anymore: Now It's the Big Five[EB/OL].[2014-12-14].http://adage.com/article/agency-news/big-holding-firms-adland-anymore-big/236001.

我们发现,在奥姆尼康的整合过程中,既有横向的集中,如对天联、横美、

---

① OMNICOMGROUP. Omnicom Group Reports Third Quarter and Year-To-Date 2014 Results[EB/OL]. [2014-10-23]. http://s2. q4cdn. com/400719266/files/doc _ financials/quarterly/130583253178776032.pdf.OMNICOMGROUP (2014b).Third Quarter 2014 Results|Investor Presentation[EB/OL]. [2014-10-23].http://s2.q4cdn.com/400719266/files/doc_financials/quarterly/130583662677406570. pdf.

② PAREKH R,PATEL K. Not the'Big Four' Holding Firms in Adland Anymore: Now It's the Big Five[EB/OL].[2014-12-14].http://adage.com/article/agency-news/big-holding-firms-adland-anymore-big/236001.

李岱艾的并购与整合,也有纵向的集中,如对 OMD Worldwide 和 PHD Network 两家媒介采购/服务公司的并购与整合。在纵向和横向两个方向上的集中不仅扩展了集团的业务范围,也增强了集团抵御市场风险的能力。类似的企业集中现象在 WPP 和 Interpublic 等国际广告集团公司的成长历程中同样存在。不过,对于本书而言,与其说我们关注这些集中形式不如说我们更关注这些集中所产生的企业"所有权"(ownership)问题,因为"所有权的集中限制了生产者和销售者,进而限制了传播的和信息的流通"①。

以上五大国际性广告公司集团通过多年的合纵连横,逐渐地将市场上较小的广告公司揽入麾下,实现了自身所谓的做大做强。这当然是受工具理性价值观的指导,换句话说,在这些行动的背后是"经济人"思想的理性计算。但是,这样的行业整合是否符合客户、市场、国民经济,乃至整个人类经济、社会和文化发展的长远利益呢?这是一个需要仔细辨析的问题。从一定的层面来看,企业集中有助于广告行业内部的工作流程优化,有助于整合后的广告集团更好地服务客户,为客户提供更全面、更周到的服务;或许也有助于整个广告产业经济规模的发展。但这只是硬币的一面。在硬币的另一面,我们会看到这样的整合事实上减少了市场中的玩家,使得自由竞争这一现代资本主义自由经济所一直崇尚的信条受到威胁。整合实际上是通过垄断来减少甚至消灭竞争。国际性广告公司不遗余力地推进市场整合的目的实际上是为了将市场中的定价、分销、资源分配等的权力更好地掌握在自己的手中。新自由主义经济学虽然也承认这一点,但却避重就轻地过分夸大了这种市场整合的合理性。

而在另一方面,发生在国际广告行业的这种整合现象在客观上减少了广告文化的多样性。由于玩家的减少,原本市场上流派纷呈、风格各异的广告实施策略已经难觅踪影。我们知道,现代广告的发展史上曾经一直有科学派和艺术派之争。前者以美国人克劳德·霍普金斯、罗瑟·瑞夫斯等为代表,特别是霍普金斯,他出版《科学的广告》一书吹响广告科学化进程的号角;后者以威廉·伯恩巴克、李奥·贝纳、詹姆斯·韦伯·扬和乔治·路易斯等为代表,他们的基本观点就是:广告是一种说服,说服就是一种艺术而非科学。广告大师奥格威的对此的态度则似乎有些暧昧,他一方面强调广告的科学性(奥格威十分重视市场调查),另一方面也十分重视广告的艺术表达。但总体而言,人们还是愿意将奥格威归入科学派之列。进入 20 世纪末,人们对广告的科学性和艺术性之争似乎不再感兴趣,其中的一个重要原因就是发生在国

<hr>

① 莫斯可.传播政治经济学[M].胡春阳,黄红宇,姚建华,译.上海:上海译文出版社,2013:208.

际广告市场中的"企业集中"使得不同的话语越来越少,广告文化的多样性受到遏制和削弱,如果说有风格的一致性,恐怕那也是科学的广告的胜利。当然,我们发现类似贝纳通公司和台湾中兴百货广告那种后现代主义风格十足的广告作品也在努力争取话语权,但总体而言它们依旧是作为科学的广告的陪衬者而存在。

换个角度审视发生在国际广告行业中的这种集中现象就会发现,这五大广告集团,除了电通的总部在日本之外,其余四个玩家的总部都设在欧美,且四个之中有两个设在美国(奥姆尼康、Interpublic),一个设在法国(Publicis Groupe),一个设在英国(WPP)。这里,我们可以清楚地看到"欧美中心主义"的影子。"欧洲中心主义"(当然,以现在的世界格局来看,将之称为"欧美中心主义"似乎更为合宜)是现代性四个世纪多的演变历程中争执颇多的一个学术话题,它大致指世界权力配置从欧洲向世界边缘伸延的过程,这种伸延不仅是经济和政治上,也是文化上的。欧洲中心主义通过将欧洲以外建构成"客体"和"他者"而试图掌握世界的话语权。欧洲中心主义在爱德华·赛义那里被阐释成"东方主义"(Orientalism)。赛义的所谓东方主义其实考察的是西方相对于西方以外地区的权力支配关系,这种权力支配关系可以解释西方人那种深入骨髓的优越感。赛义写道:

> 思想、文化和历史,如果不对它们的势力,或更加准确地说如果不对它们的权力配置一并加以研究的话,是无法进行准确理解或者严肃研究的。认为东方是人为创造出来的,或者用我的话说,东方是被"东方化"(Orientalized)的东西,认为事情之所以发生完全是由于想象的需要,就显得缺乏真诚了。西方与东方之间的关系是一种权力关系、一种统治关系、一种包含了程度不同的复杂的霸权的关系……①

赛义的东方主义考察的更多是西方相对于其他地区的文化霸权,从这一点来看,赛义的学术思想是受葛兰西的"文化领导权"思想的影响,只不过是葛兰西用文化领导权理论解释西方发达资本主义国家内部的阶级斗争在文化领域的反映,赛义则将这一思想用于研究西方与东方的文化建构关系。

其实,无论是欧洲中心主义,还是电子帝国主义,抑或文化帝国主义,它们都揭示了这样一个问题:在西方国家相对于第三世界国家和地区的政治和经济支配权之外,文化领域的这种支配权尤其值得人们的关注。就本文的研究对象广告而言,它当然具有政治的和经济的属性,但在当代语境下,其文化属性的重要性更为突出。近20多年来发生在国际广告领域的企业集中现象

---

① SAID E W. Orientalism[M]. New York:Vintage Books,1978:5.

的背后,除了政治和经济的因素之外,文化的因素尤为重要。国际性广告巨头借助第三世界国家广告公司难以企及的经济资本的支持而得以在世界各地开展业务,传播反映西方价值观和审美文化的广告信息。这种信息从西方向世界"边缘"地区单向流动的现象本身就存在着权力的不平等性。① 仅从西方和西方以外地区之间这种信息的不对等流动的现实来看,后殖民主义并未过时。

(三)空间化与国际广告

在广告传播系统的空间化发展进程中,国际广告是一个特别引人关注的问题,因为它不仅是广告传播系统空间化的直接结果,更是广告传播系统空间化的主要的内驱力。那么,什么是国际广告呢? 陈书杰认为,"国际广告传播是指广告主为了树立国际品牌形象、扩大产品或服务的销售,面向不同国家的受众,运用国际性的传播媒介或当地的媒介所进行的广告宣传活动"。② 比如,总部设在美国的宝洁公司为了开拓中国市场,通过其广告代理商设计、制作和面向中国市场的消费者传播其广告信息,就是典型的国际广告传播活动。这种传播活动通常情况下是通过中国国内的大众媒体进行传播的。在《广告:原理与实践》(*Advertising : Principles and Practice*)一书中,威廉·威尔斯、桑德拉·莫里亚蒂和约翰·本尼特认为国际广告意指"指向多个国家的广告活动的协同和执行"③。正如丁俊杰和康瑾指出的那样,"实施国际广告的目的是为了促进同一产品在不同国家和文化背景下的销售,由于涉及多个国家、多种文化和不同的市场状况,国际广告运作中的主要挑战便是决定在何种程度上保持品牌和广告诉求在全球范围内的一致性,在何种程度上适应当地的文化传统和顾客需求以及如何在多个市场上有计划地、高效地发布广告"④。值得注意的是,丁俊杰和康瑾在这里指出国际广告实施过程中的两个关键问题——标准化策略和本地化策略。所谓标准化策略指广告主在全球市场上坚持统一的广告主题,采用统一的广告创意,实施统一的传播策略;所谓本地化策略指的是广告主针对不同的目标市场采取针对性的广告传播策略,根据这种策略,广告主题、创意表现、媒介排期和媒介载具的选择等

---

① 裴卓奇尼和基巴提的相关研究发现,"从美国到加纳的(信息)传输量是从加纳到美国传输量的两倍"。

② 陈书杰.国际广告传播策略及其影响因素分析[J].重庆工商大学学报:社会科学版,2011,28(5):131-135.

③ WELLS W.D.,MORIARTY S.and BURNETT J.Advertising:Principles and Practice[M].NJ:Prentice Hall,2005.

④ 丁俊杰,康瑾.现代广告通论:第2版[M].北京:中国传媒大学出版社,2007:314.

等都可能不同。① 事实上,在国际广告界,乃至整个国际营销界,标准化还是本地化都一直是颇具争议的话题,这一话题到后来演变成看似颇具东方中庸哲学意味的"全球化思考,本土化执行"策略,为这一话题暂时性地划上一个休止符。

当然,对国际广告的这种所谓策略性的研究不是本书的考查重点。我们关心的是:在国际广告的背后蕴含着怎样的权力关系,这种权力关系又是怎样运行的?

政治经济学研究的主要特征就是强调历史的、宏观的观照问题的视角。对国际广告的分析同样应遵循这样的原则。从这一视角出发,我们会发现国际广告的兴起是以全球化(globalization)为背景的。全球化是资本主义在全球扩张的一个伴随现象,伴随着资本主义的扩张,世界各地域的民族与国家彼此发生前所未有的紧密关联,这种关联不仅是经济上的,也是政治上的和文化上的。关联的发展结果是世界各国之间相互依赖性的增强,使得在一个国家发生的事情会对另一个国家产生影响。举个显而易见的例子,中东石油市场的价格波动会影响包括中国、美国、欧洲国家乃至世界各国的经济运行。这是就经济层面而言,政治层面上,每四年一次的美国总统选举会引起世界各国的密切关注,选举的结果会对各个国家和组织的政治选择尤其是外交政策的制定和选择产生影响。文化层面上同样如此。每当有好莱坞大片问世便会引起世界各国和地区广大影迷的关注,美国歌星迈克尔·杰克逊的去世甚至会引起中国歌迷的感伤。

学界对全球化问题的关注与研究由来已久。普遍的看法是,全球化是现代性发展的直接结果。尽管人类为了追求现代性过程而付出的成本远远不是全球化所能涵概②,但它却为我们思考空间化与国际广告提供了极佳的视角。从经济的维度来看,全球化是公司资本主义在全球扩张的过程。资本主

---

　　① 黄升民和段晶晶在《广告策划》一书中曾就如何有效地开展广告调查,如何确定广告策略和表现策略,如何选择媒介排期和媒介载具,如何确定广告预算和控制广告传播效果等问题有过十分详尽的论述。该书对于广告从业人员如何做好广告具有很强的参考价值。黄升民,段晶晶.广告策划[M].北京:中国传媒大学出版社,2013.

　　② 20世纪三位社会学大师——卡尔·马克思、马克斯·韦伯、埃米尔·涂尔干都曾对深入地思考过现代性的问题。马克思从"资本主义"的视角思考了现代性的过程,认为现代性的过程的一个严重的后果就是"异化"——人与人、人与自己的类本质的异化;韦伯从"理性化"的视角考察了现代性过程,他认为现代性让人类付出的成本就是工具理性的"钢铁般坚硬的外壳";涂尔干从"工业主义"的视角考察现代性过程,他认为现代性的成本是社会的"失序"(anomie)。吉登斯.资本主义与现代社会理论:对马克思、涂尔干和韦伯著作的分析[M].郭忠华,潘华凌,译.上海:上海译文出版社,2013;郭忠华.现代性、全球化与社会模式的重建[N].社会科学报,2008-02-14(1).

义具有内在的扩张冲动,这一冲动从十五十六世纪的航海大发现开始即已充分显示出来。进入十八十九世纪,资本主义世界的头号强国英国将这种扩张冲动进一步演变成对第三世界国家的武力占领和掠夺。在东方,亚细亚式的生产方式被英国殖民者带来的工业资本主义的生产方式彻底打败,英国人掌控的东印度公司成为英国掠夺和奴役东方民族的桥头堡。与此同时,法国、德国、西班牙、荷兰、美国、葡萄牙等西方资本主义强国也加紧对包括亚洲、非洲、拉丁美洲国家的殖民掠夺。这种殖民掠夺都以武力的形式开始,继而是以公司资本主义为代表的经济掠夺。在政治和经济掠夺之外,文化层面的侵略紧随其后。西方工业列强借助自己掌握的强大的文化话语权将西方以外的地区的文化描述为野蛮的、落后的、"他者的"文化,是需要西方文化加以改造的文化,加紧在意识形态上同化和奴役第三世界国家的人民。进入20世纪后半叶,赤裸裸的武力侵略和经济掠夺为更为隐蔽的文化侵略所取代,这种文化侵略有时也被称为"文化帝国主义"①。

至此,我们便将国际广告和全球化及文化帝国主义联系在一起,为我们考察国际广告背后的权力关系及其运行机制拓宽了视角。

那么,什么是权力呢?简单地说,权力就是我能影响你而你却不能影响我,或者我能影响你的能力大于你能影响我的能力。这里包含着多维度的考量,既有经济的维度,也有政治的维度和文化的维度,而且在现实运行中,这些维度往往是交融互渗在一起的。从布尔迪厄的观点来看,就是经济资本、文化资本、社会资本等不同的资本形式之间存在相互转换的通道,尽管它们三者中经济资本仍旧处在支配性的地位——"经济资本处于所有其他资本类

① 在对待"文化帝国主义"的态度方面,西方学者基本上分为两个阵营。一派以传播政治经济学奠基人之一的赫伯特·席勒等为代表,他们对文化帝国主义的霸权行为持激烈的批评态度。SCHILLER H. 'Not Yet the Postimperialist Era'[M]//CAO J, ZHAO Y Z. The Political Economy of Communication: A Reader. Vol.1 of 2. Shanghai: Fudan University Press, 2007:249-263; SCHILLER H. Information Inequality:The Deepening Social Crisis in America[M]. New York:Routledge, 1996. 另一派以英国学者约翰·汤林森等为代表,他们更多地认为文化帝国主义就其本质而言,只不过是(资本主义)现代性的一种自然的扩散;而随着现代性在晚期资本主义的时代背景下向后现代性的过渡,"后现代景观"将是世界的文化宿命(cultural fate)。汤林森.文化帝国主义[M].冯建三,译.上海:上海人民出版社,1999. 如果说这两个阵营之间有什么共同点的话,那就是:它们都认为文化帝国主义在相当程度上可以等同于"媒介帝国主义"(media imperialism)。

型的最根本处"①。

　　国际广告中真切地体现这种权力关系②。公司资本主义通过国际广告的传播活动在向第三世界国家推销商品的同时向这些国家的人民推销消费主义的意识形态,掠夺他们的财富的同时同化他们的思想,破坏和颠覆他们传统的民族文化。第三世界国家却没有能力对西方国家做同样的事。公司资本主义对第三世界国家的这种予取予夺的影响力当然是一种权力关系,这种权力关系根据马克思主义的历史唯物主义思想和这一思想的继承者布尔迪尔的社会理论来看,根植于西方国家的经济资本。西方国家凭借手中掌握的强大的经济资本以及建基于这种资本之上的政治优势和文化霸权可以随心所欲地在第三世界国家予取予夺,将这些在它们看来属于野蛮和落后的"他者"同化进西方的价值体系,从而继续推行它们的(后)殖民主义扩张。从麦当劳、家乐福、星巴克,到迪斯尼、好莱坞、CNN、BBC、微软、谷歌……从这些公司资本主义的急先锋在世界各地的"出色表现"中,我们可以清楚地看到这种失衡的权力关系。正如赫伯特·席勒指出的那样,在当代,西方发达国家和第三世界国家之间这种失衡的权力关系以及由这种失衡的权力关系造成的对第三世界国家的无形的控制形式更多地通过文化帝国主义的形式来实现,尽管其根源仍旧需要到经济结构——资产的所有权和基本资源的配给权——之中去寻找。席勒指出,在晚期资本主义社会中,经济权力已更多地通过文化权力的形式表现出来,包括电影、电视、广播、广告、音乐、教育、主题公园等在内的各种形式的"意识工业"越来越成为社会控制的支配性力量。因此,"信息与影像(image)流动的特性与品质(character and quality)将是未来争夺的关键领域。文化、传媒以及信息问题已经是,将更加是社会斗争的中心"③。

---

　　①　布尔迪尔在《资本的形式》一文中对这一问题做了清晰的阐明。在布尔迪厄看来,尽管各种形式的资本之间是可以相互转化的,但并不是在所有方向上这种转化的难易程度均一致。相比之下,经济资本似乎更容易转化为文化资本和社会资本而不是相反;文化资本和社会资本之间的联系相较于它们与经济资本之间的联系更为密切,因此二者之间的相互转化也更为容易。BOURDIEU,P.The Forms of Capital[M]//RICHARDSON,J.(ed.) Handbook of Theory and Research for the Sociology of Education,New York:Greenwood,1986:241-258.

　　②　对于如何消解国际广告传播中的这种失衡的权力关系,张殿元认为可以从三个方面加以努力,这三个方面是:(1)认清国际广告散布的语义迷思;(2)发展本土广告业抢占国际传播空间;(3)坚持"和而不同"的文化态度。张殿元.失衡的权力:国际广告的政治经济学批判[J].中国地质大学学报:社会科学版,2009,9(1):105-110.

　　③　SCHILLER H. Information Inequality:The Deepening Social Crisis in America[M]. New York:Routledge,1996:xvi.

三、结构化

(一)作为学术概念的"结构"和"结构化"

"结构"(structure)在生活中随处可见,可以说,人类从出生的第一天起就生活在结构的制约之中。我们行走在街道上,要受交通规则的制约,这些交通规则就是一种结构;我们的一言一行要受到道德体系和法律法规的制约,这些道德体系和法律法规也是一种结构;我们每个人都希望住上豪华别墅,但并非每个人都能如此幸运,因为这要视我们掌握的经济资本多寡而定,这种个人的经济状况也是一种结构;我们每个人都立足于地球,如果不借助于外力如现代科技的帮助,我们是无法脱离地球的引力而飞向太空的,这种自然力也是一种加在我们身上的结构,只不过与前述几种社会结构相比,这是一种自然结构……如此等等。

在人文学科,作为学术概念的"结构"起源于索绪尔和叶尔姆斯列夫等人开创的结构主义语言学。在索绪尔看来,人类创造了语言,语言一经产生便成为制约人的结构。索绪尔的这一思想在法国结构主义人类学家列维－斯特劳斯和文化符号学家罗兰·巴特那里得到了进一步的发展。列维－斯特劳斯在人类学的研究中发现人类的行为处处都受到结构的制约,在自然、神话、习俗等这些人类时刻都在与之互动的领域中都存在着结构的作用。罗兰·巴特则将结构主义语言学的原理扩展并应用到对包括广告、时尚、杂志等在内的各种文化现象的研究,以期挖掘出背后的意义与意识形态性。结构主义在20世纪50年代的法国影响甚广,它基本上取代40年代的现象学和存在主义,实现对学术思想界的一统天下。然而,进入50年代中后期,随着包括布朗肖和巴塔耶等一批后结构主义批评家的涌现,结构主义的影响力开始下降。甚至连结构主义的实践者巴特也开始致力于超越结构主义的内在局限性。后结构主义发展到德里达那里逐渐确立其"解构主义"的本质特征,从而表现出浓厚的后现代主义色彩。如果说,结构主义的产生背景是现代主义的话,那么,后结构主义的产生背景则是后现代主义的兴起。[1]

在社会科学领域,结构、行动(action)、能动性(agency)同样是一组非常重要的概念。社会学对结构的认识可以追溯至马克思那里。在马克思看来,尽

---

[1]　萧俊明认为结构主义根植于西方文明中形而上学的思想传统,而"后结构主义以其鲜明标志区别于结构主义:消解形而上学传统。"萧俊明.从结构主义到后结构主义:一种文化思考[J].国外社会科学,2001(5):18-26.

管历史是由人创造的,但人却并不能随心所欲地创造历史,而受社会结构的制约。马克思在《路易·波拿巴的雾月十八日》一文中写道:"人们自己创造自己的历史,但是他们并不是随心所欲地创造,并不是在他们自己选定的条件下创造,而是在直接碰到的、既定的、从过去继承下来的条件下创造。"①马克思这里所说的继承来的"条件"其实指社会结构。

在《传播政治经济学》一书中,莫斯可对"结构化"问题展开或许是全书中最为精彩的一系列论述,这显然与他学社会学的出生不无关系。如果说商品化"接合"(articulate)了传播政治经济学与经济学,空间化接合了传播政治经济学与地理学的话,那么,正如莫斯可所指出的那样,结构化则促成了政治经济学与社会学之间的接合。结构化不同于结构,后者就其字面意义来看,指的是一种静态的客观存在;而结构化则意指一种过程,即结构"由人类的能动性形成,同时,结构又为这一形成过程提供了适切的'媒介'"②。也即说,社会结构是由人类自己的活动产生的;但是同时,在社会结构的形成过程中其本身又为人的能动性提供了中介(medium)。换言之,结构和能动性之间是相互建构的关系。

莫斯可对结构化概念的这种理解源自于英国社会学家吉登斯,后者曾在《社会的构成:结构化理论大纲》(1984)一书中对结构与能动性的相互建构性做出出色的阐述,从而超越了以往的社会行动理论不是过于强调结构的决定性作用(如功能主义者、制度主义者和结构主义者就持这种观点)就是过于强调行动者的能动性(文化民粹主义者德·塞都及其追随者费斯克持有这种观点)的蔽病。吉登斯认为在结构与能动性之间简单地强调一方的做法都有失偏颇,为了弥合两方的分歧,他提出"二元性结构"论,即结构"既包括强制规则,又包括能动资源。结构不再是给社会生活套上样板的僵硬框架,它既型构行为,又为行为所重构。就此而言,结构和行为在不断变迁的社会模式中相互联接。"③如果说功能主义者、制度主义者和结构主义者的结构模式是一种相对静态的模式的话,那么吉登斯提出的结构化模式则是一种相对动态性的过程模式。在结构和能动性的相互建构的动态过程中,正如埃里克·霍布斯鲍姆指出的那样,"稳定性"和"破坏性"两种因素始终如影随形:

---

① 马克思,恩格斯.马克思恩格斯选集:第1卷[M].中共中央马克思恩格斯列宁斯大林著作编译局,译.北京:人民出版社,2012:669.

② MOSCO V. The Political Economy of Communication[M]. London & Thousand Oaks, CA:Sage, 2009:185. 斜体为原文所加.

③ 莫斯可.传播政治经济学[M].胡春阳,黄红宇,姚建华,译.上海:上海译文出版社,2013:240.

一种仅仅认识到系统的维持的结构模式是不充分的。它应当反映出稳定性（stabilizing）和破坏性（disruptive）两种要素的同时存在……这样的一个二元的（辩证的）模式的建立和运用都是困难的，因为在实践中我们往往会根据趣味和情境的不同倾向于将之或者是作为稳定的功能主义（stable functionalism）或者是一种革命性变化（revolutionary change）来操作。而事实上，有趣的是，它二者都是。①

可见，在霍布斯鲍姆看来，如果说结构代表稳定性因素的话，那么，个体的能动性则代表破坏性的因素，二者的互动构成结构模式的动态性。当然，无论是吉登斯还是霍布斯鲍姆，他们的结构模式都倾向于过于强调能动性的作用从而有弱化结构的限制性作用之虞。也正是在这一意义上，他们二者都缺乏对权力问题及社会批判之重要性的关注。这是需要我们注意的地方。正因为如此，传播政治经济学批判性地接受吉登斯的结构二元论的观点，在保留他的理论的一般观点的基础上"将更多的注意力集中在权力（power）上以及将结构植入于社会分析的批判（critical）趋向"②。

综上，这种肇始于马克思，经过吉登斯、霍布斯鲍姆和莫斯可等人发展后的基于动态过程论的结构化模式为我们考察广告传播系统中的结构化问题开辟了新的视角。下文将参照莫斯可对传播政治经济学中结构化问题的相关论述，将广告传播系统中的结构化现象区分为三个维面——阶级、性别、霸权③，依次展开论述。

（二）广告传播系统中的结构化：阶级

根据威廉斯的考证，英文中的阶级 class 一词来自拉丁文的 classis，指当时的罗马人根据财产状况来区分人的三六九等。16 世纪时，它出现在英语中，意指根据名利虚荣来对人进行门第划分。④ 进入工业革命之后，现代意义上的阶级划分取代原有标准，出现诸如下层阶级（lower class）、中产阶级（middle class）、上层阶级（upper class）、工人阶级（working class）等新的社会阶层。在社会学研究中，学者们通常根据人们所能支配的财产的多寡来进行阶级划分。但是这种阶级的分类观近来遭到挑战，出现阶级的"联系观"（rela-

①　HOBSBAWM, E. Karl Marx′s Contribution to Historiography［M］//BLACK-BURN, R. (ed), Ideology in the Social Sciences. New York：Vintage, 1973：280.

②　莫斯可.传播政治经济学［M］.胡春阳，黄红宇，姚建华，译.上海：上海译文出版社，2013：242.

③　莫斯可在论述传播系统中结构化问题时还包含了"种族"（race）的维度。由于"种族"在中国并不是一个显明的问题，因此在本研究中笔者将这一问题搁置。

④　威廉斯.关键词：文化与社会的词汇［M］.刘建基，译.北京：三联书店，2005：51-52.

tional)和"形构观"(formation)。联系观认为,人们在社会生产与再生产的过程中以生产资料所有权为基础产生各种各样的联系,进而形成不同的阶级,如工人阶级、资本家阶级。这种观点认为,正因为不同阶级之间具有这种联系,因此它们彼此是互相建构的关系,离开资本家阶级也就无所谓工人阶级,反之亦然。阶级的形构观以威廉斯为代表。他在《关键词:文化与社会的词汇》一书中接受马克思的阶级形构观,认为阶级是一种"形构群"(formation),这种"形构群"是特定社会中有着相似背景的人群"随着历史的发展,对于所处的经济状态的意识(consciousness),及处理这种经济状况的组织(organization)于是产生"①。威廉斯进而将"形构群"解释为"可以感知的经济关系;社会、政治与文化机构组织"②。根据这种观点,阶级并不是外在的人为划分的范畴,也不是不同人群之间建立在生产关系之上的联系性范畴,而是构成认同的价值和意识。

　　以上三种阶级观各具特点。分类观为我们指明了阶级是由不同人群所能支配的财产的多寡决定的。在广告传播中,谁掌握的相关资源更多谁就更有发言权,谁就更能影响别人,因此也就更有权力。联系观则将我们的视线引向不同人群之间的关系性结构,它对我们理解广告传播如何在不同消费者之间建立关系很有帮助。比如,广告通常通过制造一个"比照阶层"来达成目标。这个"比照阶层"通常是中产阶层人群,他们是社会的中坚力量,能够产生最大的社会影响,吸引其他阶层尤其是下层阶层向比照阶层的消费模式靠拢。形构观则指明特定阶级(层)的形成是动态的过程,不同阶层之间具有流动性,通常沿着低层向中层再到高层的方向流动。这便为广告传播的目标市场确定提供理论基础。

图 5.2　广告结构化阶级(层)身份三部曲

　　尽管广告对当代社会的阶级(层)型塑过程发挥的作用还难以用量化的方法来精确进行以测量,但其作用非常巨大。广告在型塑我们的阶级(层)身份过程中主要使用三种手段:明晰化我们的阶级(层)身份;设立比照阶级(层)(reference class);推动阶级(层)的向上流动(图 5.2)。显然,这三个维面之间存在着一环套一环的递进关系;通过这样的三个连续的步骤,广告不仅得以成功地发挥型塑阶级(层)身份的作用,还以动态的方式推动阶级(层)之

---

① 威廉斯.关键词:文化与社会的词汇[M].刘建基,译.北京:三联书店,2005:63.
② 威廉斯.关键词:文化与社会的词汇[M].刘建基,译.北京:三联书店,2005:65.

间的流动。

1. 明晰化阶级(层)身份

阶级,或阶层,并不是自然存在的物质实体,而是人类通过理性分析得出的文化意识。阶级(层)的分类观遭受诟病的主要原因就是它人为地割裂原本有机联系着的、作为整体的社会。阶级(层)分类观根据不同人群掌握的财产情况来为他们贴上不同的身份标签,这种做法尽管是社会科学研究中行之有效的方法,但失之武断。也正因如此,每个人不能从外部获得对自己的身份认识,很少关心自己的阶级(层)地位,亦即我们在整个社会中处在怎样的位置。

在当代社会,谁会将自己的阶级(层)身份每天都挂在嘴边呢?谁又在每时每刻都在提醒我们自己的阶级(层)身份呢?答案是:广告。如果说我们可以为了研究之便而武断地将社会划分为上、中、下三个阶级或阶层的话,那么,广告塑造的通常是中间阶级(层)的形象。道理也很简单,因为中间阶级(层)往往是社会中基数最大的阶级(层),抓住这个阶级(层)就等于抓住这个社会中的绝大多数潜在消费者。广告以塑造中产阶级(层)成功人士的形象为己任,把他们的审美趣味、生活方式、行为举止再现在广告作品中并传播向社会。因此,当英国作家诺曼·道格拉斯在其最早于 1917 年出版的小说《南风》(South Wind)中说"透过广告你可以发现一个国家的理想(You can tell the ideals of a nation by its advertisements)"时,他实际上指的是可以看到这个国家中产阶级(层)的理想。由于广告在现代社会中无处不在,我们每时每刻都要受到它的"召唤"(阿尔都塞),每时每刻都要通过它来进一步看清自己当下的阶级(层)身份。当我们腰包中的银子不足以支付电视广告中那位成功人士驾驶的香车时,我们瞬间认识到了自己已经处在当下社会的下层;而当我们确信可以买得起比之更好的车时,我们尽可洋洋自得于自己社会地位的超拔。

广告就是这样,它每时每刻都在提醒我们每个人在这个社会中所处的阶级(层)地位,通过观看广告,我们的阶级(层)身份也明晰化。

2. 设立比照阶级(层)

都说榜样的力量是无穷的,这话用在广告身上再合适不过了。广告在时刻提醒我们自己的阶级(层)身份的同时,也为我们设立了一个比照阶级(层)。正如上文指出的那样,在当代社会中,这个比照阶级(层)通常情况下就是中产阶级(层)。如果说现代广告中有什么主流意识形态的话,那么它一定是属于中产阶级(层)的意识形态。① 社会学的相关研究表明,一个稳定、健

---

① 参见第三章的相关论述。

全的社会一定是"橄榄型"的社会，即中产阶级（层）占社会总人口的大多数的社会，上层阶级（层）和下层阶级（层）占据两端的小头。这样的社会类型对于可能出现的社会震荡而言，可以有效地起到"吸震"和"缓冲"的作用；它一方面为上层阶级（层）在社会阶梯上的滑落提供了承接地，另一方面也为下层阶级（层）的上升提供了空间，使得向上和向下的社会流动得以顺畅地进行。美国拥有世界上数量最为庞大的中产阶级人口，保守地估计，美国一半以上的家庭属于中产阶级（层）。根据瑞士信贷银行 2014 年 10 月 14 日发布的报告看，财富达到 1 万～10 万美元的即被认为是属于中产阶层。根据这一标准，全球目前差不多有 10 亿人口属于中产阶层，其中中国有约 3 亿人口达到这一标准，比 2000 年翻了一番，占全球的三分之一。① 正是由于中产阶级（层）的社会中坚地位，广告才自觉地将服务目标对准这一群体。通过将中产阶级（层）图绘为社会中的比照阶级（层），广告也就履行了其作为既存社会关系维护者的角色。

在社会生活中，比照阶级（层）就是榜样，它为每一个人设立了标杆，努力的方向，也打开"欲望的花窗"。当一个社会中只有资本家阶级且这些资本家阶级中的每一个成员拥有的财产数量都大致相当的时候，每个人都不会有被剥夺感。同样，当一个社会中只有工人阶级一种人群的时候，它的每一个成员同样也不会有对于阶级身份的认识。由广告设立的比照阶级（层）的出现解决了这一问题。马克思在谈到比照物对于人的欲望的诱惑时写道：

> 一座房子不管怎样小，在周围的房屋都是这样小的时候，它是能满足社会对住房的一切要求的。但是，一旦在这座小房子近旁耸立起一座宫殿，这座小房子就缩成茅舍模样了。这时，狭小的房子证明他的居住者不能讲究或者只能有很低的要求；并且，不管小房子的规模怎样随着文明的进步而扩大起来，只要近旁的宫殿以同样的或更大的程度扩大起来，那座较小房子的居住者就会在那四壁之内越发觉得不舒适，越发不满意，越发感到压抑。②

广告就是通过在我们的周围树立起一座座华美的"宫殿"而激发我们欲望的，这样的欲望当然是物质主义的、享乐主义的，它全然不同于前现代社会中宗教对人类思想的支配。但从二者在人类社会生活中发挥的作用来看，却有着惊人的一致。难怪美国历史学家戴维·波特不无感慨地说："广告在社

---

① 中国中产阶级人口已达三亿[EB/OL].(2014-10-16)[2014-12-31].http://caijing. chinadaily.com.cn/2014-10/16/content_18749728. htm.

② 马克思,恩格斯.马克思恩格斯选集：第 1 卷[M].中共中央马克思恩格斯列宁斯大林著作编译局,译.北京:人民出版社,2012:345.

会中的影响之大,可以与学校和教会等传统制度相匹敌。广告具有支配媒体创造流行的巨大力量。在这意义上,广告是能调控社会的少数整合形式之一。"①

3. 推动阶级(层)的向上流动

广告时刻提醒我们的阶级(层)身份,通过设立比照阶级(层)帮助我们打开一扇扇"欲望花窗",也发挥着另外一项重要的职能——推动阶级(层)的向上流动。在收藏丰富的工具箱中,广告主要选择的是用时尚来实现这一职能的。广告通过创造和引领时尚而把社会中各个阶级(层)的人群结构化进无形的生活空间中,实现对社会的整合。

什么是时尚,对这一问题有过很深思考的19世纪德国文化社会学家格奥尔格·西美尔认为,"时尚是既定模式的模仿,它满足了社会调适的需要;它把个人引向每个人都在行进的道路,它提供一种把个人行为变成样板的普遍性规则。但同时它又满足了对差异性、变化、个性化的要求。"②在现实生活中,时尚总是先由一小部分人群创造出来,逐渐在社会中推行开来,当社会中相当数量的人都开始追随它的时候,时尚也就演变成流行。在现代社会中,要说谁最有能力,也最有意愿担当起传播和引领时尚的角色,那非广告莫属。

这样一来,我们便发现在广告、时尚和比照阶级(层)三者之间有内在的联系。如前文指出的那样,广告一般会将中产阶级(层)描绘成特定社会中的比照阶级(层),中产阶级(层)的生活方式在广告中又是以时尚的形象示众。在西美尔看来,时尚总是与特定阶级(层)联系在一起的,脱离阶级(层)的时尚并不存在。一定社会中较高层次的阶级(层)总是变着法子使自己的生活方式、言谈举止、着装、居住、审美等不同于较低层次的阶级(层),从而维持自身阶级(层)与众不同的品味。当较低层阶级(层)的人开始模仿他们的时尚的时候他们便会毅然决然地与原来的时尚告别并开辟新的时尚。西美尔写道:"每一个时尚,就其本质而言,都是阶级时尚,也就是说,每次刻画的都是一个社会阶层的特性。这个阶层以其外表的相似,对内统一联合,对外排斥其他阶层。一旦较低阶层试图模仿较高阶层,接受了后者的时尚,前者就会抛弃这个时尚,设计新的时尚。因此,只要明显有社会差别的地方,自然而然就会出现时尚。"③西美尔的观点得到美国制度经济学奠基者之一的凡勃伦的支持,后者在对所谓的有闲阶级(Leisure Class)生活方式和品味的研究中发

① POTTER,D.M. People of Plenty:Economic Abundance and the American Character[M]. Chicago:University Of Chicago Press,1958:166.
② 西美尔.时尚的哲学[M].费勇,吴燕,译.北京:文化艺术出版社,2001:72.
③ 西美尔.金钱、性别、现代生活风格[M].顾仁明,译.上海:华东师范大学出版社,2010:61-62.

现:"每个阶层的成员总是把他们上一阶层流行的生活方式作为他们礼仪上的典型,并全力争取达到这个理想的标准。他们如果在这方面没有能获得成功,其声名与自尊心就不免受损,因此他们必须力求符合这个理想的标准,至少在外貌上要做到这一点。"①

社会中较低层的人群羡慕和模仿较高层人群的审美趣味这一现象在古老而又年轻的中国大地同样存在。众所周知,20世纪初的中国还是一个十分匮乏的社会,那时的城乡差别比现在更为严重。"城里人阶级"和"乡下人阶级"之间的差异比任何用其他标准划分出的阶级(层)类别之间的差异都要明显。在这种情况下,乡下人自然而然地以学习城里人的生活方式和审美趣味为荣。但城里人也会千方百计地保持自身与乡下人之间在审美趣味方面的落差,他们的方法就是通过不断地革新时尚。在当时中国最大、最繁华的城市上海流行着这样一首民谣:"乡下小姑娘,要学上海样,学死学煞学弗像,等到学来七分像,上海已经换花样。"②民谣虽然语言质朴,但却与西美尔和凡勃伦的观点有异曲同工之妙。

广告通过传播中产阶级(层)的时尚和品味而诱使较低层阶级(层)的人群向上看齐、向上流动。当然,这是就通常情况而言的。实际情况下,也会有一些广告(如时下的一些奢侈品广告和豪华别墅广告)传播的是特定社会中上层阶级(层)的时尚和品味。在这种情况下,中产阶层中的资本较丰富人士便会受到诱使而向上层阶级(层)看齐,脱离中产阶级(层)的品味。因此,广告推动阶级(层)向上流动的规律在这种情况下同样起作用。

由此观之,广告在日常生活中不仅时刻提示着我们每个人的阶级(层)身份,还通过设立比照阶级(层)并将比照阶级(层)的生活方式和审美趣味以时

①　凡勃伦.有闲阶级论[M].蔡受百,译.北京:商务印书馆,1964:67.这使我想起了戴安娜·德·玛丽在《工作着装:职业服装史》(Working Dress:A History of Occupational Clothing)一书中的相关研究。根据德·玛丽的研究,14世纪的时候,欧洲人的着装并没有什么阶级差别,这个时期的人们的穿着无论在样式和质料方面都几乎一样。到了14世纪后期,这种状况开始改变,出现不同的服装样式,但由于法律上并没有对不同的阶层人士只能穿着与本阶层相配的服装的规定,因此"在服装和风度上模仿他们的主人就变成了仆人要经常面对的指控。"DE MARLY D. Working Dress:A History of Occupational Clothing[M]. London:Batsforf, 1986:44. 到了17世纪初的时候,欧洲的贵族阶层人士允许仆人追随着装的时尚,但这却遭到批评家们的反对。这些批评家认为"如果仆人被允许赶时髦,那就会出现无法分清谁是女主人,谁是女仆的情况了"。为了解决这一问题,贵族阶层只好通过不断地变换自己的着装样式,亦即通过不断地创造时尚的方式来保持与下层人士的距离。于是便形成贵族阶层不断创造时尚而下层人士亦紧密模仿时尚的有趣的社会循环。

②　叶朗.美学原理[M].北京:北京大学出版社,2009:171.

尚的符号形式传播开去来推动着社会阶级(层)由下向上的不断流动,牢牢地将每个人结构化入整个社会系统中,实现社会的整合。这也正是我们说广告是既存社会关系的重要的维护性力量而不是相反的重要原因。

(三)广告传播系统中的结构化:性别

第三章曾讨论过广告中的性别意识形态的问题,重点分析它对男女性别角色的刻板化图绘。① 在广告中,男人是主动的,女人是被动的;男人是阳刚的,女人是阴柔的;男主外,女主内;男人支配着女人,女人被男人所支配;男人看女人,女人以被男人看赏为荣。一言以蔽之,"男子重行动而女子重外观。男性观察女性;女性注意自己被别人观察。这不仅决定了大多数的男女关系,还决定了女性自己的内在联系,女性自身的观察者是男性,而被观察者为女性。因此,她把自己变作对象——而且是一个极特殊的对象:景观"②。男女之间不平等的权力关系在我们每个人出生前就已作为社会结构而存在,广告的作用就是要将其进一步固化、刻板化。

其实,如果我们将这种社会性别的结构化完全归罪于广告也有失公允。在大众传媒中,性别刻板印象,尤其是对女性的性别刻板印象,同样很严重。这种现象早已引起女性主义学者和传播学者的关注。在女性主义学者看来,大众媒介中存在严重的性别等级观念,其传播的女性形象也是扭曲的,女性"在小说、电视、电影、妇女杂志和广告等媒介中的形象是家庭主妇的、被动的、身心健康的、美丽的"③。传播学者则将大众媒介中的妇女形象分为三类:(1)妻子、母亲和家庭主妇;(2)作为贩卖男性商品的性玩物;(3)追求美丽取悦男性的人。极而言之,社会中对女性社会性别的刻板化再现是普遍现象,它存在于社会关系的方方面面,它是社会的和历史的建构,只不过在现代社会中大众传媒和广告的重要作用凸显这种不平等的性别关系,招致了相较于其他结构化因素更多的批评。

(四)广告传播系统中的结构化:霸权

"霸权"(hegemony,又译"领导权")作为学术范畴总是与意大利马克思主义者安东尼奥·葛兰西有着密不可分的联系。事实上,对霸权问题的讨论也构成葛兰西文化马克思主义思想的核心。在葛兰西看来,发达资本主义社会

---

① 由于第三章中对广告中的性别意识形态问题已有较全面的涉及,这里只对广告中的性别结构化问题进行简略的论述。
② 伯杰.视觉艺术鉴赏[M].戴行钺,译.北京:商务印书馆,1994:51.
③ 曹晋.批判的视野:媒介与社会性别研究评述[J].新闻大学,2005(4):12.

中统治阶级对社会的统治更多地是建立在"同意"（consent）而不是武力强制的基础之上；在"同意"的形成过程中始终存在着统治阶级（资产阶级）与被统治阶级（工人阶级）之间的"协商"（negotiation）过程。通过这一"协商"的过程，统治阶级得以将自己的观点灌输给被统治阶级，使之普世化并进而内化为社会全体成员共享的"常识"（common sense）。葛兰西将这一过程描述为"文化霸权"（cultural hegemony）的建立过程。

在《传播政治经济学》一书中，莫斯可对霸权、意识形态及价值观三个概念进行了仔细的区分。在莫斯可看来，霸权既不同于意识形态也不同于价值观，而是介于二者之间。意识形态在结构主义马克思主义者阿尔都塞看来是"个人与他们的真实生存状况之间想象性关系的呈现"，意识形态的基本功能是"把个体召唤为主体"①。可见，意识形态只不过是对实在的"想象性呈现"，既然是"想象性呈现"，就有虚假的可能性，基于这种虚假呈现而"把个体召唤为主体"的背后也就极有可能存在利益的勾连。正如莫斯可指出的那样，"意识形态主要指的是对社会现实进行蓄意扭曲或错误再现来发展特定利益，维护权力等级"②。另一方面，意识形态也不同于价值观。价值观是特定社会中历史地形成的由社会成员共享的观念性认识，它在一定程度上构成该社会的社会规范，"霸权不同于意识形态和价值观的要点，就在于它同时是形象和信息的不断形成，并图绘了常识"③。这里，我们可以见出霸权的形成过程：协商→同意→常识→霸权。霸权一旦形成便具备与"传统"（tradition）同样的威力，成为结构化社会的强大力量。

广告传播系统中的霸权与媒介霸权同宗同源。所谓媒介霸权指大众传播媒介通过传播内含统治阶级意识形态的内容来同化被统治阶级乃至整个社会的价值观，从而实现对社会在思想观念层面的整合。根据这一理论，赛佛林和坦卡德在《传播理论——起源、方法与应用》一书中认为，"美国的新闻和其他媒介内容是为了满足资本主义或公司意识形态的需要"④。赛佛林和坦卡德所谓的"公司意识形态"主要就是指广告。一方面，广告通过向大众传播内含有"公司意识形态"的影像和文字信息而将大众"结构化"进符合公司利益的意识框架中，实现自身的文化霸权。另一方面，广告在传播"公司意识

---

① ALTHUSSER L. Ideology and Ideological State Apparatuses：Notes towards an nvestigation[M]//ALTHUSSER L. Lenin and Philosophy and Other Essays. New York：Monthly Review Press，1971：162，170.

②③ 莫斯可.传播政治经济学[M].胡春阳，黄红宇，姚建华，译.上海：上海译文出版社，2013：268.

④ 赛佛林，坦卡德.传播理论：起源、方法与应用[M].郭镇之，等译.北京：中国传媒大学出版社，2006：244.

形态"的同时也传播统治阶级的或社会中的主流意识形态。广告是既存社会
秩序的维护者而非破坏者,这是由广告自身的利益决定的,不以人的意志为
转移。因此,广告的文化霸权在社会和公司两个维度实现。这也正是笔者在
本研究中将广告认定为当代社会中最重要的社会和文化现象的主要原因。

第四节　广告的符号政治经济学分析

　　在本章的最后,有必要讨论一下广告的符号政治经济学问题。这是因
为,"符号"问题已成为当代社会和文化理论——特别是在后现代主义理论研
究中的一门"显学"。

　　在学术研究领域,"符号"(sign)并不是新概念,它至少可以追溯到瑞士结
构主义语言学家索绪尔那里。在《普通语言学教程》中,索绪尔将符号界定为
"能指"和"所指"的"双面实体"。在索绪尔之后,法国人罗兰·巴特将由索绪
尔、叶尔姆斯列夫等人开辟的语言符号学研究扩展到广义的文化领域。巴特
运用语言符号学理论对广告、服装、时尚、交通系统等的研究丰富了人们对各
种各样的文化符号中意义与意识形态问题的认识。但真正将符号问题推向
极致,从而野心勃勃地想要颠覆唯物主义马克思主义的却是晚于巴特继起的

当代法国著名人文学者让·鲍德里亚①。

一、鲍德里亚的符号政治经济学批判

鲍德里亚的全部文化社会学理论都围绕"符号"问题来回打转,从早期的《物体系》《消费社会》《符号政治经济学批判》《生产之镜》《象征交换与死亡》《拟真与拟像》《论诱惑》,到中后期的《冷酷的记忆》《终结的幻想》《罪恶的透明》《完美的罪行》《不可能的交换》,鲍德里亚的思想体系中可见符号的影子。可以说,在鲍德里亚看来,符号超越马克思时代的生产理论,已成为当代人类社会的核心问题。

在《消费社会》一书的开篇,鲍德里亚即指出:"今天,在我们的周围,存在着一种由不断增长的物、服务和物质财富所构成的惊人的消费和丰盛现象,

---

① 鲍德里亚沉迷于"能指的游戏"而意图颠覆马克思主义政治经济学赖以立基的历史唯物主义的思想学说,无论是在国外,还是在国内,都有人质疑和批评他的这种意图。道格拉斯·凯尔纳算是鲍德里亚批判性读者中的一个代表人物,凯尔纳认为鲍德里亚的"能指的游戏"实际上"夸大了所谓的同现代性的决裂",考虑到对鲍德里亚学说的争议和辩论的持续存在,"批判地接受他的思想才是至关重要的"。

在中国,张一兵是批评鲍德里亚较为激烈的一位学者,他在《符号政治经济学的"革命":鲍德里亚"符号政治经济学批判"解读》(2009)一文中将鲍氏的符号政治经济学理论指斥为"理论暴发户的轻率狂言":"鲍德里亚的发明真是一个万能的东西,而前人所有的理论努力都将是历史性的逻辑公式,因为经济的剥削和政治性的"阶级统治"都只是历史的某一个阶段,马克思等人的批判理论只是众多社会谱系分析中的一种,由于今天的社会统治已经成为一个符号支配的王国,所以马克思的理论批判已经功力不济和彻底失效,更不要说,用这种理论去分析封建社会的支配逻辑和根本没有进入经济交换的古代的礼物交换逻辑。由此,鲍德里亚得意地告诉这个世界,唯一能够说明全部历史进程的批判性理论工具,"只能来自于符号的政治经济学批判"。这真是一种理论暴发户的轻率狂言。张一兵.符号政治经济学的"革命":鲍德里亚"符号政治经济学批判"解读[J].现代哲学,2009(4):26-34.

事实上,张一兵对鲍德里亚思想体系的拒斥由来已久。在他于2008年出版的《文本的深度耕犁:后马克思思潮哲学文本解读》一书中,张一兵丝毫不掩饰对鲍氏的"愤怒",将后者视为"马克思主义真正危险的敌人",并立志以中国新一代坚定的马克思主义者的身份来"回应和批判这个十分值得重视的敌人"。张一兵.文本的深度耕犁:后马克思思潮哲学文本解读[M].北京:中国人民大学出版社,2008:146,147.

两相比较,我以为凯尔纳的"批判性地接受"观点较为合宜。鲍德里亚的思想学说固然存在着走火入魔的极端性,但也不是全无可取之处,否则它也不会有那么多的后现代主义追随者。质而言之,鲍氏的学说的最大的价值就在于:它引起了我们对晚期资本主义社会或曰后现代社会中符号、文化、象征、再现等等范畴的重视,因为这些范畴正成为现代人面临的核心问题,如果不是我们的"文化宿命"(汤林森语)的话。

它构成了人类自然环境中的一种根本变化。"①鲍德里亚所谓的"物",指马克思在《资本论》中曾经研究过的商品。工业资本主义大生产生产出的大量商品包围现代社会中的每一个人,它在改变生存环境的同时改变彼此之间的社会关系;因为商品绝不仅仅具有物质形态,它还具有符号形态,这也是鲍德里亚关注的焦点。果然,在《消费社会》出版两年后,鲍德里亚出版了他对消费社会中符号问题的研究专著——《符号政治经济学批判》(以下简称《符号》)。

在《符号》一书中,鲍德里亚一开始便提出关于商品的四个相关的价值逻辑:使用价值的功能逻辑、交换价值的经济逻辑、符号/价值的差异逻辑、象征交换的逻辑,它们分别遵循各自的原则:效用原则、等价原则、差异原则和矛盾原则。鲍德里亚指出,这四种逻辑各自又具有自己的谱系,他对此进行了列表排列②:

使用价值(Valeur d'usage):
1. 使用价值—经济交换价值
2. 使用价值—符号/交换价值
3. 使用价值—象征交换

经济交换价值(Valeur d'échange économique):
4. 经济交换价值—使用价值
5. 经济交换价值—符号/交换价值
6. 经济交换价值—象征交换

符号/交换价值(Valeur d'échange/signe):
7. 符号/交换价值—使用价值
8. 符号/交换价值—经济交换价值
9. 符号/交换价值—象征交换

象征交换(Échange Symbolique):
10. 象征交换—使用价值
11. 象征交换—经济交换价值
12. 象征交换—符号/交换价值

① 波德里亚.消费社会[M].刘成富,全志钢,译.南京:南京大学出版社,2000:1.
② 鲍德里亚.符号政治经济学批判[M].夏莹,译.南京:南京大学出版社,2015:157-158.

鲍德里亚并未对这十二种对应关系进行理论上的阐述,而是将重点转向另一个领域。他认为,第 1 项关系式和第 4 项关系式都属于生产过程的领域,属于古典政治经济学(包括马克思主义政治经济学)关注的领域。第 2 项关系式和第 5 项关系式属于符号生产和消费的领域,它们一同构成符号/价值与使用价值和交换价值的循环转换过程。鲍德里亚指出,"确切说来,这一领域是一个从商品/形式提升为符号/形式的过程,是一个经济体系向符号体系转变的过程,并由此导致经济的权力转变为一种统治以及社会特权等级"①。第 3 项关系式和第 6 项关系式描述了使用价值与经济交换价值向象征交换的转换,这是继物/形式到商品形式再到符号/形式转换之后的一次"超越",因为它超越了这三种形式,与这三种形式之间实现"根本的断裂"。不过,鲍德里亚也指出,"确切说来,并不存在象征'价值',而只存在象征'交换',它将自身界定为一种与价值和符码不同,并超越了它们的存在"②。第 7 到第 9 项关系式描述的是符号价值向使用价值、交换价值和象征价值的转换,这是古典政治经济学所未涉及,鲍德里亚将之称为符号政治经济学。在鲍氏看来,符号与商品一样具有使用价值和交换价值并可以用来实现象征交换。

最后,是第 10、11、12 项关系式。这三项关系式其实是第 3、6、9 项关系式的逆向关系式,它们描绘了象征交换向使用价值、经济交换价值和符号/交换价值的转换过程。鲍德里亚指出,这三项关系式结合在一起相当于是"将象征交换放置入由各种不同的价值符码(使用价值、交换价值、符号/价值)所构筑的抽象的、合理化了的分配之中"③。他进一步解释说,在结合了物质有用性和符号象征性双重属性的商品(物)的交换循环中,社会关系得以建立,社会意义得以产生;商品(物)就是在这种持续不断地、不具有任何自身价值的交换中耗费了自身,也毁灭了自身。

以上 12 项关系式看似复杂甚至凌乱,其实它们仍然未跳脱开马克思对商品的价值、使用价值和交换价值的分析体系,只不过鲍德里亚将马克思的分析体系向前推进了一步。在前现代社会,比如在封建社会或更久远的原始社会中,人们生产的产品基本上只供自用,只有很少的剩余产品会被拿出去交换。这是第一阶段。到了第二阶段的资本主义社会,情况刚好反转——绝大多数产品都是为了交换而生产的,只有很少的产品处在交换体系之外。到了第三阶段的盛期资本主义社会,包括德行、爱情、知识、良心等在内的一切东西都被纳入交换体系。正如鲍德里亚后来在《生产之镜》中引用马克思的表

---

① ②　鲍德里亚.符号政治经济学批判[M].夏莹,译.南京:南京大学出版社,2015:160.
③　鲍德里亚.符号政治经济学批判[M].夏莹,译.南京:南京大学出版社,2015:161.

述所指出的那样,这是一个"普遍贿赂、普遍买卖"的时期,"是一切精神的或物质的东西都变成交换价值并到市场上去寻找最符合它的真正价值的评价的时期"①。

鲍德里亚同意马克思对第一阶段转向第二阶段转换过程中普遍商品化对社会关系各个层面造成的深刻影响的分析,但他却不同意马克思将第二阶段向第三阶段转换过程中产生的意识形态上层建筑附属于经济基础的论断,认为与第一阶段向第二阶段的革命性转变一样,第三阶段也是对第二阶段的革命。鲍德里亚指出,"这个转变涉及到从形式——商品到形式——符号、从一般等价规律下物质产品交换的抽象到符码规律下所有交换的操作的转变。与这个转变相对应,就是从政治经济学到**符号政治经济学**的转变,在这里问题不再简单地就是所有价值的'商品卖淫'(这种彻底的浪漫观点来自于《共产党宣言》中的著名段落:为了获取金钱,资本主义践踏着一切人类价值,艺术、文化、劳动等等;这是对利益的浪漫批判),而是所有的价值都转变为处于符码霸权之下的符号交换价值。"②

这里,我们可以看见贯穿鲍德里亚政治经济学思想体系的一条主线,即古典政治经济学对应的是使用价值和交换价值之间的辩证运动关系;符号政治经济学对应的是符号交换价值与使用价值和交换价值之间的循环运动过程;到了象征交换阶段,资本主义经济、文化和社会体系也就发展到终点。因此,在鲍德里亚那里,象征交换是与"死亡"联系在一起的。

鲍德里亚在列举和分析前述 12 项关系式之后并未止步不前,他又从这些关系式中提炼出五个公式,以期从"生产与再生产、价值的转变、超越以及还原等诸多行动的结合中得出一些结论"。③

第一个公式:

$$\frac{符号/交换价值}{象征交换}=\frac{经济交换价值}{使用价值}$$

亦即:符号/交换价值与象征交换之比等于交换价值与使用价值之比。鲍德里亚认为,"在象征交换和符号/价值之间存在的还原、抽象和理性化过程,就如同在多样化的'具体的'使用价值与商品中抽象的交换价值之间存在的过程一样"④。使用价值和交换价值之间的这种还原关系在古典政治经济

①　鲍德里亚.生产之镜[M].仰海峰,译.北京:中央编译出版社,2005:104.

②　鲍德里亚.生产之镜[M].仰海峰,译.北京:中央编译出版社,2005:107. 黑体为原文所加.

③　鲍德里亚.符号政治经济学批判[M].夏莹,译.南京:南京大学出版社,2015:162.

④　鲍德里亚.符号政治经济学批判[M].夏莹,译.南京:南京大学出版社,2015:163.

学和马克思主义政治经济学中已经被证明。因此,鲍德里亚认为这一等式是正当的。

在第一个公式的基础上,鲍德里亚推导出了第二个公式:

$$\frac{符号/交换价值}{经济交换价值}=\frac{象征交换}{使用价值}$$

鲍德里亚认为,符号/价值和交换价值无法通过它们的逻辑被卷入一般政治经济学的框架中,因为象征交换与使用价值实际上是对符号/价值与交换价值的超越,后者则是对前者的还原,这一等式不能成立。说得更加具体点,"象征交换并非一种价值(它不是明确的、自为的、可衡量的或者可被编码的)。它是一种属人的交换,包含着不定性(肯定的与否定的)",也正因如此,它与其他的价值形成鲜明的对立"①。鲍德里亚的解决办法是借助符号学中能指和所指的对应关系而将象征交换价值剔除了出去,于是得到第三个公式:

$$\frac{经济交换价值}{使用价值}=\frac{能指}{所指}$$

亦即:交换价值与使用价值之比等于能指与所指之比。鲍德里亚认为这一等式可以用符号学和政治经济学之间的逻辑同源关系来证明,因此他认为这一等式是充分必要的。但是这一等式在鲍德里亚看来又标志着这种同源关系趋于饱和,象征交换被从价值领域(或者说一般政治经济学领域)剔除出去了,亦即下面的第四个公式:

$$\frac{经济交换价值}{使用价值}\genfrac{}{}{0pt}{}{\Longleftrightarrow 能指}{\Longleftrightarrow 所指}\Big/象征性交换$$

鲍德里亚指出,这一等式表明在价值领域(一般政治经济学)与非价值或象征交换领域之间存在着根本的对立,亦即:

$$一般政治经济学/象征性交换$$

鲍德里亚认为,一般政治经济学批判——或者按照鲍氏的说法——价值的批判理论——已经为包括亚当·斯密、大卫·李嘉图以及约翰·斯图亚特·穆勒等在内的古典政治经济学家和马克思的批判政治经济学所阐述过。

① 鲍德里亚.符号政治经济学批判[M].夏莹,译.南京:南京大学出版社,2015:164.

但是这还不够,因为它"显然没有能够与固有体系实现真正的分裂"①。为了将"革命人类学"的事业继续向前推进,鲍德里亚认为还需要深入研究盛期资本主义社会中的象征交换现象。为此,鲍德里亚提出三项基本任务:

一是拓宽一般政治经济学的批判范围,将这一批判延展到对使用价值的批判上去,这"为的是还原人类学中的理想主义成分",因此"对于使用价值拜物教的批判也是必需的"②。对使用价值拜物教的批判实质上是在物的形式与商品的形式的关系中进行的,以期揭露彼此的异化关系。

二是政治经济学批判在新时期的重点应该是对符号及符号体系的批判,其目的是揭橥"能指的逻辑、能指的游戏以及能指的流通是怎样如同一种交换价值体系被组织起来;所指的逻辑对能指的逻辑的隶属是如何等同于使用价值的逻辑对交换价值的逻辑的隶属。最终,我们需要一种对能指拜物教的批判"③。为此,鲍德里亚提出第三个公式:

$$\frac{经济交换价值}{使用价值}=\frac{能指}{所指}$$

鲍德里亚认为,在这个公式中,就像在所有的"二元对立"结构(如男性—女性对立;意识—无意识对立;主观—客观对立,等等)中总是一方压倒另一方一样,交换价值也总是在与使用价值的对抗中占据上风,能指也总是在与所指的对抗中占据上风。

三是发展象征交换理论以完成对一般政治经济学批判的补充。

鲍德里亚在《象征交换与死亡》中完成这一规划。在这部被普遍认为是鲍德里亚思想最丰产时期最重要的著作中,作者提出了一个对于后现代主义理论而言颇为重要的论题,即"价值的结构革命"。鲍德里亚将索绪尔的结构主义语言学和马克思主义政治经济学的价值理论结合起来,指出,在"古典"的意指阶段,语言学中的能指和所指以及物质生产中的价值机制(使用价值与交换价值以及它们之间的辩证关系)有完整的对应关系,"使用价值作为交换价值系统远景和目的性而起作用,前者说明了商品在消费中的具体操作(这是与符号指称的时刻相对应的时刻),后者涉及一切商品在等价法则下的相互可交换性(这是与符号结构组织的时刻相对应的时刻)"④。一场符号政治经济学的革命将价值的古典经济学送入坟墓,这场革命即是"价值的结构

① 鲍德里亚.符号政治经济学批判[M].夏莹,译.南京:南京大学出版社,2015:166.
②③ 鲍德里亚.符号政治经济学批判[M].夏莹,译.南京:南京大学出版社,2015:167.
④ 鲍德里亚.象征交换与死亡[M].车槿山,译.南京:译林出版社,2012:3.

革命",这场"价值本身的革命将价值带离其商品形式而进入激进形式"①。这场革命的实质,鲍德里亚认为即是割裂了使用价值和交换价值之间的联系。如果我们用索绪尔的能指来指称交换价值,用所指来指称使用价值,则能指与所指之间的实在联系被割断,"现在,参照价值被摧毁了,使得价值的结构游戏占据了上风。结构维度通过排除参照维度而获得了自主化,前者建立在后者的死亡之上"②。由此,真实的关系及实在的意指不复存在,"现在是另一个价值阶段占优势,即整体相关性、普遍交换、组合以及仿真的阶段。仿真的意思是从此所有的符号相互交换,但决不和真实交换(而且只有以不再和真实交换为条件,它们之间才能顺利地交换,完美地交换)。这是符号的解放:它摆脱了过去那种指称某物的'古老'义务,终于获得了自由,可以按照一种随意性和一种完全的不确定性,展开结构或组合的游戏,这一游戏接替了以前那种确定的等价法则。"③

符号的解放也就是能指的解放,获得解放的能指自由地漂浮在空中,它只与其他能指交换,但却不与真实交换。这就是能指的游戏、符号的游戏,这种游戏一经发生,一般政治经济学的批判也便不再有效,我们现在需要的(用鲍德里亚自己的话说)就是"符号政治经济学"的批判。

二、鲍德里亚理论与广告符号政治经济学

(一)鲍德里亚理论对广告政治经济学研究的启示

严格地说,鲍德里亚的符号政治经济学针对的是盛期资本主义社会中商品的符号化现象,并非专门针对广告。但无论从哪个角度看,鲍氏的符号政治经济学分析都与广告有密不可分的关联。正如鲍德里亚自己所言,"广告将有用的物的价值转变为符号/价值"④。可见,在鲍德里亚看来,商品的符号价值主要由广告赋予,这对我们的研究也颇具意义。

现代社会不同于马克思生活的时代。本章的开头,我曾指出马克思生活的时代总体上仍旧是匮乏的社会;在这样的社会中,在生产、分配、交换和消费构成的链条中,生产无疑都居于中心地位。但到了盛期乃至晚期资本主义社会,社会商品已经极大丰富,资本主义经济体系控制的重心已经从生产转

---

① ② BAUDRILLARD J. Symbolic Exchange and Death[M]. trans. Iain Hamilton Grant. London & Thousand Oaks:Sage, 1993:1.

③ 鲍德里亚.象征交换与死亡[M].车槿山,译.南京:译林出版社,2012:4.

④ 鲍德里亚.符号政治经济学批判[M].夏莹,译.南京:南京大学出版社,2015:159.

向消费,确保消费环节的正常运转成为整个资本主义体系赖以正常运转的关键。正如法国控制学派理论家米歇尔·阿吉列塔和阿兰·列别策的研究所指出的那样,"生产与消费的联接对于资本主义再生产来说是至关重要的,一旦联接的链条中断,就会爆发经济危机"①。

资本主义从早期的自由竞争发展到后来的垄断资本主义再到晚期的跨国公司资本主义,需求管理这一问题的重要性不断提高,亦即更加需要解决好消费的问题。在消费资本主义社会中,需要将更多的精力放在操纵消费,创造社会对商品的需求上。确保消费环节不出问题,就必须满足两个基本条件:一是消费者手中有足够的货币用于购买商品;二是消费者有足够的意愿购买商品。发达资本主义社会通过大幅度提高工人阶级的工资待遇和福利水平解决了前一个问题。后一个问题主要是通过使用广告和其他市场营销手段来激发消费者的消费欲望来解决。

广告为商品赋予个性、气质、形象,甚至是品位,无形之中提升了商品的价值。这种增加的商品价值就是符号的价值,就是能指的价值,就是"意义"。对于这一点,文化研究开山祖之一的威廉斯早有体察,他在《广告:魔幻般的系统》一文中写道:

> 光是说啤酒能喝不也就够了? 何必又多此一举,说喝了它就会显得雄赳赳而心神焕发,或是和蔼容易亲近? 洗衣机是个有用的洗衣机器不就得了? 何苦说有了它我们就比邻居来得有见识,就是邻居美慕的对象? 有些研究证据的确显示,前举的那些隐喻或名言,真的是能够用来促销啤酒与洗衣机之类的产品,以此,我们可以明确地推知在我们的文化形态里,光是物品本身还不能算数,假使要把它们推销出去,还得把它们比附于特定的社会或人际意义,而这些意义在不同的文化形态里可能比较容易让人感受到一些。"②

晚近一些的研究多认为广告有助于增加商品的品牌价值。广告大师奥格威就认为广告是对品牌的长程投资,他因此激烈地将那些为了短期的促销利益而自损品牌形象的行为批评为战略性短视。在现实操作中,许多企业常常受困于两难之境。一方面,在经济状况较好时企业能够为了维护自身品牌的价值而暂时牺牲促销利益;一旦经济状况恶化、市场竞争剧烈,许多资本实力不充裕的企业就会被迫开展大规模的促销活动,以降价、赠送、返现等各种手段对产品进行促销。这样的自贬身价对于消费者来说可能是件好事(短期

① 罗钢,王忠忱.消费文化读本[M].北京:中国社会科学出版社,2003:前言第3页.
② WILLIAMS, R. Advertising:The Magic System[M]//Problems in Materialism and Culture. London:Verso,1980:170-195.

是如此,长期来看却未必),但对企业来讲却是灾难性的,因为这样的行为损害品牌在消费者心目中的地位和价值,故而它是对企业长久利益的损害。

不管怎样,这里的共识是,广告是增加商品符号价值最重要的手段之一。因此之故,在鲍德里亚看来,广告至少要为现代社会的符号化负有大部分责任。现代人生活的现代社会是围绕着商品的生产与消费组织起来,而在商品的生产与消费之间,广告是非常重要的纽带。广告将商品编码、重组、结构化为一个个自由的能指,这些自由的能指事实上已经脱离它们原初的肉身——物质性的商品,而弥漫于我们的生活空间之中。另一方面,消费者消费的也正是这些个自由的能指。因为在一个丰裕的社会中,物质性的差异已经不再重要,重要的是符号的差异;这些符号的差异决定了我们每个人的阶级身份和社会地位。正是在这样的意义上,鲍德里亚认为,当代社会是一个"仿真社会"(society of simulation),在这样的社会中,"身份是通过形象的占用而建立起来的,编码和模型决定了个体是如何看待自身并与他人发生联系的。经济、政治、社会生活和文化都受到了仿真逻辑的控制,编码和模型决定了商品是如何被消费和使用的,政治是如何被揭示的,文化是如何生产并被消费的,以及日常生活是如何度过的"①。

(二)广告符号政治经济学的研究路径

鲍德里亚认为研究符号政治经济学可以对古典政治经济学(鲍氏认为古典政治经济学包含马克思主义政治经济学)所关注的"一般政治经济学"的丰赡。我们是不是也可以据此认为,研究广告符号政治经济学是对一般意义上的广告政治经济学的丰赡? 如果是,广告符号政治经济学又该如何研究呢? 尽管鲍德里亚提出研究"象征交换"的三项任务,但他除了提出在符号的象征交换中商品的使用价值和所指已被降格到只具有"战术价值"的地位而交换价值和能指则被升格到"战略价值"的地位之外,并无过多关于研究框架的详尽描述。因此,我们应该回到鲍德里亚所谓的"一般政治经济学"那里去寻找可资利用的研究框架。

在前文中我们已经运用莫斯可的传播政治经济学的"三化"研究框架研究了广告政治经济学。这样的"三化"研究框架是否也能被用于广告符号政治经济学的研究呢? 我想,我们至少可以尝试一下。如果我们将"三化"的框架运用于广告符号政治经济学的研究,那么,打头阵的依旧是"商品化"。鲍德里亚认为,符号也是商品,因此它也有使用价值和交换价值。它的使用价

---

① 波德里亚:一个批判性读本[M].陈维振,陈明达,王峰,译.南京:江苏人民出版社,2008:绪论11-12.

值就是后现代社会中的形象消费，它的交换价值则可归属到象征交换的范畴。如此一来，符号的商品化便具有马克思意义上的"商品拜物教"特性，我们姑且将之称作"符号拜物教"，即人与人之间的社会关系被符号间的关系掩盖了。这里可以见出，在晚期资本主义社会中，人与人、人与物、人与自己的类本质之间的异化已经到了何等的程度。这也正是鲍德里亚哀叹在一个仿真的、超真实的后现代社会中，现代哲学的宠儿——主体，已经被客体——符号，彻底打败了的重要原因。

再来看看"空间化"。在广告政治经济学中，空间化是与地理学意义上的国际广告运动的扩展联系在一起的。与此相类似，在广告符号政治经济学中，空间化指的是由广告创造出来的一个个自由漂浮的能指对生活空间无处不在的殖民。生活于现代社会中的个体，其生活空间中还有哪怕是片寸之地没有被广告符号浸染过吗？从工作场所到我们家中的私人空间，从衣食住行到行为举止，哪一个领域没有广告符号的身影？甚至我们的肉体也已遭到广告符号的殖民，君不见兴起于世纪之交并绵延至今的身体美学热潮中广告符号的威力吗？

在广告符号政治经济学中，空间化还意味着广告符号可以漠视国家疆界的而自由穿行。在地球的每一个角落，甚至是在太空中和海洋深处，只要是人迹所及之处都会有广告符号的身影。如果说在现代社会中，国家之间的边界尚能抵挡住军事机器和物质武器的入侵的话，它肯定抵挡不住文化符号的入侵。从苏联解体到东欧剧变，从阿拉伯之春到北非颜色革命，哪一次事变中不是文化符号打头阵？国家间的边界尤其抵挡不住广告符号的入侵。在北京的街头，在深圳的地跌上，在广州的公交车上，在上海的百货商店橱窗里，在香港的迪士尼乐园中，消费资本主义的广告符号无处不在，无孔不入，让你无处遁形。

对广告政治经济学结构化分析着重讨论了阶级、性别和霸权三个维度的结构化问题，这三个问题同样适用于对广告符号政治经济学中结构化问题的分析。事实上，这三个维度的结构化是通过广告符号实现的。广告符号化了现代社会中每个人的阶级身份、性别身份，当然还有种族身份；这当然不是通过物质性的强制力实现的，而是通过符号的"霸权"实现的。不消说，这背后的逻辑仍然是权力的逻辑；这种权力的逻辑，按照布尔迪厄的分析，既是经济资本层面的权力，也是文化资本层面的权力和社会资本层面的权力。所有这些权力，在广告中都融汇成符号的权力。在人类历史上，广告的符号霸权从未像今天这样彰明较著，这样势不可挡。在现代性向后现代性、现代主义向后现代主义加快过渡的语境下，广告正生逢其时，这是因为："对于当前的年代而言，这个年代对符号的喜爱胜过对所指物的喜爱，对复件的喜爱胜过对原件的喜爱,对幻象的喜爱胜过对现实的喜爱,对表象的喜爱胜过对本质的喜爱……只有幻象是神圣的,而真实是亵渎神明的。不,神圣的提高同真相的下降和幻象的增长被认为是成比例的,结果就是,幻象的最高级别就成为了神圣的最高级别。"(费尔巴哈语)①

本章小结

　　本章基于马克思主义政治经济学基本原理,运用传播政治经济学的研究方法与理论,对广告开展研究。将这样的研究路径包容在以广告文化研究为总题的研究体系之下可能会给人以不太协调之感。诚然,按照我们目前的学科划分,经济学研究与文化研究似乎有天然的界限。在我看来,这当然是画地为牢,固步自封的认识。正如在本书绪论指出的那样,文化研究倡导跨学科、超学科甚至反学科,坚持海纳百川有容乃大的胸襟,不断地突破学科边界,以在学科交界处获得对问题的新认知。况且,在经济文化化、文化经济化的现时代,文化与经济之间的界限本来十分模糊了。

　　传播政治经济学的理论与方法对研究非常重要,莫斯可的传播政治经济学"三化"研究框架被成功地引入对广告的研究,帮助我们完成对广告这一当代社会中最重要的社会和文化现象的"关键一击"。在广告政治经济学的研究历史中,传播政治经济学奠基人之一的达拉斯·斯迈思提出的"盲点"理论至关重要,因为它将我们的研究视线从文化马克思主义者的意识形态论和"文化霸权"论引回到马克思的经济基础论,为我们更加全面、深入地认识广告背后的权力关系及其运行机制开辟了新的路径。在对广告的研究中,以上两种路径都是必不可少的,偏废任何一方都会使研究减色不少,对问题的认识也难免存在偏差。意识形态研究和文化霸权研究为揭开广告作用于社会意识的秘密;斯迈思提倡的对经济作用的关注则对于深入理解广告对大众传媒的支配、对受众剩余价值的剥削乃至对整个社会运行机制的控制具有不可替代的重要性。

　　在广告政治经济学研究领域,鲍德里亚提出的符号政治经济学理论有将我们拉回"意识形态论"的倾向。但是,这也只是表象。事实上,鲍氏的理论不仅对于经济基础论是个重要丰赡,它甚至对于意识形态论和文化霸权论也

---

　　① 贝斯特.现实的商品化和商品化的现实:波德里亚、德波及后现代理论[M]//波德里亚:一个批判性读本[M].陈维振,陈明达,王峰,译.南京:江苏人民出版社,2008:51.

是重要的发展和补充。如果说,马克思和弗洛伊德生活的时代是一个商品化景观初现的社会,德波笔下描绘的是一个"商品即形象,商品即景观"的社会的话,那么,鲍德里亚则描绘了一个后现代意味浓厚"仿真的社会"。这里的思想脉络正如史蒂文·贝斯特分析的那样,"伴随这一运动(指从马克思到德波再到鲍德里亚的思想演变——引者注)的是从马克思主义到新马克思主义、再到后马克思主义的一种运动。"①或许,鲍德里亚描绘的"仿真社会"并不完全符合我们当前的社会实际情况,但谁也不能否认我们眼下的社会存在着从现代性迈向后现代性的趋势。鲍德里亚的理论或许是过于超前了,但是不管我们将之称之为"病毒"也好,"转喻"也罢,它对我们的警醒作用始终存在。因此之故,鲍德里亚的符号政治经济学或许会成为广告学未来研究的重要方向。

---

① 贝斯特.现实的商品化和商品化的现实:波德里亚、德波及后现代理论[M]//波德里亚:一个批判性读本[M].陈维振,陈明达,王峰,译.南京:江苏人民出版社,2008:53.

第六章　广告历史文化研究

　　我们已经完成对广告的本体阐释性研究、广告社会分析以及广告政治经济分析,我们可以得出以下基本的结论:其一,广告已经发展出当代社会中的强大的控制机制,通过对意识形态的操纵,对社会风尚进行潜移默化的影响与型塑,对社会中政治经济体系进行控制;其二,广告是对社会中既有不平等权力关系的维护和固化性力量而不是相反,因为揭露甚至对抗社会中既存不平等的权力关系不符合广告的利益;其三,广告加深了人的不自由而不是相反,它在一定程度上为马克斯·韦伯的理性化"铁笼"加上了一根坚固的钢条。在这些基本结论的基础上,本章将对广告这一当代社会中最重要的社会和文化现象展开更为宏观的、哲学层面的思考。

第一节　广告溯源

一、广告的缘起

　　广告缘何而来? 这是每一个研究广告史的人都必须思考的问题。陈培爱在《中外广告史新编》中对中国广告史和外国广告史分立两编进行了深入考察,在他看来,广告在中国可溯源至原始社会中的"社会广告",其主要形式包括鼎、石刻、碑、志①。陈培爱认为,就广告在古老的中国大地上的出现与发展而言,经济广告出现在社会广告之后,经济广告是随着社会分工和交换的出现而出现的,"如果说社会广告是与人类生存、生活紧密相关的信息的传递,那么经济广告或商品广告一定是在社会广告之后产生的。研究经济广告

---

① 陈培爱.中外广告史新编[M].北京:高等教育出版社,2009:1-3.

的历史起源,必然要追溯商品交换的起源"①。陈培爱将社会广告认定为广告的最原初的形态,但他并未给社会广告下明确而清晰的定义。从他的论述看,社会广告倒更像是社会传播形态,因为无论是古代的鼎和石刻,还是碑和志,它们事实上都是一种旨在昭告四方的传播系统,通过这种传播系统,统治阶级可以将自己的意志以文字的形式布告天下,达到宣扬威权、统一思想和整合社会的目的。这与我们今天所认识的广告有本质的区别,也与本书研究的现代商业广告相去甚远。要言之,这种"社会广告"能否被称之为广告是有异议的。

从我们的研究主题看,广告的真正源头还得到"经济广告"中去寻找。经济广告的出现源于社会分工,只有在社会分工的条件下,广泛意义上的交换才成为可能,有了交换,初始形式的旨在促进交换的广告(如口头叫卖)也便应运而生。

第一次社会大分工出现在原始社会的末期,主要是畜牧业与农业的分离。在原始社会向奴隶社会转变的时期,又出现手工业与农业及畜牧业的分离,这是第二次社会大分工。这两次社会大分工都促进了交换的发展,无论是从事畜牧业的人群还是从事农业的人群,抑或是从事手工业的人群,他们都需要交换有无。当然,这种发生在远古时期的交换多为物物交换,通过一般等价物为媒介的交换规模还十分微小。到了第三次社会大分工,社会上出现不事生产专事交换的商人。商人阶层的特征,借用司马迁在《史记》中对吕不韦的描述,是"往来贩贱卖贵,家累千金"②。当然,"贩贱卖贵"是真,"家累千金"倒未必是每个商人都能达到的目标。商人阶层的出现大大加快交换的发展,也催生经济广告的发展并使之"成为古代商品交换中必不可少的宣传工具"③。

而在西方,原始的广告形式产生于古希腊时期的城邦国家,在希腊城里,经常见到人们有节奏地吆喝着贩卖奴隶和牲畜。到了古罗马时期,这种沿街贩卖的口头广告进一步发展,叫卖的内容还被编成曲调并配以能发出音响的工具,以引起注意。大约在公元前3000年——前2000年,西方出现文字,这就是古巴比伦王国的楔形文字,它最初被刻在骨头、黏土版上,后者晒干后可以保存。几乎是与此同期,莎草纸这种新的文字媒介,它在促进文字的发展和文化的传播的同时,催生文字广告。相关研究表明,最早的文字广告诞生于距今三千多年前的古埃及,是写在莎草纸上的追缉逃跑奴隶谢姆的寻人告

---

① 陈培爱.中外广告史新编[M].北京:高等教育出版社,2009:5.
② 司马迁.史记·吕不韦列传第二十五[M].北京:中华书局,2013:3025.
③ 陈培爱.中外广告史新编[M].北京:高等教育出版社,2009:6.

示。广告的内容大致为："奴仆谢姆从织布店主人哈布处逃走,坦诚善良的市民们,请协助按布告所说将其带回。他……面红目褐,有告知其下落者,奉送金环一副——能按您的愿望织出最好布料的织布师哈布。"①

值得注意的是,刘家林和陈培爱都将世界广告的发展历史划分为四个时期②:(1)从广告的产生到 1450 年前后德国人古登堡发明金属活字印刷为原始广告时期;(2)1450—1850 年,这一时期为世界近代广告的孕育期,这一时期,印刷广告产生,广告代理商出现;(3)1850—1920 年,这一时期是世界近代广告向现代广告的过渡期,这一时期的突出标志是大众传播媒介的出现以及现代意义上的广告代理制度的确立;(4)1920 年以后,世界广告全面进入现代广告时期,在这一时期,包括广播、电视和现代报刊等在内的大众传播媒介飞速发展,工业化大生产将大量的商品推向市场,西方发达国家逐步进入大众消费时代,广告业得到突飞猛进的发展。可以说,我们今天所目睹的广告业的基本样态都是在这一时期发展成型的。

笔者赞同对广告发展演变的前三个时期划分,但对第四个分期中现代广告的起点时间持有不同看法。笔者以为,现代意义上的广告早在 19 世纪中期随着美国的现代广告公司的建立即已基本成型。1841 年,沃尔尼·帕尔默最早在费城设立广告代理机构,又先后于 1845 年和 1849 年在波士顿和纽约开设广告代理机构。1860 年年初,乔治·P.罗威尔在波士顿开设广告代理店。罗威尔对广告行业的另一重大贡献是于 1888 年创办了第一本行业杂志《印刷者油墨》(Printer's Ink),《印刷者油墨》的出版成为推动广告行业发展的重要动力。1869 年,弗朗西斯·魏兰·艾耶在费城开设"艾耶父子广告公司",这被广告史学界普遍认为是"现代广告公司的先驱"。艾耶对现代广告发展的另一巨大贡献是他于 1875 年率先实行"公开合同制"(Open Contract),这种广告代理制明确了广告代理公司在商妥的一段时间内为客户提供全面服务的责任与权利。公开合同制的推行为广告代理商赢得商业尊严,成为推动广告代理制稳步走向规范化和制度化的一块重要基石。

从现代意义上的广告学诞生的时间点来看,也应该将现代广告的起点时间从 20 世纪 20 年代向前推延。这是因为,举凡一门学科的出现基本上都是先有术后有学,新闻学是如此,传播学是如此,广告学亦复如此。现代意义上的广告学诞生于 20 世纪初,除了相关研究著作的出现之外,"全美营销学和广告学教员协会"于 1926 年成立也是里程碑式的事件,因为"协会"的成立标志

①　刘家林.新编中外广告通史[M].广州:暨南大学出版社,2000:361-362.
②　陈培爱.中外广告史新编[M].北京:高等教育出版社,2009:228;刘家林.新编中外广告通史[M].广州:暨南大学出版社,2000:359-360.

着广告和广告研究正式进入大学课堂,引起学界的重视。广告要想引起教育界和学界的重视不经历一定的发展过程并成为彰明较著的经济、社会及文化现象是断不可能的。由此可见,将现代广告的开端设定在 19 世纪 60 年代更为合宜。

二、分工:广告的真正历史动因

对广告历史的简要梳理可知,广告产生的真正的历史动因是分工。无论是第一次社会大分工中畜牧业与农业的分离,还是第二次社会大分工中手工业和农业及畜牧业的分离,抑或是第三次社会大分工中商人阶层的形成,每一次社会分工的发生都促进了交换的发展,这种交换的发展在形成商人阶层的第三次社会大分工之后得到极大的增强,因为商人正是这样一群专事交换的人。现代商业广告的诞生与发展也是劳动分工的直接结果——以广告为专职的现代广告公司和广告职业者的出现直接推动现代广告的发生与发展。

对于分工,马克思主义的批判性政治经济学与古典政治经济学的看法判然有别。在古典政治经济学家亚当·斯密看来,分工是人所固有的"交换倾向"的必然结果,斯密指出:

> 虽然人们从分工中得到许多好处,但一开始,分工并不是任何人的智慧结晶;没有人一开始就看出分工会带来普遍的富裕,也没有任何人刻意想利用分工让社会普遍富裕。分工的形成,是因为人性当中有某种以物易物的倾向;这种倾向的作用虽然是逐步而且缓慢的,也完全不问分工是否会产生广泛的效用;然而分工却是这种倾向必然产生的结果。①

可见,在斯密看来,分工源于人的"交换倾向"或曰"买卖倾向",是人性固有的特点,这种特点使得人类社会成为交换的社会、商业的社会。在资产阶级政治经济学者们看来,这种交换的社会、商业的社会是正当的、合理的,由"交换倾向"导致的分工可以实现对人力的高效利用,有助于社会财富的增加和社会福祉的增加。

古典政治经济学家约翰·斯特亚特·穆勒也持与亚当·斯密相似的看法,穆勒认为分工是促成商业社会的历史动因,因而分工具有社会进步的意义。穆勒认为,"**人的活动可归结为机械的运动**,分工和使用机器可以促进生产的丰富。委托给每个人的操作范围必须尽可能小。分工和使用机器也决

---

① 斯密.国富论:I-III 卷[M].谢宗林,李华夏,译.北京:中央编译出版社,2011:12.

定着财富从而决定着产品的大量生产,这是大制造业产生的原因"①。穆勒把原本意义丰富的劳动化约为单调刻板的机械和运动,为其"买卖社会"和"交换经济"理论提供支撑。由此看来,古典政治经济学把人看作纯粹是为了追求个体利益的、"单向度的"(马尔库塞)的"经济人"也就不足为奇。

与此不同,马克思在《1844 年经济学哲学手稿》中虽然承认分工和交换是人的活动本质力量的外化,但他却反对那些断言分工和交换是私有财产的基础的说法。马克思认为持这种观点的人"不外是断言**劳动**是私有财产的本质,国民经济学②家不能证明这个论断而我们则愿意替他证明。**分工和交换**是私有财产的形式,这一情况恰恰包含着双重证明:一方面**人的**生命为了本身的实现曾经需要**私有财产**;另一方面人的生命现在需要消灭私有财产"③。事实上,马克思对分工的态度是矛盾的,他一方面肯定分工对于社会进步的积极作用,另一方面他非常赞赏法国经济学家萨伊对分工的看法,后者认为分工虽然促进了交换的发展从而为社会财富的累积创造了条件,但其弊端也显而易见,分工"降低**每一单个人的能力**"④。马克思认为萨伊的这一"意见"是一个"进步"。

不难看出,在古典政治经济学家们看来,分工产生的原因在于社会生产力的发展,在于资本主义扩大再生产的需要。分工促进了交换社会的形成,使得每个人都成为"交易代理人",分工促进了社会的进步。马克思和萨伊等人则从道德的角度分析了分工对人的自由与全面发展的负面作用,认为分工将原本大写的人降格为机器的附庸,分工实质上是对人的丰富的能力的否定。

当然,讨论分工时绝对不能忽略另一社会学大师埃米尔·涂尔干。涂尔干对分工的认识集中在其成名作《社会分工论》中。在这部原本是用来申请博士学位的论著中,涂尔干既表达了与古典政治经济学者对分工的不同看

---

① 马克思.1844 年经济学哲学手稿[M].中共中央马克思恩格斯列宁斯大林著作编译局,译.北京:人民出版社,2000:138.黑体为原文所加。

② 这里的"国民经济学"等同于英法学界的"政治经济学"。在马克思生活的时代,德国人认为政治经济学是一门系统研究国家应该采取哪些措施和手段来管理、影响、限制和安排工业、商业和手工业,从而使人民获得最大福利的科学。因此,政治经济学也被等同于国家学(Staatswissenschaft)。亚当·斯密认为,政治经济学是关于物质财富的生产、分配和消费的规律的科学。随着斯密主要著作的问世及其德文译本的出版,德国人开始改变思想。《马克思、恩格斯选集》(2012)(第一卷)第 867 页"注释"第 5 条对此的解释较为详细。

③ 马克思.1844 年经济学哲学手稿[M].中共中央马克思恩格斯列宁斯大林著作编译局,译.北京:人民出版社,2000:138.黑体为原文所加。

④ 马克思.1844 年经济学哲学手稿[M].中共中央马克思恩格斯列宁斯大林著作编译局,译.北京:人民出版社,2000:138.黑体为原文所加。

法,也表达了与批判性的马克思主义政治经济学的不同看法。

与斯密和穆勒等人不同,涂尔干认为扩大生产并不是分工的主要原因,恰恰相反,"生产力的增加仅仅是分工的必然结果,或者说是分工现象的副作用。我们之所以朝着专业化方向发展,不是因为我们要扩大生产,只是因为它为我们创造了新的生存条件"①。涂尔干对分工的看法也与马克思等人不同,前者认为分工是人类社会从低级社会形态迈向高级社会形态的必然结果,反之,也可以说,分工推动了人类社会不断向高级形态的演变。涂尔干指出,"其实,文明只不过是分工的副产品而已。文明不能解释分工的存在和进步,因为它本身没有固有或绝对的价值;相反,只有在分工本身成为一种必然存在的时候,文明才有自身存在的理由"②。

涂尔干还区分了两种社会团结的类型——"机械团结"和"有机团结"。前者是由"相似性"产生的团结,后者则相反,是由差异性即分工产生的团结。所谓相似性指人与人之间血缘相同或相近、民族或种族相同或相近、宗教信仰相同或相近,这些相似性产生的团结被涂尔干称为机械团结。与此相反,因为劳动分工产生的团结,由于其与有机体或高等动物各身体器官分化与协作过程极为相似而被涂尔干称为有机团结。涂尔干认为,有机团结的形成是社会进步的标志,人类社会的劳动分工愈是发展,将人与人及人与社会联系起来的纽带便愈是紧密,有机的团结也就愈是发展。

不可否认,人类文明的发展史就是劳动分工的发展史。因此,如果我们认为迄今为止的人类文明是不断发展进步的,我们就必然要承认社会分工对于人类文明的发展而言是一股积极的推动力量。无论是我们接受古典政治经济学者们的观点扩大生产促进了社会分工,还是接受涂尔干的观点——劳动分工是因而社会生产力发展是果,社会分工对于人类文明发展的积极作用都是显而易见的。但是,正如一枚硬币具有两面一样,分工的负面作用也显而易见。分工"缩小"了人而不是"张扬"了人,它将人围于一隅而不是促进人的全面与自由的发展。同时,分工越是发展,科层化、理性化的"铁笼"便越是牢固,其对人和人性的压制就越深刻,使得人变得越来越不自由。对此,马克思之后的许多社会理论家都有所思考,韦伯显然是其中十分深刻的一位,尽管他可能并未注意到马克思先于他对这一问题所作的思考。而在弗洛伊德(心理分析)及继承了弗洛伊德衣钵的马尔库塞那里,文明的发展是以对"爱欲"的持续压制为代价的,"克制产生了文明,克制的加强又发展了文明。这

① 涂尔干.社会分工论[M].渠东,译.北京:三联书店,2013:232.
② 涂尔干.社会分工论[M].渠东,译.北京:三联书店,2013:296.

样的文明势将导致自我毁灭"①。可见,掌握分工与文明,理性化与科层化这些概念,需要辩证的思考,既要看到一面,也要看到更多的面,这才是符合唯物辩证法思想的正确态度。

分工催生对交换的需要,随着分工越是发展,对交换的需要便越是增加,交换的增加又必然促进广告的发展,社会商品极大丰富之后更是如此。这便是我们已经看到的广告在自 1920 年代至今的近一个世纪中飞速发展的图景。而现在,我们思考的问题并非广告的这幅飞速发展图景是否继续(因为关于这一点,在可以预见的未来是无丝毫的疑问的),也不是如何使这幅图景能够更好地继续下去(因为那应该是功能主义者们考虑的问题),而是这样的一幅图景对人,对人的自由与全面发展究竟会有怎样的影响;它到底是一股促进性的力量呢,还是一股阻碍性的力量;是加强了的人的自由,还是加强了对人的控制。不幸的是,越来越多的证据显示,广告的这样一幅发展壮景所起的作用是后者而非前者。

第二节 安全与自由:从古代到现代再到后现代

安全与自由,是人类社会永恒不变的话题。人类从诞生的第一天起,就一直在追求着这两样东西,这两样东西有相因相生、彼此依存、彼此相克且又缺一不可的关系。对安全的追求走向极致便会使自由受到损害;反之,对自由的追求走向极致也会使安全受到损害。

达尔文的《进化论》的出版以及后来的人类学和人类考古学领域的研究发现支持人从类人猿进化而来的论断。假如这一结论不误,我们完全可以设想人刚从动物世界走出来时是如何窘迫与不安——因为他将要面临着全新的生活,这种生活充满不确定性,对他而言是不安全的。人从森林走向平原,又从平原走向海岸;从高山走向大河,又从大河走向陆地,在这一过程中的每一步他都要面临重重的艰难险阻。又因为此时的人已经失去动物的许多本能特性,他的肌肉能力、耐寒能力以及总体上的对自然和气候条件的适应能力都已远远不如动物,这使得他比大多数动物都更孱弱,更加不适合生存的斗争。好在,在漫长的从动物进化为人的过程中,人发展出理性思维和自我意识的能力——这绝对是造物主对人最伟大的惠赐——这种能力为他以后的改造自然和改造自我打下坚实的基础。

---

① 马尔库塞.爱欲与文明[M].黄勇,薛民,译.上海:上海译文出版社,2012:72.

起初,人对于安全的追求是与自我求存密切相联的。为了自我求存,人需要食物和遮体御寒之物;同时,为了求存,人还需要与自然灾害以及狼虫虎豹等猛兽作斗争……个中的艰辛远非现代人所能体悟的。改造自然和适应自然的过程中,理性和自我意识的能力使人认识到人与人之间只有建立团结、有爱、互助的关系才可能使自身种群延续下去。于是,理性和良知逐渐成为指导人类行动的原则。对于初人面临的各种生存困境以及后来又如何发展出理性和良知的过程,埃里希·弗罗姆曾有过一段精彩的描述:

> 在几十万年的漫长岁月里,人类靠采集食物和猎取食物为生。他仍然为大自然所束缚,又害怕被大自然所抛弃。他将自己和动物等同起来,并且把这些大自然的代表作为他的神来崇拜。经过很长一段时间的漫长发展之后,人开始耕种土地,并且基于农业和牧业而创立了新的社会制度和宗教制度。在这一时期,人把各种女神奉为自然繁衍的孕育者,并觉得自己是大地之子。在大约四千年之前,人类历史上发生了一次决定性的转变。人在摆脱自然的漫长的过程中迈出新的一步。他断绝了与自然和母亲的联系,给自己定了新的目标,就是让自己充分发展、充分觉醒、充分人性化;让自己自由。理性和良心成了指导他的行动的原则;他的目标是建立一个由友爱、正义和真理所维系的社会,建立一个新的真正富有人性的家园,以代替已经失去、无法挽救的自然家园。

> 而后,大约公元前500年,人类统一的思想和构成一切现实基础的统一精神原则,在印度、希腊、巴勒斯坦、波斯和中国的宗教体系中就已呈现出新的发展方向。老子、释迦摩尼、弥赛亚、赫拉克利特、苏格拉底、后来巴勒斯坦的耶稣及其使徒、美洲的奎兹考特、更晚些阿拉伯的穆罕穆德,都提出过这样的思想,人类的团结、理智、爱和正义,是必须争取实现的目标。①

弗罗姆既是精神分析学家,又是哲学家,作为当代西方精神分析学派的理论权威,他的影响广泛且深远。弗罗姆对人和人类社会的思考基于其心理分析和哲学思辨。弗罗姆将"大约四千年前"认定为人最终将"理性与良心"确立为自身行为准则的时间点,但他并未对此给出相关的科学佐证。不过,这并不妨碍我们基于这一点分析他的思想体系和理论目标。弗罗姆在《健全的社会》(*The Sane Society*)一书中把人从自然走出来独自面对这个充满不确定性的世界比作婴儿离开母腹来到人世。他认为人在母腹中时处于自然合

---

① 弗罗姆.健全的社会[M].王大庆,许旭虹,李延文,蒋重跃,译.北京:国际文化出版公司,2003:286-287. 着重号为笔者所加。

一的状态——这是安全的、谐和的状态。当人从母腹中出来时,便意味着他不得不离开熟悉的安全的环境而进入陌生的、充满风险的环境。所幸的是,新生婴儿并不能意识到这种环境改变蕴含着的风险,否则他一定会惧怕不已并拒绝出生。弗罗姆写道:"仁慈的命运保护我们免遭这第一次的恐慌,但在任何新的一步,塑造自我的任何阶段,我们都会再次感到害怕,我们永不能从两个相互对立的倾向中得到解脱:一种是从子宫中出来,从兽性的存在走向更加人类化的存在,从束缚走向自由;另一种则是回到子宫,回到自然,回到确定性与安全性。"①遗憾的是,人一旦离开母腹便再无回到子宫的可能,正如人离开自然,从动物世界中脱离出来而成为真正的人后便再无回头的可能一样。因此,人自从降生的第一天起就注定要面对风险和不确定性,对他而言,绝对的安全只存在于想象之中。不过,人离开母腹、走出自然后虽然要面对风险,但却也使他脱离母腹和自然的束缚而获得自由,尽管这种自由的代价并不是他所自愿支付的。

可见,人类的自由是以自身的安全换来的。当然,有了自由是一回事,如何正确地享用自由又是另外一回事。在这方面,弗罗姆对迄今为止人类的表现同样持批判的眼光,而他质疑的焦点正是人似乎并不会正当地享用得来不易的自由。人从黑暗的中世纪走出,进入文艺复兴的阳光地带而获得新的自由,与这种新的自由降临人身的同时,新的不自由又出现,这就是封建社会的农奴制枷锁——一种人为的枷锁。现代性的萌生与发展给人类带来了科学技术和先进生产力,也将宗教送入历史,人得以摆脱宗教的束缚而获得新的自由。然而,与上一次的命运相同,这一新的自由也未持续多久就被随"集权主义"而来的新的不自由所取代,"集权主义运动唤起了人们内心深处的一种渴望,那就是逃避人们在现代世界里获得的自由;现代人脱离了中世纪的束缚,获得了自由,可却没有在理性和爱的基础上运用他们的自由建设一种有意义的生活,而是以顺从领袖、种族、宗教的方式寻求新的安全感"②。同理,我们还可以说现代性的发展在给人类带来巨大的行动自由的同时,也为现代人带来韦伯认为的理性化"铁笼"(其中尤以官僚化的结构化作用为突出),从

---

① 弗罗姆.健全的社会[M].王大庆,许旭虹,李延文,蒋重跃,译.北京:国际文化出版公司,2003:31.

② 弗罗姆.健全的社会[M].王大庆,许旭虹,李延文,蒋重跃,译.北京:国际文化出版公司,2003:5.

而限制了人的自由。①

　　这一次次的自由与不自由的更迭怎能不让人唏嘘不已,难道这就是人的宿命,人类注定就得时刻与锁链为伴吗?在我看来,就对这一问题的思考而言,弗罗姆并不孤独。他在精神分析领域的导师和前辈弗洛伊德和荣格都曾对这一问题有过深刻思考。弗洛伊德的"无意识"和荣格的"集体无意识"或多或少或直接或间接都与人的安全与自由问题有关。如果我们再往前看,20世纪三大社会学大师——卡尔·马克思、马克斯·韦伯和埃米尔·涂尔干也都曾对这一问题有过深刻的思考。只不过是,马克思、韦伯和涂尔干将对这一问题的思考与现代性联系起来。在马克思看来,现代性的问题就是资本主义;对韦伯来说,现代性问题与"理性化"相等同;而对涂尔干而言,现代性的问题则是工业主义。所有这些问题都与人的安全与自由问题密切相关。事实上,对这三位古典社会学大师而言,现代性虽然在一定程度上解放了社会生产力,但其副作用也显而易见,它对人性的压抑、对人格的贬损及对人的自由的戕害。为此,马克思曾提出要砸烂这个万恶的资本主义的残忍的人剥削人的世界,涂尔干则认为要对工业主义进行改造以规避"失范"(anomie)对人和社会的危害。三人中,韦伯的观点似乎最为悲观,他认为现代性的理性化"铁笼"或许正是人的宿命使然,打碎这一"铁笼"需要新型的"卡里斯马"(charisma,一译"超凡魅力")式的人物②。

　　今天,当人类社会正从现代过渡向后现代,从现代性过渡向后现代性,当我们站在21世纪的大门之内的时候,又遭遇到新的"枷锁",新的不自由。这种不自由同样是由人自己造成的,出于有意还是无意并不重要,无关宏旨。这种新的不自由就是广告。广告这一"大众文化王国的总理"已经成为现代

---

　　① 一部人类的文明史似乎就是一部人类不断地摆脱原有的枷锁而又进入另一个枷锁之中的历史。这样的怪圈难道是人类的宿命?对此,德国哲学家费希特似乎较为乐观。费希特曾把人类的"理性发展史"划分为前后相继的五个时代:"理性无条件地受本能支配的时代:人类天真的状态。理性的本能变成外在的强制的权威的时代:即确立礼教和典章制度的时代,所要求的是强制、盲目信仰和无条件的服从。这是走向罪恶的时代。解放的时代:直接从统治的权威,间接从理性的本能和一般的任何形态的理性权威解放出来。这是对于一切真理绝对漠不关心、完全无拘束、没有任何指导的时代;这是罪恶完成的时代。理性科学的时代。在这时代里人们认识到真理是最高的东西,对真理有了最高的爱好。这是走向善的状态。理性艺术的时代:在这时代里人们以确定无误的步伐正确地实现理性。这是善的完成和圣洁的状态"。从这里可以见出,费希特所谓的"理性艺术的时代"也就是人类彻底摆脱了所有的枷锁而走向自由的时代;如他所言,这是一种"善的完成和圣洁的状态"。

　　② 韦伯.经济与社会:第2卷[M].阎克文.译.上海:上海人民出版社,2010. 苏国勋.理性化及其限制[M].上海:上海人民出版社,1988.

人新的"上帝",成为新的崇拜偶像。这一新的上帝和崇拜偶像与曾经熟悉的那个旧的上帝和崇拜偶像一样,也十分热心地为每个人设定了一个"框框",我们只有在这个框框内生活才会感到自由、自在、舒坦、安全,谁敢越出这一框框,就要面对巨大的风险和不确定性,即"不安全",这就是"结构",广告其实是当代社会中无处不在的结构。广告通过创造时尚,引领流行,对每个现代人进行循循善诱的"教导"把人结构化进它的逻辑,使人成为"良好公民"和"懂规矩的消费者"。仅从这一点来看,广告绝对是现代社会中的一股强大的"规训"(福柯)性力量——如果不是最强的规训性力量的话。这一点,在罗兰·巴特的广告"神话"中,在居伊·德波对"商品即形象,形象及商品"的描述中,在鲍德里亚的"商品符号论"中,在威廉森的"解码广告"中,在加利的"广告符码"中,在斯迈思的"受众商品论"中都已经得到证实。

广告是如何走到今天这一步的呢?换言之,使广告成为当代社会中强大的控制机制是否还有其他更为根本的原因呢?

第三节 现代性的逻辑：
从商品拜物教到物化再到异化

现代性是本书最基本的背景性概念,本书认为,与工业化、城市化、世俗化、科层制、民族国家、消费主义、殖民主义与后殖民主义、文化帝国主义等一样,现代广告也是现代性的产物。而且,我们生活的现时代,从总体上而言是一个正在从现代性向后现代性、现代主义向后现代主义、现代化向后现代化过渡的时代。对人类文明的进程而言,现代性的积极作用毋庸置疑,我们今天几乎全部的文明成果都是立基于现代性之上的。然而,现代性发展的负面作用也正随着现代性的愈益发展而愈益彰显。概而言之,我们今天面临的几乎所有问题,包括广告这一社会和文化现象,都与现代性紧密相关。因此,抓住现代性,也便抓住现代广告的根本。

一、现代性的概念

现代性是包蕴非常丰富因而十分复杂的概念,要想给它下一个准确的定义几乎是不可能的。不同的学者只能从各自的研究旨趣出发对现代性进行一番描述,这也似乎是较为稳妥的做法。波德莱尔说:"现代性就是过渡、短暂、偶然,就是艺术的一半,另一半是永恒与不变"①。在马克思和恩格斯看来,现代性意味着"一切固定的僵化的关系都烟消云散了,一切神圣的东西都被亵渎了。人们终于不得不用冷静的眼光来看他们的生活地位、他们的相互关系"②。在尤尔根·哈贝马斯的眼中,现代性是一项"尚未完成的工程",因此,那些关于后现代性和后现代主义不断增强的喧嚣在他眼中无疑是糟糕不过的,因为这些喧嚣有将人们的视线从对推进现代性的事业之关注上转移开的危险。③ 意大利的后现代哲学家詹尼·瓦蒂莫认为,现代性意指这样一个时代,"在这个时代里,成为现代变成了一种价值,或者更确切地说,成为了所有其他价值指向的这种基本价值"④。

在美国当代文化理论家马泰·卡林内斯库看来,"现代性广义地意味着成为现代,也就是适应现时及其无可置疑的'新颖性'"⑤。在他那本研究现代

---

① 波德莱尔.波德莱尔美学文选[M].郭宏安,译.北京:人民文学出版社,1987:485.

② 马克思,恩格斯.马克思恩格斯选集:第 1 卷[M].中共中央马克思恩格斯列宁斯大林著作编译局,译.北京:人民出版社,2012:403-404.

③ 哈贝马斯在 1980 年 9 月获"阿多诺奖"的致辞的题目即是《现代性:一项尚未完成的工程》(Modernity—An Incomplete Project)。次年在纽约大学人文学院的"詹姆士讲座"(James Lecture)中,哈贝马斯重复了这一致辞,题目被改为《现代性对后现代性》(Modernity versus Postmodernity)。在该文中,哈贝马斯指出由 18 世纪启蒙哲学家们发起的现代性工程的本意旨在发展客观性的科学、普遍的道德原则与法律,以及自治的艺术,因为"启蒙哲学家们希望用这些专门化文化的积累来丰富人们的日常生活。"HABERMAS J. Modernity versus Postmodernity[J].tans. BEN-HABIB, S. New German Critique[Special Issue on Modernism], 1981,(22):9. 哈贝马斯写道:"受孔多塞(Condorcet)思想影响的启蒙思想家们仍然持有这种过分的期待,即艺术与科学将不仅会促进对自然力的控制,还将会推进人类对世界和自身的认识,推动道德进步,制度正义,乃至人类的幸福。20 世纪打碎了这种乐观主义。科学、道德以及艺术的分化导致这些门类的自治受到了专家(specialist)的操纵;同时,使它们与日常交往的诠释相分裂。而这种分裂的问题是那些"否定""专业文化"(culture of expertise)运动之兴起的缘由。但是这种问题不会消失:我们是该坚持启蒙的目的——这些目的或许是虚弱的——呢,还是该宣布整个现代性工程已是一项失败的事业呢? 着重号为笔者所加。

哈贝马斯总结认为:现代性的工程尚未完成。进一步推进这一工程,需要将现代文化与日常实践联系起来进行重新思考,这种思考既应立基于那些关键性的文化传统,同时又不能过分依赖于那些文化传统,"然而,这种新的联系只有在社会现代化被导向不同的方向的条件下才能得以建立。"当然,哈贝马斯也认识到这并非易事,因为整个西方世界或多或少已经形成了一种气候,这种气候在加快资本主义现代化进程的同时也强化了对文化现代主义的批判趋势。而且,许多旨在改造艺术与哲学的规划的失败以及因这些失败而导致的希望的幻灭已经成为许多人退回到保守立场上的借口。

④ 瓦蒂莫.现代性的终结[M].李建盛,译.北京:商务印书馆,2013:149. 着重号为原文所加。

⑤ 卡林内斯库.现代性的五副面孔[M].顾爱彬,李瑞华,译.北京:商务印书馆,2002:337.

性问题的"少见的博学"之作中,卡林内斯库为我们描述了现代性的五副"面孔"——现代主义、先锋派、颓废、媚俗艺术以及后现代主义。从中可以窥见卡氏研究现代性问题的美学旨趣。

与卡林内斯库的研究路径不同,英国社会学家安东尼·吉登斯则从社会学和社会理论的角度对现代性进行深入的思考。吉登斯认为"'现代性'指社会生活或组织的模式,它大约于17世纪以降在欧洲出现,并在后来,就影响力而言,或多或少地成为世界现象"[1]。吉登斯为现代性找到了一个时间上的开端——17世纪。众所周知,17世纪是欧洲工业革命逐渐萌发和对外扩张的时期,也是文艺复兴和宗教改革如火如荼地开展的时期,是社会从相对静态的状态向剧烈的运动状态转变的时期。在这一巨大的社会转型中,传统的社会关系逐渐瓦解,代之而起的是现代性的"变动不居"的社会关系。

另一位重要的英国社会学家齐格蒙特·鲍曼敏锐地把握住这一点,他将现代性与液体所具有的"流动性"(fluidity)特征联系了起来,提出"液态的现代性"(Liquid Modernity)[2]。在鲍曼看来,现代性虽然意味丰富,但其根本性的特征是不应忽略的,这就是"差异制造出差异"。鲍曼写道:"现代性包蕴着非常丰富的涵义,借助多种和不同的标识(markers),我们可以追溯其形成(arrival)与发展。然而,现代生活及其现代背景有一个特征彰明较著,这很可能就是'差异制造出差异'(difference which make[s]the difference);它也是所有其他特征所由产生的源头。这一特征是空间与时间之间的变化关系。"[3]在鲍曼看来,现代性导致不断变化着的时空关系,这种变化本身不断地产生新的变化,使得整个社会关系一直处于不断流变的状态。因此之故,鲍曼将现代性的社会关系比喻成"轻快的"(light)、"液态的"及"基于软件的"(software-based)关系,而与前现代性的"沉重的"(heavy)、"固态的"(solid)及"基于硬件"(hardware-focused)的关系特征形成对照。

西方学者对现代性问题的思考可以得出一个初步的结论——现代性既是一场深刻的经济和社会变革,更是一场人类历史上前所未有的深刻的文化变革。在这场变革中,前现代社会的那种相对稳定、以宗教和上帝为"精神之锚"的恒常不变的社会和文化关系瓦解了,取而代之的是以变化、短暂、偶然、世俗等为特征的现代性社会关系。这种现代性社会关系在经济层面突出地以货币纽带为特征的人与人之间的交换关系;在社会层面上是以民主和自由

① GIDDENS A. The Consequences of Modernity[M]. Stanford:Stanford University Press,1990:1.

② 在欧阳景根的译本(上海三联书店,2002)中,将"*Liquid Modernity*"译为"流动的现代性"。在本书的其他地方,如无特别指出,有关此书的引文均出自此中译本。

③ BAUMAN Z. Liquid Modernity[M]. London:Polity Press,2000:8.

为突出特征的政治关系；在精神层面则是以追求新颖，追求变化，追求感官刺激，追求自我表达，追求美学泛化等等的文化关系。这种现代性的社会关系发展至 19 世纪中期臻于常态化和稳固化，成为人类社会基本的社会关系，现代人从出生起就被结构化进这种变动不居的社会关系之中。

正如前文已经论及的那样，现代意义上的广告也正于此时产生。现代广告的出现与发展得益于大众化报刊在美国的出现，后者本身也是现代性的产物之一。自世界首份印刷报刊《报道与新闻报》于 1609 年在德国出版以来，经过两个多世纪的发展，及至 1833 年，世界报刊进入大众化时代，其一个重要标志就是本杰明·戴于纽约创办《纽约太阳报》（New York Sun）。这是世界首份"便士报"，它以市井百姓关心的"日常琐事"为报道重点，价格便宜，每份仅售一便士，大量刊登广告，成为现代报刊的原型。

在现代性运动的裹挟下，人类社会，无论是在经济上，还是在政治上和文化维度上，都相较前现代社会发生"断裂性"（discontinuity）的剧变。在现代性的"宏大叙事"中，现代广告仅是这场浩大的社会变革中的一个后起现象而已，尽管其重要性在现代性后来的进程中愈来愈突出。

二、从商品拜物教到物化再到异化

现代性的逻辑，根据吉登斯①对 20 世纪三位经典社会学大师的研究来看，应该是"资本主义"（马克思），"工业主义"（涂尔干），"理性化"（韦伯）。这些大师们对现代性问题的思考对本书研究主题很有启发，这种启发性立基于这样的一个重要思路：即思考现代性的逻辑，要与我们自身的研究对象和研究主题联系起来。正是受此启发，从本书的研究对象和研究主题出发，可以将现代性的逻辑归结为从商品拜物教到物化再到异化的演变轨迹。

（一）商品拜物教

商品拜物教的概念来自马克思。马克思在《资本论》中分析商品的方方面面，特别注意到商品这一物的外壳是如何用物与物之间的关系隐抑和掩盖了实质上是人与人之间的有机的关系的。马克思指出，"商品形式和它借以

---

①　吉登斯在其早期著作《资本主义与现代社会理论》一书中对马克思、涂尔干和韦伯这三位经典社会大师的著作逐一进行了分析和对比性研究。译者之一的郭忠华在为该书写的译者序《群像与融通：吉登斯现代性思想溯源》中对吉登斯有关三位社会学大师的研究思想进行了总结，得出了马克思有关现代性的考察基点是"资本主义"、涂尔干是"工业主义"、韦伯是"理性化"的结论。在郭忠华的另一篇文章（该文发表于《社会科学报》2008 年 2 月 14 日一期）中，他通过对吉登斯的访谈进一步讨论了他的这一总结。

得到表现的劳动产品的价值关系,是同劳动产品的物理性质以及由此产生的物的关系完全无关的。这只是人们自己的一定的社会关系,但它在人们面前采取了物与物的关系的虚幻形式"①。为了形象地描述这种关系形式,马克思从宗教世界中的"拜物"概念得到启发。马克思指出,在宗教世界的幻境中,"人脑的产物表现为赋有生命的、彼此发生关系并同人发生关系的独立存在的东西。在商品世界里,人手的产物也是这样。我把这叫做拜物教"②。马克思指出,在资本主义的体系中,商品拜物教是一种必然的现象,因为资本主义的生产体系内在地规定了生产就是商品的生产,资本家投入资本用于生产的目的就是为了获取利润,利润又是通过榨取产业工人的劳动和剩余劳动实现的。资本主义社会化大生产将工人生产出的产品以商品的形式拿到市场上去交换,而使这种交换成为可能的是社会必要劳动时间,亦即凝结在商品中的一般人类劳动。在这一过程中,完全不同的劳动的实际差别被抽去了,"它们已被化成它们作为人类劳动力的耗费、作为抽象的人类劳动所具有的共同性质"③。不同的劳动失去了差别,使用价值也被交换价值所掩盖,其结果必然是人的关系被物的关系所取代。因此,商品拜物教现象的根源在于劳动的产品被作为商品来生产。如果不是这样的话,劳动的产品不是作为商品来生产的话,商品拜物教也便不复存在,"一旦我们逃到其他的生产形式中去,商品世界的全部神秘性,在商品生产的基础上笼罩着劳动产品的一切魔法妖术,就立刻消失了"④。

　　为了深入说明,马克思例举分析公有制社会,即"自由人联合体"社会中的生产形式。在这种生产形式中,由于生产资料是公有的,社会总产品中的一部分被重新作为生产资料,剩下部分则作为生活资料为联合体成员消费。在再分配的过程中由于执行的是按劳分配的原则(在更为高级的形态中是按需分配),因此每个人所分到的生活资料是由他自己的劳动时间决定的。"劳动时间的社会的有计划的分配,调节着各种劳动职能同各种需要的适当的比例。另一方面,劳动时间又是计量生产者在共同劳动中个人所占份额的尺度,因而也是计量生产者在共同产品的个人可消费部分中所占份额的尺度。在那里,人们同他们的劳动产品的社会关系,无论在生产上还是在分配上,都

---

　　①② 马克思,恩格斯.马克思恩格斯选集:第 2 卷[M].中共中央马克思恩格斯列宁斯大林著作编译局,译.北京:人民出版社,2012:123.

　　③ 马克思,恩格斯.马克思恩格斯选集:第 2 卷[M].中共中央马克思恩格斯列宁斯大林著作编译局,译.北京:人民出版社,2012:124.

　　④ 马克思,恩格斯.马克思恩格斯选集:第 2 卷[M].中共中央马克思恩格斯列宁斯大林著作编译局,译.北京:人民出版社,2012:126.

是简单明了的。"①因此,"只有当社会生活过程即物质生产过程的形态,作为自由联合的人的产物,处于人的有意识有计划的控制之下的时候,它才会把自己的神秘的纱幕揭掉。"②在马克思看来,商品拜物教现象在人类社会历史中的出现与存在具有暂时性,在将来的由"自由人的联合体"所构成的共产主义社会中,它将因没有赖以生存的土壤而自行消失。

(二)物 化

马克思的"商品拜物教"在匈牙利马克思主义理论家格奥尔格·卢卡奇那里被发展成"物化"(德文 Verdinglichung;英文 reification)。物化的内涵与商品拜物教的内涵大致相同,它主要指物与物之间的关系掩盖了人与人之间的社会关系,亦即人与人之间的社会关系的"物化"。但卢卡奇赋予物化概念更丰富的涵义——人的劳动成为与他自身相对立的东西,人的劳动的对象成为与他自身异己的东西,这些涵义在马克思那里更多地是用后来的"异化"概念来涵括的。

卢卡奇在他那本著名的《历史与阶级意识》中阐明"物化"这一概念。但由于卢卡奇在写作该书的时候还不可能看到马克思后来在《1844 年经济学哲学手稿》中对异化概念的论述,因此其局限性也很明显。卢卡奇本人后来在该书的 1967 年"新版序言"中也进行了厘清。厘清的重点之一就是"对象化"(Vergegenstandlichung)这一概念。在马克思那里,对象化主要具有两个层面的涵义。一层涵义是人在劳动过程中通过把自身的体力和智力作用于生产资料而生产出产品,在这一过程中我们可以说人将自己的劳动对象化进产品。另一层涵义是,在资本主义生产方式下,产业工人的劳动所生产出来的产品并不属于他自身,而是成为与他相对立的一种物、一种异己的存在。同样,在这一过程中,工人自己的劳动力由于生产出与自己相对立的物,因此这种劳动力本身也成为与工人相对立的。但在《历史与阶级意识》中卢卡奇将异化简单地等同于对象化,他在 1967 年"新版序言"中对对象化进行了更为深入的论述:

> 因为对象化这种现象事实上是不可能从人类社会生活中消除的。如果我们记住,在实践中(因此也在劳动中)客观物的任何外化都是一种对象化,每一种人类表达方式包括说话都使人类的思想和情感对象化,那么很清楚,我们这里指的是人与人之间的一种普遍的交往方式。既然如此,对象化就是一种中性现象;真和假、自由与奴役都同样是一种对象

①② 马克思,恩格斯.马克思恩格斯选集:第 2 卷[M].中共中央马克思恩格斯列宁斯大林著作编译局,译.北京:人民出版社,2012:127.

化。只有当社会中的对象化形式使人的本质与其存在相冲突的时候,只有当人的本性由于社会存在受到压抑、扭曲和残害的时候,我们才能谈到一种异化的客观社会关系,并且作为其必然的结果,谈到内在异化的所有主观表现。但《历史与阶级意识》并未认识到这种两重性。这正是它在其基本哲学史观点上出现很大偏差的原因。(顺便提一下,物化 Verdinglichung 现象与异化现象有着紧密联系,但无论在社会中还是在概念上,两者都不尽相同,而在《历史与阶级意识》中,这两个词却是在同一意义上使用的。)①

卢卡奇被誉为天才的马克思主义者,是与葛兰西和卡尔·科尔施等人齐名的西方马克思主义阵营中最重要的代表人物。卢卡奇对资本主义社会条件下的人与人之间的社会关系的"物化"现象的论述对于理解我们今天人类的生存环境仍然具有重要的意义。不可否认的是,在当代社会中,"主体"正在受到"客体"(物)的全面压制,这也是鲍德里亚思想体系中的核心要素。要言之,人正在逐渐沦落为"物"的奴隶,主体正在被客体所打败。进一步的分析会必然将我们的视线引向广告,因为广告是商品文化和消费文化中最为活跃的要素,从本书第四章中的论述来看,广告还与消费主义和消费文化有着极为密切的"选择性亲和关系"(韦伯)。因此,在一个物包围和奴役人的社会中,社会关系的"物化"似乎是不可避免的。

(三)异　化

"异化"是马克思在《1844 年经济学哲学手稿》(以下简称《手稿》)中发展出的一个概念,对于理解我们今天的生活环境十分重要。在马克思看来,资本主义社会是一个"翻转"的社会,因为它把大写的"人"降格为商品的附庸。这当然是由整个社会结构导致的。资本主义工业化大生产的发展要求大量的"自由"劳动者,这些劳动者(就其摆脱封建地主阶级的压榨与剥削以及土地对他们的桎梏而言)的确是自由的,但是这种自由却使他们除了出卖自己的劳动和劳动力外别无其他生路。因此,这种自由从一开始就是不自由的。在资本主义生产方式下,工人向资本家出卖自己的劳动和劳动力以换取必要的生活资料,异化正是在这一条件下产生的。

所谓异化,简言之,就是工人的劳动、这种劳动的产品成为与工人自身相对立的、异己的东西。进一步考察,这种异化关系不仅存在于工人与自己的劳动和劳动力,存在于其与自己生产的产品之间,它还存在于人与人以及人与自

————————

①　卢卡奇.历史与阶级意识:关于马克思主义辩证法的研究[M].杜章智,任立,燕宏远,译.北京:商务印书馆,2009:新版序言 19-20.

己的"类本质"之间。质而言之,异化存在于整个社会关系之中。这便是马克思在《手稿》中为我们阐述的一项重要内容。马克思指出,在异化的社会关系下:

> 工人生产的财富越多,他的产品的力量和数量越大,他就越贫穷。工人创造的商品越多,他就越变成廉价的商品。物的世界的**增值**同人的世界的**贬值**成正比。劳动生产的不仅是商品,它生产作为**商品**的劳动自身和工人,而且是按它一般生产商品的比例生产的。
>
> 这一事实无非是表明:劳动所生产的对象,即劳动的产品,作为一种**异己的存在物**,作为**不依赖于**生产者的**力量**,同劳动相对立。劳动的产品是固定在某个对象中的、物化的劳动,这就是劳动的**对象化**。劳动的现实化就是劳动的对象化。在国民经济学假定的状况中,劳动的这种现实化表现为工人的**非现实化**,对象化表现为**对象的丧失**和**被对象奴役**,占有表现为**异化、外化**。①

马克思对现代社会中异化现象的论述启发了后来的西方马克思主义者,成为他们研究现代社会中商品消费问题的十分重要的理论来源,这其中就包括弗罗姆和列斐伏尔。

1. 弗罗姆

弗罗姆对现代性语境下的消费问题曾有过激烈的批判,他批判的最重要的理论武器就是马克思的异化理论。弗罗姆试图把异化理论与精神分析理论结合起来对现代社会中的"消费异化"现象展开思考。这是因为,在包括弗罗姆在内的许多西方马克思主义者看来,精神分析是经济基础和文化上层建筑之间缺少的"必要环节"。因此之故,弗罗姆对异化的认识也超越马克思主义的范畴而带有浓厚的心理分析的特征。

弗罗姆发展了马克思的"异化"概念,在他看来,所谓的异化指"认识的模式",是人对自身与世界、与他人的关系的认识模式,这种异化的认识模式使人把自己看作陌生者,而非自己行为的发出者和主人;同样,异化的认识模式还使得世界和其他人成为与自己相对立的、异己的存在。这样一来,人的行为及其结果反倒成为人的主人,迫使他必须对自己的行为及其结果"俯首听命,甚至顶礼膜拜"②。弗罗姆进而指出,"一个被异化的人与自己失去联系,正如他与任何其他人失去联系一样。他同别人一样,像物一样地被认识;他

---

① 马克思.1844年经济学哲学手稿[M].中共中央马克思恩格斯列宁斯大林著作编译局,译.北京:人民出版社,2000:51-52.黑体为原文所加.
② 弗罗姆.健全的社会[M].王大庆,许旭虹,李延文,蒋重跃,译.北京:国际文化出版公司,2003:106.

虽然有各种感觉和常识,但是同时却与外部世界失去了有机的联系"①。

弗罗姆还将各式各样的偶像崇拜(如人对上帝的崇拜、对其他人的崇拜、对政治领袖的崇拜,等等)都归入异化的范畴,认为这些崇拜实际上都是人的精神和理智不健全的表现,导致人的精神和理智不健全的根本原因则要到人生活的社会中去寻找。因此,弗罗姆呼吁应该建立一个"健全的社会",因为只有健全的社会才能够孕育出健全的人格和健全的人。显然,现代社会中的消费主义和消费文化不仅不能被弗罗姆眼中的"健全的社会"所接纳,它甚至还要遭到最严厉的鞭挞。因为消费主义和消费文化在弗罗姆看来是不折不扣的异化的文化,它使人被降格为商品的奴仆;它离间了人与人之间本来应该存在着的友爱、关怀、团结和友谊的有机联系;它在物化人与人之间的关系的同时使人成为一具空具物的外壳的"机器人"。

弗罗姆认为,消费行为本来应该是一种具体的人类行为,它应该体现我们的感觉、需求及对美的感受能力,换言之,在消费过程中人应该是有感觉、有情感、有判断能力的人,只有这样,消费行为才是有意义的、人本的、具有创造性的人的体验。可是,在当代的消费文化中,"消费基本上是对人造幻觉的满足,是一种与我们具体的、真实的自我相分离的幻想"②。弗罗姆进而指出:

> 我们的消费方式必然导致一个结果,那就是我们永远不知满足,因为不是一个真实而具体的人在消费一件真实而具体的商品。我们于是产生出越来越多的消费需求。实际上,只要人们的生活水平还处在一种体面的生活水平之下,就有更多的消费需求。同样,随着人们消费水平的提高,有了更多的对上好的食物、艺术品、书籍等的需求,这些都是十分合理的。但是,问题在于我们的消费狂倾向已经与人的真实需求失去了联系。最初,消费更多更好的商品的想法对一个人来说意味着一种更为快乐和满足的生活。消费是达到快乐的手段。但是现在消费却成了自己的目的。不断增长的需求迫使我们去做出更多的努力,这使得我们完全依赖于这些需求,依赖于能够帮助我们满足需求的任何机构。
>
> ……
>
> 现代人,如果他敢于描述一下天堂是什么样子的话,他准会说出这样的一幅画面,天堂看上去像一个世界上最大的商场,摆设着崭新的商品,他有足够的钱随意选购。他张着大嘴在天堂中信步,只要能够有更

---

① 弗罗姆.健全的社会[M].王大庆,许旭虹,李延文,蒋重跃,译.北京:国际文化出版公司,2003:106.

② 弗罗姆.健全的社会[M].王大庆,许旭虹,李延文,蒋重跃,译.北京:国际文化出版公司,2003:116-117.

多新的东西搬回家去,可能他的邻居并不具有他的这种特权。①

弗罗姆尤其批判了广告对造成这种现代社会中的"消费异化"现象所负有的责任。在这方面,他与马尔库塞不谋而合,马尔库塞曾批判广告为现代人制造了大量的"虚假需要"②,广告及由广告支持的"文化工业"将原本是多向度的、有血有肉情感丰富的人塑造成"单向度的"消费"机器"。与此相似,弗罗姆认为现代人消费的其实是由广告营造出来的"假象",他写道:"我们在饮用标签。拿到一瓶可口可乐,我们是在饮用广告上的俊男俏女,我们是在饮用'停下来提提精神'这个广告词,我们是在饮用伟大的美国习惯,我们绝不是在品尝味道。更糟糕的是,我们正在消费一种由广告公司炮制出来的假象,比如'健康'肥皂或治牙病的牙膏。"③

弗罗姆甚至认为,广告和异化消费实际上是现代社会中"人利用人"这种丑陋现象的帮凶。在他看来,在广告和异化消费的背后存在着人对人的操纵,存在着不平等的权力关系,这种操纵和权力关系必然导致人类社会关系中的尔虞我诈和相互倾轧,使得人越来越不自由,越来越不安全,整个社会也越来越不健全。

2. 列斐伏尔

作为 20 世纪法国著名的马克思主义哲学家和社会学家,亨利·列斐伏尔十分多产,他一生总计写有 60 多部专著,发表论文 300 多篇,其中最为人所知的便是他在日常生活批判和社会空间领域所进行的开创性研究。

列斐伏尔对二战后西方发达资本主义社会的批判首先是通过对定义这一社会——即我们如何称谓这一社会——来展开的。二战以后,特别是 60 年代以降,西方发达资本主义社会进入崭新的阶段,这一阶段区别于以往的一

---

① 弗罗姆.健全的社会[M].王大庆,许旭虹,李延文,蒋重跃,译.北京:国际文化出版公司,2003:116,117.

② 马尔库塞在《单向度的人》一书中对真实的需要和虚假的需要进行了区分,他写道:为了特定的社会利益而从外部强加在个人身上的那些需要,使艰辛、侵略、痛苦和非正义永恒化的需要,是"虚假的"需要。满足这种需要或许会使个人感到十分高兴,但如果这样的幸福会妨碍(他自己和旁人)认识整个社会的病态并把握医治弊病的时机这一才能的发展的话,它就不是必须维护和保障的。因而结果是不幸之中的欣慰。现行的大多数需要,诸如休息、娱乐、按广告宣传来处世和消费、爱和恨别人之所爱和所恨,都属于虚假的需要这一范畴之列……只有那些无条件地要求满足的需要,才是生命攸关的需要——即在达到的物质水平上的衣、食、住。对这些需要的满足,是实现包括粗俗需要和高尚需要在内的一切需要的先决条件。马尔库塞.单向度的人[M].刘继,译.上海:上海译文出版社,2008:6.

③ 弗罗姆.健全的社会[M].王大庆,许旭虹,李延文,蒋重跃,译.北京:国际文化出版公司,2003:116.

个主要特点,正如我们在前文中曾一再论述过的那样,便是社会财富的迅速增长推动整个社会的控制重心从生产环节转向消费环节。这样的社会称呼不一,定义满天飞,不同的社会理论家从不同的角度将之称为工业社会(industrial society)、技术社会(technological society)、丰裕社会(affluent society)、闲暇社会(society of leisure)、消费社会(consumer society)……不一而足。但列斐伏尔将这些定义一个个驳倒,认为它们都很片面,是一叶障目不见森林。"所有这些建议的有关于我们的社会的定义都已证明是不可接受的。如何对在我们的讨论中呈现出的区别性特征进行总结和阐述呢?我们提出这一概念:消费受控的官僚社会(Bureaucratic Society of Controlled Consumption)"①。列斐伏尔指出,"消费受控的官僚社会"这一定义可以有效地涵盖二战以后特别是 60 年代以后西方发达资本主义社会的"理性的"(rational)特征以及这种"理性"(rationality)所具有的局限性即官僚化(bureaucratic);同时,这种社会样态的控制重心——消费而不是生产,以及这种控制得以展开的基础——日常生活,也都能用这一定义有效地予以阐明。

从列斐伏尔对"消费受控的官僚社会"概念的阐释中不难看出,他眼中的战后发达资本主义社会具有两个根本特征,一是消费取代生产成为社会控制的重心;二是这种社会控制必然要立足于以对人民大众的日常生活的"官僚化"操控为基础,因为消费的主体不是别的,正是资本主义社会中的一个个看似自由实则受控的消费者。

在提出"消费受控的官僚社会"的概念的基础上,列斐伏尔进一步指出现代社会还是一个"假装"(make-believe)的社会。在列斐伏尔看来,"假装"已经成为人们日常生活中的一部分,它"在我们的日常经验(被迫的和顺应的)中扮演了一个特殊的角色:它必须掩饰主导性的强迫和我们有限的顺应能力,掩饰冲突的痛苦与'真实'问题的严重性,并且,有时它还能强化顺应性或是为经验设定界限"②。事实上,列斐伏尔所谓的"假装"的现代社会只不过是道出现代社会的"文化病态",这种"文化病态"一方面体现在包括消费主义、女性主义、科学主义、理性主义、广告等"次体系"(sub-systems)对我们的日常生活不遗余力的组织和控制,从而实现对大写的人的奴役,另一方面它还表现为生活在这样的社会中的人在各种各样的意识形态的作用下逐渐退化成一只只精神上萎靡不振的"鸵鸟",他们明知自己身陷一个个意识形态陷阱,

　　① LEFEBVRE H.Everyday Life in the Modern World[M].trans.RABINOVITCH,S.London & New York:Continuum,1984:60.

　　② LEFEBVRE H.Everyday Life in the Modern World[M].trans.RABINOVITCH,S.London & New York:Continuum,1984:90.

但却"假装"不知而将日常生活当作自己最后的"避难所"。

在众多的现代意识形态(列斐伏尔也称这些意识形态为"次体系")中,列斐伏尔着重对广告展开批判。列斐伏尔认为,广告者扮演的角色在两个极端之间摇摆:一个极端是它如同魔术师那般制造出一个奇幻的"魔咒"(spells)以使消费者陷入圈套,激发起他们的欲望;另一个极端是它起着谦逊、诚实的产品信息告知者的角色。列斐伏尔认为"毫无疑问真相介于这两极之间"①,他进而认为,广告作为现代世界中的"次体系",实际上是包含了象征、修辞和元语言的商品语言,它是现代社会制造消费欲望和商品形象的基本手段。广告承担着意识形态的所有功能,如遮盖、掩饰、改变现实,生产出各种关系。

列斐伏尔将广告看作"宣传"(publicity),认为其在 19 世纪中发挥的功能很清楚"告知、描述和挑起欲望"②。这种功能在列斐伏尔看来较为初级。进入 20 世纪以后,广告的这种以告知为主的功能有所弱化,另一种更为"高级"的功能开始变得彰明较著,制造"形象"(image)。"在 20 世纪后半叶的欧洲,或至少可以说在法国,没有任何东西,无论是物品、个人抑或社会团体,是在其双面性形象——得到了宣传(advertises)与圣化(sanctifies)——之外被赋予价值的。这种形象不仅复制着物品的物质性及其可感知的存在,而且复制着欲望与快乐;这种欲望与快乐又被伪装成虚幻的东西而存在于一个'假装'的世界中,承诺着'幸福'——作为消费者的幸福。"③

深受结构主义语言学影响的列斐伏尔将包括广告等在内的意识形态描述为各种语言"次体系"。这些语言"次体系"在 20 世纪中叶迅速实现对现代世界中日常生活的殖民,成为控制日常生活的强大力量,将现代社会变成为列斐伏尔所谓的真正意义上的"恐怖主义社会"(terrorist society)。因此之故,列斐伏尔认为马克思提出的"基础"革命已经不再适用于"消费受控的官僚社会"。要完成将"消费受控的官僚社会"中的人民大众从"语言的牢笼"中解放出来,列斐伏尔认为必须冀望于持久的语言革命,即他所谓的"持久的文化革命"(permanent cultural revolution)。

这里,我们不难见出列斐伏尔的思想实际上代表语言学转向,即从马克思关注的"基础"变革转向意识形态(符号)批判。正如张一兵分析的那样,列斐伏尔"实际上指认了当代资本主义社会统治和奴役结构从**物质生产—经济**

---

①　LEFEBVRE H.Everyday Life in the Modern World[M].trans.RABINOVITCH,S.London & New York:Continuum,1984:55.

②　LEFEBVRE H.Everyday Life in the Modern World[M].trans.RABINOVITCH,S.London & New York:Continuum,1984:105.

③　LEFEBVRE H.Everyday Life in the Modern World[M].trans.RABINOVITCH,S.London & New York:Continuum,1984:105. 斜体为原文所加。

域向消费—符码域的转换……他的观点直接影响或促成鲍德里亚的后马克思转向"①。

第四节 广告的未来——一种哲学思考

在研究当代美国社会中"广告崇拜"(Adcult)文化现象的著作的最后,詹姆斯·特威切尔这样写道:

> 我并非在此预测广告崇拜的灭亡即将到来。只要商品是可以互换的而且其数量过剩,只要生产商愿意为短期的利益(尤其是为新产品)支付费用,只要他们有越过零售商而和消费者直接对话的需要,而且只要广告的确能够偶尔穿过媒体的喧嚣而与观众建立联系,广告就将仍然是市场营销的核心工具……一旦有吃有住,我们的需求从来就是文化的,而非自然的。直到某个其他的体制将这些需要和渴望加以分类整理并给予满足之前,广告以及它所承载的文化不仅将继续繁荣发展,而且还将继续取得胜利。②

不难看出,特威切尔对广告的未来发展持乐观态度,尽管这种乐观态度显得有些无奈。在他看来,广告及由广告承载的消费文化契合人性中的拜金主义和享乐主义倾向,因此,只要"丰裕社会"的性质不改变,广告继续高歌猛进便是必然的。

从一定意义上讲,特威切尔的论断有道理,似乎得到迄今为止的广告发展演变实践的检验。特威切尔这一论断的致命缺陷有两。一是从他的论断中我们完全看不到人的主体性所在,换言之,他将人的主体性完全置于可有可无的境地。这是我们不能接受的。人与动物的最大区别就在于人具有理性的认知能力,人能够对自己生存的环境进行识察并在必要的时候调整自身。这是笛卡尔以降现代哲学一直坚持的基本认知。遗憾的是,这一基本认知在自 20 世纪中期以降西方发达国家中出现的后现代主义、后结构主义、后

---

① 张一兵.文本的深度耕犁:西方马克思主义经典文本解读[M].北京:中国人民大学出版社,2004:序言 5.黑体为原文所加。促成鲍德里亚"后马克思主义"(严格地说,应该是后现代主义)转向的知识来源绝不仅限于列斐伏尔的"语言学转向"思想。事实上,罗兰·巴特的文化符号学尤其是符号"神话"理论,以及居伊·德波的"景观社会"理论等都是促成鲍氏这一转变的重要思想来源。

② 特威切尔.美国的广告[M].南京:江苏人民出版社,2006:331.

马克思主义等"后学"思潮中被抛弃了,这些形形色色的"后学"都具有一个共同的特点——全都滑入"语义学民主"的泥沼而不能自拔。"后学"者们(要者有德里达、拉克劳、墨菲、罗蒂)沉迷于拨弄符号、自由漂浮的能指、文本间性、意识形态的终结,等等,对符号与现实,意识与物质基础之间的关系视而不见,将人类的自由与解放事业抛诸于脑后,成为一群"不负责任"(哈维)的"后理论家"。

特威切尔的论断的另一个致命缺陷在于它短视,它从现代广告在美国一百多年的发展历史中得出一条在他看来似乎是具有普遍性的真理。事实上,即使是在这不足一个世纪的历史中,对广告的批评之声、要求改造广告(这一呼声甚至来自于像奥格威这样的广告大师,这极具讽刺意味)的声音也不绝于耳。衣食无忧时的需求从来都是文化,这话固然不错,但我们需要怎样的文化却是一个必须要回答的问题。需要广告为我们带来的消费主义和享乐主义文化呢,还是更加积极向上的理性的文化呢?走笔至此,让我们重温一下英国科学哲学家怀特海的一段警语,他在《科学与近代世界》中这样写道:

> 文明的进展并不完全像是一股奔腾直前日趋佳境的巨流。如果我们用一种相当大的比例尺把它绘制成图,也许会具有上述外观。但这种广泛的看法往往会模糊细节,而我们对这一过程的全部理解却必须着眼于这种细节。假如我们从绵延几万年的全部人类历史来看,新时代的出现往往是相当突然的。默默无闻的民族有时突然在事物的主流中出现;技术上的发现可以改变人类生活的状况;原始的艺术可以很快地开出花朵,以满足某种审美的热情;伟大的宗教在披荆斩棘的时代,可以在各民族人民之间传布天国的安宁和真主的剑。①

怀特海提醒我们看待问题要有长远的眼光,要从整个人类文明发展历史长河的整体来观照,这是因为"假如我们从绵延几万年的全部人类历史来看,新时代的出现往往是相当突然的"。对于广告这一人类文明在现代性时期出现的伴生的社会和文化景观而言,我们尤其需要这种长远的眼光,而不能为它的一时之表象所迷惑,更不能伏倒在它的脚下而成为它的奴隶。现代广告一个世纪以来的飞速发展确实如一股"奔腾直前日趋佳境的巨流",而且在可预见的未来,这股"巨流"会一往无前,所向披靡!但是,在"理性"的人和"理性"的人所具有的主体性面前,它终将要被降服,因为人的理性和主体性都告诉他:任由这股巨流肆意妄为不符合他作为人的根本利益,他作为人的根本利益是自由,是解放:他作为人应该追求的是像"自由人的联合体"那样的"健全的社会"。

---

① 怀特海.科学与近代世界[M].何钦,译.北京:商务印书馆,1959:4.

　　这便又让我们想起马克思和他的思想体系。在马克思看来,任何事物都有发生发展直至灭亡的过程,不管这一过程有多么漫长,这一规律对自然界的事物适用,对人类社会中的事物也同样适用。现代广告是现代性的产物,其从产生至今也不过百余年的时光,即使是现代性,从其萌生之时(如果我们接受吉登斯的观点)至今也只有四个世纪的历程,这在整个人类文明的进程中又能算得了什么呢? 充其量也就是大海中的一朵浪花而已吧! 因此,那些"后理论家"们断言人的主体性已死,意识形态已经终结实在是过于草率而近于目光短浅了。

　　马克思的辩证唯物主义在怀特海那里被发展成"过程哲学"(Process Philosophy),二者虽有差异,但核心思想却是一致的。怀特海的"过程哲学"坚持了现代哲学的先驱笛卡尔的"本体论原则"①。在过程哲学看来,世间的万事万物都被看成一个个"现实实有",这些"现实实有"永无确定的存在,有的只是不断形成的"过程",遵循的是"过程原则",亦即马克思主义意义上的发展的原则。那么,什么是"过程原则"呢? 怀特海解释说,"一个现实实有如何生成便构成该现实实有本身……它的'生成'构成它的'存在',这就是'过程原则'"②。"过程哲学"在怀特海那里也被称为"有机哲学"(philosophy of organism)。按照怀特海自己的解释,有机哲学是关于现实的一种细胞论,"事实的每一个最终单位都是一个细胞复合体,不可能同样完全地分解为现实的构成要素"③。细胞是在不断地生成、发展和变化着的,"事实"("现实实有")也是不断地发展着的,我们所看到的"事实"其实只是它发展过程中的一个瞬间的样态。"事实"的最终样态是不存在的,因为它没有"最终",有的只是发展和过程,换句话说,即使是这种"事实"看上去消亡了,那也只是发展成其他的形式,它还在以其他的样态存在着。所谓的物质不灭,万物皆流,说的正是这个道理。

　　马克思和怀特海的观点看似矛盾——一个说事物都有发生发展直至灭

---

　　① 笛卡尔的"本体论原则"认为任何事物都有其"因",亦即是说,世间并无无中生有的东西,"现实世界中的每个事物都是由某个现实实有所引起的。它或是从过去的一个现实实有传递而来,或者属于这个现实实有的主体性目的,属于该现实实有的合生。这种主体性目的既是本体论原则的一种体现,又是对这一原则的一种限制。"怀特海.过程与实在:宇宙论研究[M].李步楼,译.北京:商务印书馆,2011:374.笛卡尔在《哲学原理》中指出,"因为这个理由,当我们感知到任何属性时,我们便因此而得出结论说,必然存在着该属性所属的某种存在物或实体"。他在《形而上学的沉思》中又说:"因为任何清楚明白感知(perceptio)的毫无疑问是某种事物,因而不能把它的产生归于无……"
　　② 怀特海.过程与实在:宇宙论研究[M].李步楼,译.北京:商务印书馆,2011:39.
　　③ 怀特海.过程与实在:宇宙论研究[M].李步楼,译.北京:商务印书馆,2011:325.

亡的过程,一个却坚持"实有"不灭,万物皆流。其实不然。马克思从辩证唯物主义的观点出发认为事物终究会走向灭亡,但并未说事物"灭亡"后就会"归于无",毋宁说事物"灭亡"后还会以新的形式存在,这种新的形式应该是对其前身的"扬弃"(overcoming)。显然,马克思坚持的也是发展的观点,这一点与怀特海的"万物皆流"①说是一致的。只不过,马克思的发展观是"向好"的发展观,而怀特海却并没有明确说明"万物皆流"会"流"向何方。

不管怎样,事物是发展的,正如古希腊先哲赫拉克利特那句格言所说的那样:人不可能两次踏入同一条河。以此为观照,现代性及其产物之一的现代广告也一定是发展的。事实上,现代广告正是其一步步从原始广告到古代广告再到近代广告以至流变至今天这番模样的,这种流变无疑还会继续下去。又由于人的理性和主体性觉悟已经认识到广告对人的安全与自由的危害,因此,一场新的"改造广告"的运动或迟或早一定会兴起。可以想见,在马克思一个半世纪前预言的未来的以自由人的联合体为基础的共产主义社会中——在这种社会中广告得以产生的前提条件即分工将会消失②——广告作为一种"现实实有"一定有别于我们现在所见到的这个样子。因为,到那时,广告再也不需要操纵人的意识形态了,因为人不再需要"利用人";再也不会成为一种社会控制机制了,因为社会不再需要控制;它也因此不再成为限制

---

① 怀特海的"万物皆流"说继承自古希腊先哲赫拉克利特的思想。赫拉克利特说过这样的格言:人不可能两次踏入同一条河。怀特海在《过程与实在》一书中对此有过解释,他写道:"万物皆流"是人们尚未系统化的、几乎没有什么分析的直觉所产生的最初的模糊概括。它是圣经《旧约·诗篇》中一些最好的希伯来诗歌里的主题;这也是希腊哲学中以赫拉克利特的格言形式出现的最初的一个概括命题;在后期的盎格鲁萨克逊思想中,这一格言又出现在飞过诺森布里国王宴会厅的麻雀的故事中;在文明时期的各个阶段回忆起这个格言都给诗歌增加伤感的气氛。毫无疑问,如果我们要回到那种终极的、没有被似是而非的理论所歪曲的完整经验上,回到作为哲学的最终目标所阐明的这种经验上,那么,事物的流变是我们必须围绕它建构我们的哲学体系的一个终极性概括。

② 马克思认为共产主义社会是一个消灭了分工的社会,是一个人能够得到自由与全面发展的社会。他和恩格斯在《德意志意识形态》中对分工给人造成的压制和异化进行了批判,并为我们描绘了一幅将来的共产主义社会的美好图景:原来,当分工一出现之后,任何人都有自己一定的特殊的活动范围,这个范围是强加于他的,他不能超出这个范围:他是一个猎人、渔夫或牧人,或者是一个批判的批判者,只要他不想失去生活资料,他就始终应该是这样的人。而在共产主义社会里,任何人都没有特殊的活动范围,而是都可以在任何部门内发展,社会调节着整个生产,因而使我有可能随自己的兴趣今天干这事,明天干那事,上午打猎,下午捕鱼,傍晚从事畜牧,晚饭后从事批判,这样就不会使我老是一个猎人、渔夫、牧人或批判者。社会活动的这种固定化,我们本身的产物聚合为一种统治我们、不受我们控制、使我们的愿望不能实现并使我们的打算落空的物质力量,这是迄今为止历史发展的主要因素之一。

人的自由的工具,因为到那时理性化的铁笼已经被打碎,人成为真正意义上的自由的人。只不过,如此的"广告"还是"广告"吗? 谁知道呢,因为:万物皆流!

<h1 style="text-align:center">本章小结</h1>

　　本章反思广告的前世、今生和未来。广告出现在人类社会的发展史中的真正动因是社会分工,因为只有在分工的条件下,交换才会成为经常性、制度性的社会调节机制;特别是在第三次社会大分工中商人阶级的出现更是加快了人类社会中交换的发展,商人阶级是专事交换的群体。交换的发展自然而然地萌发了对广告的需要,无论是古代社会中商人的口头叫卖式广告,敲打响具发出特定响声以招徕顾客的音响广告,店招广告,悬帜广告等,它们都在一定程度上适应了当时社会经济条件下的交换需要,也因此促进了当时的经济和社会发展。

　　当然,对于社会分工我们应持辩证的立场。以亚当·斯密、大卫·李嘉图和约翰·穆勒等为代表的古典政治经济学们认为分工可以增进社会总财富的积累从而有可能惠及各阶层的人民。其中,斯密的观点最具代表性,他认为,"分工之后,各行各业的产出大增,因此可以达到全面富裕的状况,将财富普及到最下层人民。每个工人的产出,除了满足自己的需要之外,还有大量的产品可以自由处理;其他每个人的处境也都一样,因此能以自己的大量产品,交换大量的产品,或者说,交换其他工人的大量产品。自己大量供应别人所需的物品,而别人也同样大量供应自己所需的物品,于是普遍富裕的状况自然而然地扩散至每个社会阶层。"① 至于分工与交换两者之间的关系,古典政治经济学认为交换是"因",分工是"果",分工是人类天性中"以物易物"特性的自然产物。

　　涂尔干继承了古典政治经济学有关分工促进了人类文明发展的观点,认为正是有了分工的推动,人类社会才会不断地由低级形态向高级形态演进和发展。不过,与古典政治经济学不同的是,涂尔干并不认为由交换带来的扩大生产是分工得以产生的原因,恰恰相反,是分工促进了交换并由此扩大了社会的生产。

　　马克思主义政治经济学对分工的考察更多地是从辩证的角度和批判的

---

① 斯密.国富论:I-III 卷[M].谢宗林,李华夏,译.北京:中央编译出版社,2011:9.

视野来进行的。在马克思看来,分工一方面促进了人类社会生产力的发展和人类文明的进步,但另一方面,分工的负面作用同样是明显的,这就是它"缩小"了人而不是"张扬"了人,它将人囿于一隅而不是促进人的全面与自由发展。同时,分工越是发展,科层化、理性化的"铁笼"就越是坚固,其对人和人性的压制就越是深刻,使得人变得越来越不自由。

在现代性的条件下,分工越是发展,交换就越会扩大,现代广告也便越会发展。因此可以说,现代性越是发展,现代广告也便越是发展。事实上,现代广告本身正是现代性的伴生物,它与现代性共进退是必然的。这是现代百年以来人类社会发展史所呈现给我们的基本逻辑之一。然而,正如马克思、涂尔干、韦伯在其著作中所揭示的那样,现代性诚然发展了人类的社会生产力,但它的伴生物如科层化、官僚化、理性化"铁笼"也在不断地加深人类的不自由。就广告而言,它在当代社会中对于人而言越来越成为一种布尔迪厄意义上的"符号暴力"。因此,安全与自由越来越成为后现代社会中人类所面临的一个突出问题。本章也对此进行了初步的思考。

贯穿本书所有章节的一个基本考察背景便是现代性。本书将现代广告置入现代性的历史的、宏观的背景下予以检讨和思考,这是区别于以往各式各样的"广告文化学"研究的一个显著特征。本书有两个基本的观点,其一是认为分工是广告由以产生的真正的也是惟一的社会动因;其二是认为现代广告是现代性的产物。这看似矛盾,其实不然。说分工是广告产生的社会动因是将广告作为"总体"来考察其由以产生的原因,这是带有根本性的一点。说现代广告是现代性的产物,我们考察的对象是广告的现代形态——现代广告。现代广告是大量生产和大量消费的产物,其无论是在表现形态,还是在运作手法抑或是战略策略等诸方面都具有了新的特征,这里面,形象化和符号化是现阶段广告尤为引人关注的一点。

我们如此重视现代性视野对于研究广告的重要性,这便对分析和厘定现代性的逻辑提出了要求。本章从自身的研究主题出发,在马克思主义批评的框架下将现代性的逻辑归结为"从商品拜物教到物化再到异化"的发展演变;并在此基础上讨论了弗罗姆和列斐伏尔这两位在此方面的观点具有启发性和代表性的西方马克思主义学者的理论建树。

本章的最后对广告进行了初步的哲学层面的思考,其实,这种哲学思考也贯穿于本书的始终。对任何一种社会和文化景观的研究如果缺乏了哲学层面的关怀将是不全面的,会丧失"总体性"的视阈从而使我们有可能与现象的"本质"即"真理"失之交臂。关于这一点,黑格尔的观点对于我们是很有启发意义的。黑格尔在《精神现象学》中针对一些人认为哲学关注的无非是一些"形式的、空无内容的知识"的观点提出批评,他指出,"人们完全没认识到,在任何一门知识或科学里按其内容来说可以称之为真理的东西，也只有当它由哲学产生出来的时候，才配得上真理这个名称；人们完全没认识到，其他的科学，它们虽然可以照它们所愿望的那样不要哲学而只靠推理来进行研究，但如果没有哲学，它们在其自身是不能有生命、精神、真理的。"① 而在《法哲学原理》中，黑格尔进一步将哲学阐释为是对"认识的认识"，对"思想的思想"，并形象地将哲学比喻为是密涅瓦的猫头鹰，它只有到了黄昏时分才会起飞。②

可见，要想把握事物的本质，并使这种认识具有真正的"真理性"，哲学思考不可或缺。也正是基于这一认识，本书在对广告的哲学分析中始终坚持总体的、历史的视野，坚持马克思主义批评中的辩证思想。从这一认识出发，本书认为广告与任何其他社会和自然现象一样总是有其发生、发展直至灭亡的历史过程。广告既由分工产生，它也会因分工的退出历史舞台而自行消失；同理，现代广告既是现代性的产物，那么，随着现代性的退出历史舞台，现代广告自然也会随之消失。但"消失"或"灭亡"并不必然是"归于无"的同义语。马克思主义辩证法认为万事万物都是不断地处于发展之中的，所谓的事物总有其发生发展直至灭亡的过程并不是说灭亡了该事物就"归于无"了，而毋宁说它变成了另外一种形态罢了。马克思的这一思想在英国科学哲学家怀特海那里也得到了进一步的发展。怀特海的"过程哲学"继承了古希腊哲学中"万物皆流"的思想，认为任何事物（即他所谓的"现实实有"）既不会凭空产生，亦不会凭空"归于无"，而是不断地从一种形态向下一个形态演进。这样的过程无始无终。

我们认为，这对于广告而言也应该是成立的。在马克思当年预言的未来的共产主义社会中，分工已经不再必要，每个人都可以得到自由和全面的发展，甚至每个人的自由和全面发展还是其他所有人自由和全面发展的前提。在共产主义社会中，商品拜物教、物化和异化也不再存在，人与人之间真实的、有机的社会关系得以重建，弗罗姆意义上的"健全的社会"也会得以建立。在共产主义社会中执行的是各尽所能按需分配的分配制度，因此广告的结构化功能特别是其劝服与诱导以及意识形态功能也不再成为必要，广告对人的"符号暴力"自然也会随之消失。从更加宽广的视角而言，在共产主义社会中，现代性及其伴生物如科层化、官僚化、理性化"铁笼"自然也便不复存在了；这样，失去了现代性这一根源的现代广告自然也会消失。

但正如上文分析的那样，"消失"并不意味着"归于无"，毋宁说，现代广告"消失"只是意味着它演变到了新的形态，正如现代性在"终结"后也会演变成

① 黑格尔.精神现象学：上卷[M].贺麟，王玖兴，译.北京：商务印书馆，1979：52.
② 黑格尔.法哲学原理[M].范扬，张企泰，译.北京：商务印书馆，1961：序言13-14.

其他的更为高级的形态一样。但这种失去了"现代性"支撑的广告还是我们今天所认识的广告吗？对于这个问题，我们不敢妄下结论，因为预测事物的未来发展本身就是一件十分冒险的事情；但我们深信：万物皆流！

第七章　结论

第一节　再为广告正名

　　中国当代广告重开于 1979 年①,这在当时"政治挂帅"的时代背景下殊为不易。而在那之前的整整九年时间中,广告在中国大地上几近绝迹。对于中国当代广告发展进程中出现的这一独特的先"消失"后又"复活"的现象,黄升民曾通过实证分析将其根本原因归结于当时"中国的经济体制"亦即市场使然,而非"政治意识形态批判"所造成。② 抛开这一点不论,在 1979 年中国广告市场重开的初期,有一篇文章对于广告在中国大地上的"复活"产生深远的

----

　　① 中国当代广告市场的起点可追施之新中国建立不久的1952年,当时,经过三年的社会主义过渡期,广告在中国逐步得到恢复。但在其时人们对广告的认识还远未达成思想统一,普遍的看法是"广告不仅仅是一种经济活动,而且也是政治宣传"。1952年9月,中央广播事业局指示华北五省二市人民广播电台所属的广播台,在天津召开经验交流会,"会议总结了建国两年多广告工作经验,确定了下一阶段的工作方针,批评了单纯盈利的思想"。可见,初开时期的中国广告带有浓厚的政治色彩。其后广告在中国的发展可谓命运多舛,特别是"文革"爆发后,整个国家的工作重心偏离经济建设的正确方向,广告赖以存在的"大量生产,大量消费"的前提条件也荡然无存,其命运也就可想而知了。1970年1月19日,《人民日报》在刊载了三条工业广告后,生产资料广告也从报纸版面上消失了,这"意味着'广告市场'的完结"。这一过程整整持续了九年,直到1979年初,随着"四人帮"的倒台和邓小平的复出,特别是中国共产党第十一届三中全会的召开,中央重新确立了经济建设为中心的正确方向,广告市场也因时顺势,逐步得到恢复。

　　② 在《广告的消失和复活》一文中,黄升民曾对此进行过详细的实证分析。他认为,对于1970年初广告市场的消失,我们固然"可以归结于当时的政治运动、媒介政策以及消费意识,然而,结局还是和经济体制有直接的关系。"对于沉寂九年后,中国广告市场复活的原因,黄升民指出"经济体制的改革无疑是重建中国广告市场的'催生婆',企业的各种改革和消费结构变动,为广告产业开辟了宽广的舞台"。

影响。这就是丁允朋发表在1979年1月14日《文汇报》上的文章《为广告正名》，它也被认为是中国当代广告学术研究领域的"开山之作"。

在这篇文章中，丁允朋对社会主义国家是否需要做广告这一问题进行了思考，呼吁"做引进工作，洋为中用，吸取一些国家广告之所长，来发展社会主义的广告"，批驳了广告是"摆噱头""吹牛皮"的说法。丁允朋写道：

> 我们对于资本主义那种不择手段的盈利，当然是不赞成的，但对于工业发达国家的企业用人少，效率高，会做生意这一点，却不但不能反对，反而需要分析、研究，并加以学习。因此，我认为，对资本主义的生意经要一分为二。要善于吸取它有用的部分，广告就是其中之一。我们有必要把广告当作促进内外贸易、改善经营管理的一门学问对待。在经济发达国家里，专业的广告公司林立，许多大专院校都有广告专业。他们的广告设计，往往是建筑在市场周密研究的基础上，对同类产品进行分析比较，然后，结合消费者的心理，有针对性地进行的。广告设计大都文字简洁，画面富于形象化和吸引力，它能指导商品的流向，促进销售。这一点，对于我们社会主义经济来说，也是可以用来促进产品质量提高，指导消费的。
>
> ……
>
> 我们对国外广告也要做引进工作，洋为中用，吸取一些国家广告之所长，来发展社会主义的广告。我们应该运用广告，给人们以知识和方便，沟通和密切群众与产销部门之间的关系。广告也是一种具有广泛群众性的艺术，优秀的广告可以美化人民的城市，令人赏心悦目，使人在愉快的艺术熏陶中，感受到社会主义经济文化的欣欣向荣。
>
> 目前科学技术发达，广告要高效率地发挥其作用，广告牌当然是需要的，但更要借助于报刊和广播、电视。我们的报纸、刊物、广播、电视等，都应该多为我们的新产品、新技术、新工艺、新的服务部门作好广告。我觉得，目前报纸上的电影、戏剧广告虽然有一点，但实在做得太简单了，为什么不能图文并茂呢？另外，为了发展对外贸易，在我们的报刊、广播、电视中有选择地刊登、放映外国广告，这也能扩大群众眼界，对增加外汇收入也是有好处的。①

丁允朋的这篇文章起到为广告"拨乱反正"的作用，它对于广告三十多年的发展都有重要的指引意义。直至今日，每每当我们谈及中国当代广告市场重开那段历史时，都会情不自禁地联想起丁允朋这篇"正名"文章，足见其影

---

① 丁允朋.为广告正名[N].文汇报,1979-1-14(2).

响之深远。从一定意义上说,丁允朋的这篇文章开启了一个时代,一个现代广告在中国大发展的时代。这个时代伴随着中国改革开放、大踏步融入世界经济体系的进程,它是以现代性在当代中国的全面勃发为背景和前提条件的。

现代性自 1840 年代的晚清时期起进入中国,期间几经沉浮、时断时续,直至 20 世纪 80 年代中国坚定地走上改革开放之路时才真正进入决定性的加速发展期。现代性在中国加速发展的成果在进入 21 世纪第二个十年时已经是蔚为大观。截至 2010 年,中国的 GDP 已经超过日本而跃居世界第二;到 2014 年,中国的 GDP 更是突破 60 万亿元人民币,达 636 463 亿元,首次突破 10 万亿美元大关,相当于日本的两倍还多[①],其世界第二的位置愈加牢固,直逼美国的世界第一位置。照此发展速度,有学者预计中国将很快超越美国成为世界第一经济大国。毋庸置疑的是,中国广告的发展与中国经济的总体发展呈正相关,中国经济的大发展与中国广告的大发展同步展开。从表 7.1 可以看到,1979 年中国广告市场重开时,全年的广告经营额只有 1 500 万元,占 GDP 的比重只有 0.004%;到了 2013 年,这一数字飙升到了 5 019.75 亿元,占 GDP 的比重也上升到 0.882%。[②]

现代广告是大量生产、大量消费的产物,而在中国经济现代性加速发展背后起支撑性作用的三个引擎——投资、消费、出口中,消费对广告的依赖尤其明显,即使是投资和出口,广告在其中发挥的作用同样巨大。因此,中国经济的发展离不开消费,消费必然会带动广告的大发展。这在中国当代广告三十多年的发展历程中表现得非常明显。

表 7-1　1979—2013 年中国广告经营状况统计

年份	GDP (亿元)	GDP 增长率 (%)	广告 经营额 (亿元)	广告经营额 增长率 (%)	广告经营额 占 GDP 的比重 (%)
1979	4 062.00	—	0.15	—	0.004
1980	4 545.60	1.91	0.60	400	0.013
1981	4 891.60	7.60	1.18	196.67	0.024
1982	5 323.40	8.83	1.50	27.12	0.028

---

①　凤凰财经.港报:中国跨入"10 万亿美元俱乐部"西方怎么看[EB/OL].(2015-01-25)[2015-01-27]. http://finance.ifeng.com/a/20150125/13456198_0.shtml.

②　数据由国家广告研究院根据国家统计局公布数据和《中国广告年鉴》《中国统计年鉴》的数据整理。中国传媒大学广告学院的刘林清教授为数据的获取提供了重要帮助,特此致谢。

续表

年份	GDP (亿元)	GDP 增长率 (%)	广告 经营额 (亿元)	广告经营额 增长率 (%)	广告经营额 占 GDP 的比重 (%)
1983	5 962.70	12.01	2.34	56.05	0.039
1984	7 208.10	20.89	3.65	56.05	0.051
1985	9 016.00	25.08	6.05	65.69	0.067
1986	10 275.20	13.97	8.45	39.58	0.083
1987	12 058.60	17.36	11.12	31.63	0.092
1988	15 042.80	24.75	14.93	34.26	0.099
1989	16 992.30	12.96	19.99	33.90	0.118
1990	18 667.80	9.86	25.02	25.15	0.135
1991	21 781.50	16.68	35.09	40.26	0.162
1992	26 923.50	23.61	67.87	93.41	0.255
1993	35 333.90	31.24	134.09	97.57	0.388
1994	48 197.90	36.41	200.26	49.35	0.429
1995	60 793.70	26.13	273.27	36.46	0.475
1996	71 176.60	17.08	366.64	34.17	0.515
1997	78 973.00	10.95	461.96	26.00	0.585
1998	84 402.30	6.87	537.83	16.42	0.637
1999	89 677.10	6.25	622.10	15.70	0.694
2000	99 214.60	10.64	712.66	14.32	0.718
2001	109 655.20	10.52	794.89	11.54	0.725
2002	120 332.70	9.74	903.15	13.62	0.751
2003	135 822.80	12.87	1078.68	19.44	0.794
2004	159 878.30	17.71	1465.00	17.23	0.916
2005	183 867.90	15.00	1416.35	12.00	0.770
2006	216 314.40	17.65	1573.01	11.06	0.727
2007	265 810.30	22.88	1740.96	10.68	0.655
2007	265 810.30	22.88	1740.96	10.68	0.655
2009	340 506.90	8.43	2041.03	7.45	0.599
2010	397 983.00	16.88	2340.50	14.67	0.588

续表

年份	GDP （亿元）	GDP 增长率 （%）	广告 经营额 （亿元）	广告经营额 增长率 （%）	广告经营额 占 GDP 的比重 （%）
2011	471 564.00	9.20	3125.60	33.54	0.663
2012	519 322.00	7.80	4698.00	50.31	0.905
2013	568 845.00	9.54	5019.75	6.84	0.882

资料来源：国家广告研究院根据国家统计局公布数据和《中国广告年鉴》《中国统计年鉴》的数据整理。

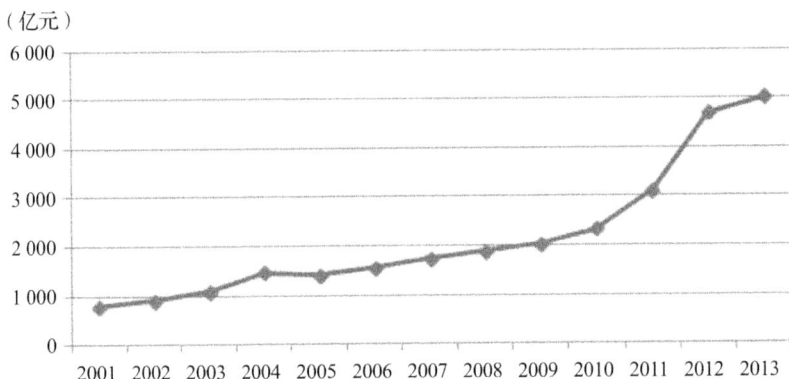

图 7.1　2001—2013 年中国广告经营额走势图

丁允朋为广告正名的成效十分显著，对于他而言，这是一件最有成就感的事了吧！在物质匮乏的时代，人被牢牢地维系于自然、维系于对物质的获取，这是迄今为止的人类大部分历史的主要状态，也是马克思写《资本论》时的状态。理解了这一点，便不难理解为什么马克思认为在生产、分配、交换和消费等环节所组成的生产体系中生产是居于核心地位的，同样也不难理解为什么马克思会认为经济基础始终是居于支配地位的。然而，随着现代科学技术的进步以及这种进步引发的社会生产力的大发展，人类社会的物质财富获得爆炸式的增长。马克思和恩格斯在《共产党宣言》中曾指出，资本主义在其不到一百年的发展历程中创造的生产力总和比过去所有世纪创造的生产力总和还要多。人类社会生产力不因为马克思在 1883 年的逝世而停步不前，相反，正如马克思当年指出的那样，资本主义生产机器一旦启动起来，便不会停止，且只有不断地加速向前发展才会得以生存。这样的发展截至 20 世纪中期，终于创造了一个被后来的许多社会学者称之为"丰裕社会"的社会形态。这是一个不同于以往所有社会形态的社会形态，它的降临也给人类社会带来许多前所未有的问题。

中国有句老话,物以稀为贵,物质财富不再稀缺而变得唾手可得的时候,它也就不再珍贵了,而如何将之卖出去却变成问题。于是,消费,而不是生产,成为当今许多发达社会中面临的头等重要问题,这一问题同样存在于当代中国的一部分发达地区。于是,消费取代生产成为经济控制的核心环节。可是,如何才能促使民众大量消费呢?在传统的营销工具箱中,广告因其有效的促销功能而备受亲睐,销售也是每一个成功的广告人信奉的最高信条。广告大师奥格威曾云:我们的目的是销售,否则便不做广告。这也是奥格威对于什么样的广告才是好广告的基本看法,他在他那本被广告人奉为"圣经"的著作中这样写道:

> 什么是好广告?有三种不同的观点。对什么东西都无所谓的人说,客户认可的广告就是好的。另一种人同意雷蒙·罗必凯的定义:"上乘广告的最好标志是,它不仅能影响群众争购它所宣传的产品,而且它能使群众和广告界都把它作为一件可钦可佩的杰作而长记不忘。"我创作过广告界长记不忘的"可钦可佩的杰作",可是我却属于第三派。我认为广告佳作是不引公众注意它自己就把产品推销掉的作品。好广告要诉求对象的不是"多妙的广告啊!",而是"我从来没有听说过这种产品,我一定要买它来试试。"①

可见,在一个以消费为控制重心的社会经济体系中,广告的发达是必然的。广告为了不辱使命、成功地履行起促进社会大量消费的职能,其本身也在不断地与时俱进、变换花样。根据张金海的研究,广告的功能在 20 世纪经历了四个阶段的发展演变——告知、劝服、诱导、沟通。② 所谓告知功能观就是指广告通过传递商品信息的手段来达到促进销售的目标,这也是广告最基本的一项功能;所谓劝服功能观指广告通过选择性地传递商品信息,并解释其与消费者之间的联系来促进销售;所谓诱导功能观指的是广告通过对消费者施加人文诱惑而达到建立品牌和促进销售的目标;沟通功能观指广告通过与消费者之间建立深度沟通并以此为手段达到建立起消费者的品牌忠诚度,达到促进销售的目标。可以看出,不管这些功能观如何变幻,促进销售、实现大量消费的目标却始终不变。

换个视角来审视现代广告在一个世纪多时间中的发展演变,便会发现其表现形式随着时间的推移越来越呈现出形象化和符号化。这也是从巴特到德波再到鲍德里亚、从威廉森到加利等社会和文化学者为我们揭示的一条清

---

① 奥格威.一个广告人的自白[M].林桦,译.北京:中国物价出版社,2003:103-104.
② 张金海.20 世纪广告传播理论研究[M].武汉:武汉大学出版社,2002:96.

晰的演变脉络。广告形象化和符号化的过程也是广告符号的能指与其所指
相脱离的过程,这些脱离了所指的能指成为一个个自由漂浮于我们生活空间
中的符码,潜移默化地影响和改变着我们的消费习惯,在不知不觉中将我们
结构化进广告为我们设定的轨迹。正如弗罗姆指出的那样,我们消费的其实
不是什么物质产品,而是一个个"标签"(符号),能否拥有这些"标签"(符号)
成为决定现代人幸福与否的关键。①

被广告符号包围的现代人在鲍德里亚的眼中无主体性可言。在鲍氏看
来,在一个消费社会中,现代哲学的宠儿——主体,已经彻底为客体——物及
与之关联的符号所打败。因此之故,鲍德里亚认为马克思主义政治经济学对
物质及其使用价值的批判已经不再适用;在消费社会中,批判的矛头应该指
向符号以及符号的象征交换价值。我们说,鲍德里亚的消费社会和符号批判
理论虽有危言耸听之虞,却也部分反映了当今社会的现实。

诚如特威切尔所言,人类只要吃穿无虞,其需求必然会转向文化。② 不幸
的是,现代人的这种文化需求却在广告及由广告创造出来的消费文化那里获
得满足而不能自拔。在上帝、宗教、家族血亲等传统的社会整合力量不再有
效的时代,广告及由广告创造出来的"广告崇拜"(特威切尔)神话却冠冕堂皇
地填补了这一真空,担当起社会整合的任务。这究竟是人类的大幸,还是人
类的不幸? 无论您对这一问题的答案是什么,都不会影响到我们对广告的下
述基本结论,这一基本结论通过我们之前各个章节的研究已经可以说是昭然
若揭了,这里不妨再重述如下:

(1)广告是当代社会中的一种强大的控制机制;

(2)广告是对社会中既有不平等权力关系的一种维护和固化性力量而不
是相反;

(3)广告加深了人的不自由而不是相反,它在一定程度上为马克斯·韦
伯意义上的理性化"铁笼"加上了一根坚固的钢条。

广告是通过一系列连贯一致的手段分步骤、逐层次实现这一目标的。具
体而言,广告是通过对消费者的意识形态操控、对社会风尚和消费文化的型
塑、对传媒经济的控制等一步步达成这一目标的(图 7.2)。美国学者罗纳
德·柏曼在《广告与社会变迁》(*Advertising and Social Change*)一书中指
出,广告主要通过其对有关消费的各种陈述来影响社会,形塑文化的,这种影
响的目的有二:其一是获取利润(这一点是不言自明的);其二则是加强社会

---

① 弗罗姆.健全的社会[M].王大庆,许旭虹,李延文,蒋重跃,译.北京:国际文化出版
公司,2003:116.

② 特威切尔.美国的广告[M].南京:江苏人民出版社,2006:331.

系统,因为利润正是在这种社会系统中运作出来的。① 在该书中,柏曼在检讨了各种社会控制理论的基础上深入分析广告是如何形塑我们的社会期待和传递我们社会变迁理想的动因,他的一个基本结论就是广告已经成为现代社会的"主要的社会(控制)机制"(major social institution)。

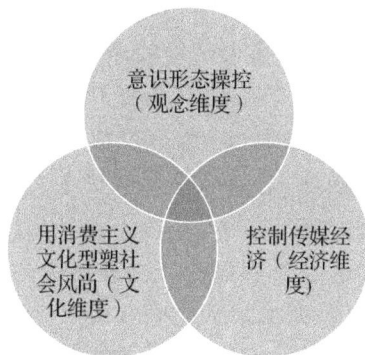

图 7.2　广告成为强大社会控制机制的三个维度

法国媒介学者、哲学家雷吉斯·德布雷则从"媒介域"②的演变脉络中敏锐地发现,随着"书写域"(印刷时代)过渡向"图像域"(电子传播时代),受益的其实是广告,广告让人"产生消费和地位的幻觉"③。但是,在德布雷看来,这种居于主导地位的媒介域的转换丝毫未削弱对人的控制——只不过是换了一种控制的方式。在最早的"逻各斯域"(对应印刷媒介出现之前的漫长的文字媒介时期),社会控制通过宗教实现;在紧随其后的"书写域"时期,社会控制通过国家和政治实现;而在新的"图像域"时期,社会控制主要通过广告与消费实现。正如德布雷所言:"松开了宗教束缚的印刷物又重新打上公民

---

① BERMAN R. Advertising and Social Change[M]. London:Sage,1981.

② "媒介域"(médiasphère)是德布雷在其"媒介学"(法文:médiologie;英文:mediology)中提出的重要概念,指的是特定社会历史时期中的总的媒介生态环境,在这种媒介生态环境中居支配地位的媒介不仅决定社会中的信息分享方式,更是一种权力和社会整合的保证。用德布雷自己的话说即是:媒介域"指的是一个信息和人的传递和运输环境,包括与其相对应的知识加工方法和扩散方法","一个媒介域组织了一个特殊的空间/时间组合,也就是说,它的特点表现为技术上被决定但在社会上和知识上有决定作用的一个速度体制","一个媒介域正是一个整体决定部分的**结构**。"德布雷.普通媒介学教程[M].陈卫星,王杨,译.北京:清华大学出版社,2014:261,272-273,280. 黑体为原文所加。

德布雷在《普通媒介学教程》(2014)一书中按照媒介学的史学观对技术与文化的关系的界定,将人类迄今的文明史划分为三个相继出现的不同的媒介域——逻各斯域(文字)、书写域(活字印刷)、图像域(电子传播)。

③ 德布雷.普通媒介学教程[M].陈卫星,王杨,译.北京:清华大学出版社,2014:424.

的结——以至于随后不久的政治幻想变成读者公民的宗教。松开了政治束缚,电子再收紧经济的束缚——经济幻觉成为图像消费者的新宗教。"①

　　广告既成为一种强大的社会控制机制,它就必然要维护一定的利益与权力关系。广告作为统治阶级(层)的意识形态,它维护的必然是统治阶级(层)的利益及统治阶级相较于被统治阶级(阶层)的权力关系,否则它就无以为继、丧失存在的合法性。正如张金海指出的那样,"广告是商品化社会现行经济制度的产物,出于其功利性的目的,广告必然参与对经济制度的维护和建设上来"②。又由于"商品化是现行经济制度(市场经济)的核心概念",商品化又必然仰赖于大量消费,因此,对商品化及消费主义意识形态的维护必然地成为现代广告的首要目标与任务。

　　其实,岂止仅仅是广告在维护既存社会秩序中的权力关系,整个大众传播系统又何尝不是如此? 拉斯韦尔早就指出,每个社会都会不遗余力地致力于塑造有利于现存权力结构稳定的价值和意识形态,因此,统治精英通常视传播为保持自身权力的有效手段。法兰克福学派的批判思想家们就此认为,西方的大众传播系统其实宣扬的是"社会顺从主义",大众传播媒介的生存需要得到商业体系的支持,"这种支持不仅仅包括广告形式,还包括媒介内容,通常要对社会现存结构表示出认可或宽容的态度。大众媒介'持续地要人们接受社会现状'"③。

　　广告既是现代社会中的强大的社会控制机制,既是对社会中既有不平等的权力关系的维护和固化性力量,它必然加深人的不自由而不是相反。广告加深了现代人与自然、人与社会、人与自己的类本质之间的异化;广告强化了"人利用人"(弗罗姆)的不平等的权力关系;广告使人沦落为物的奴隶,使之成为"单向度的人"(马尔库塞)……总之,广告使我们生活于其中的社会变得更加"不健全"(弗罗姆),使人变得更加不自由。因此之故,为了全面、充分地揭示出广告相较于人的这种权力关系及其运行机制,我们在本书中沿着从本体诠释开始,经由社会分析直至政治经济学分析的研究路径,条分缕析地将广告的这种种控制社会的作用机制揭示出来,并在"广告历史文化研究"一章中对广告的前世今生和未来展开哲学层面上的思考。当然,正如在绪论中指出的那样,本书也存在着一些不足,其中最为突出的一点便是对"受众接受"环节的忽略。这一点,我们只能寄希望于将来的进一步研究。

　　这就是我们要再为广告正名的原因所在。当丁允朋在 1979 年提出要为

---

①　德布雷.普通媒介学教程[M].陈卫星,王杨,译.北京:清华大学出版社,2014:424.
②　张金海.20 世纪广告传播理论研究[M].武汉:武汉大学出版社,2002:100.
③　陈卫星.传播的观念[M].北京:人民出版社,2004:80.

广告正名的时候,他要"正"的是广告具有"积极一面"(尤其是其在发展经济现代性方面的"积极作用")的名;当丁俊杰和黄河在 2007 年提出要为广告"重新正名"的时候,他们批判的是主流媒体长期以来对广告存在着的"强烈的批判倾向",希望社会能"还广告一个公正、客观的生存空间"①,因此他们要"正"的还是广告具有"积极一面"的名。这样的"正名"当然是有其积极意义,对于推动现代广告在中国的发展,加强商品流通和促进交换,推动社会主义市场经济的进步,改善人民群众的生活水平,等等,都大有助益。然而,正如树木的成长需要不断地框正与修剪一样,我们也应经常地对其负面作用与影响保持警醒并采取适当的框正与改造措施。经过三十多年的发展,中国的现代广告事业和广告产业正如在具发源地——西方一样,起许多消极的作用。广告对消费主义和享乐主义的助长,对自然资源的过度消耗以及由此造成的对环境的破坏,对社会风尚的腐蚀,对道德和人性的戕害……所有这些问题都已到了不得不对它进行更为全面的再审视。因此之故,在现代社会向后现代社会、现代性向后现代性、现代主义向后现代主义加快过渡的新的历史语境下,需要再为广告正名。本书将广告、广告背后的权力关系及其运行机制揭露出来,帮助人民大众认识自己的生存状况,在帮助他们提高广告素养,增强他们打破广告结构的主体性,重新唤起他们对自由的渴望,为建设一个弗罗姆意义上的"健全的社会"乃至马克思意义上的"自由人的联合体"那样的共产主义社会输送正能量。能如此,我们再为广告正名的目的也就达到了;能如此,作者也就达到"拯救自己的灵魂"②的目的!

第二节 中国语境下的一些思考

中国近代的现代性进程可追溯至 1840 年,当时,积贫积弱的中国在西方列强坚船利炮的打击之下被迫开放了国门。包括中英《南京条约》等在内的一系列不平等条约的签订加快了中国半封建、半殖民地化的进程,使得拥有五千年辉煌灿烂文明史的"中央之国"威严扫地;老百姓更是民不聊生,生活于水深火热之中。这时,包括林则徐、严复、康有为、梁启超等在内的一大批

---

① 丁俊杰,黄河.为广告重新正名:从主流媒体的广告观开始[J].国际新闻界,2007(9):5-10.

② "我已经拯救了自己的灵魂"的拉丁文是:Dixi et salvavi animam meam,源于《旧约全书·以西结书》,意思是:我已经尽了责任。马克思在《哥达纲领批判》中曾使用过这样的表述。

率先"睁眼看世界"的中国知识分子认识到,只有学习和借鉴西方列强的经济、政治,乃至是文化体系才能救亡图存。要言之,只有引进西方的现代性进程才是中国的唯一前途。于是乎,移译西方学术,借鉴西方的政治体系,学习西方的科学技术成为一时之风尚。然而,这样的现代性进程同时为本土的封建保守势力和西方列强所不容,1898年戊戌变法的失败给现代性在中国的发展以沉重一击,使之遭受了一次重大挫折。

20世纪30年代,中国的民族资本主义在包括上海等沿海城市在内的地区得到了较快的发展,民主政治在当时的国民党治下也较封建主义时期取得些许的进步。正当中国的现代性进程即将勃发的当儿,觊觎中国已久的日本帝国主义悍然发动侵华战争,从而使现代性在中国的发展再次遭受严重挫折。

抗战胜利后,人们本来可以希冀恢复现代性在中国的进程,但是三年内战使本已山河破碎的中国再遭涂炭,使得现代性的进程又被延滞了。1949年新中国成立后,中国大地迎来崭新的时代。经过三年的恢复和调整以及第一个五年计划的实施,中国的经济渐有恢复之势。然而,接下来的"十年浩劫"再次中断了中国的现代性进程,令人扼腕叹息!

1978年,党的十一届三中全会的召开恢复经济建设的国家工作重心。从此,中国的现代性进程才真正驶上快车道,现代性也开始在经济、政治和文化等多个维度全面推进。与此同时,现代广告也加快了在中国的发展步伐。从此,古老而又年轻的中华大地重又焕发了勃勃生机。

中国近现代的现代性进程历经艰险和磨难,走到今天殊为不易。作为现代性进程伴生物的现代广告在中国的发展也曾经历过先"消失"后"复活"的阵痛。正因为此,丁允朋等人在1979年为广告正名的壮举才会引起广告学界和业界乃至社会各界的广泛热议并获得广泛赞同,其影响十分深远。在当时,现代广告在中国就如同一棵幼小的嫩芽,需要社会各界的悉心呵护。

然而,彼一时,此一时。正如许多西方学者已经在多个场合指出的那样,自20世纪60年代起西方一些发达国家即已进入后现代时期。后现代时期当然与后现代性、后现代主义、后现代化等等"后时代"性相联系在一起。这样的时期也是包括后结构主义、后马克思主义等在内的种种"后学"或曰"后理论"密切相关的。质而言之,"后时代"孕育和发展出形形色色的"后学",正是这些"后学"图绘了我们现时代的学术版图。尽管对"后学"的挞伐之声从一开始起就不绝于耳,但不可否认的是,这些"后学"也绝非从天而降、空穴来风,从一定意义上来讲,它们是对"后时代"的社会现状的某种反映。从鲍德里亚的后现代主义到福柯和德里达的后结构主义再到拉克劳和墨菲等人的后马克思主义,谁又能说这些理论全无是处呢?

在全球化的时代,西方的任何风吹草动都会让远在东方的中国有所反映。当后现代主义之风在西方发达资本主义国家中劲吹的时候,中国的后现代主义也开始在一些大城市中悄然出现。与后现代主义在西方首先肇端于建筑领域一样,后现代主义在中国也突出表现在建筑领域。从中央电视台的"大裤衩"(央视新大楼)到苏州的"秋裤楼"("东方之门"大厦);从广州的"小蛮腰"(广州新电视塔)到上海的"靴子楼"(上海 LV 大厦),这些后现代主义气息十足的建筑正在挑战着人们的审美极限。

就本书研究主题而言,与艺术和美学领域的后现代主义相比,我们更加关心后现代社会中的消费问题。前文已经言及,西方发达国家早在 20 世纪下半叶即已进入消费社会。由于众所周知的原因,这样的社会在中国来得则要晚很多;但至迟至 20 世纪 90 年代末,消费社会已经成为中国的一些一线城市中的彰明较著的社会样态。这当然是拜经济现代性在中国的大发展所赐。进入 21 世纪,消费在中国与在许多西方发达国家一样,已经成为社会控制的重心之一,这在中国的沿海发达地区尤为明显。这也促使许多学者开始对消费问题以及与其密切相关的广告问题进行更为深入的思考。绿色消费、健康消费、绿色营销、绿色广告,这些后现代意味甚足的术语都在提醒我们,一个消费性的后现代社会需要什么样的广告和什么样的营销? 进而言之,当代语境下,我们需要怎样的广告和营销理论?

毋庸置疑的是,传统上的大量生产、大量消费,甚至是为了促进消费不惜以"有计划地废弃"为手段的经济规划不仅不适用于中国这样资源、人口、环境越来越紧张的国家,也不再适用于美国和西欧这样的发达国家和地区。君不见发端于 20 世纪六七十年代全球性"反公司主义"运动、环保主义运动、绿色营销主义运动等等事实上已经为传统的营销与广告理论贴上"否定"的标签? 正如娜奥米·柯兰所追问的那样,"为什么跨国公司正越来越处于被攻击的处境,无论是比尔·盖茨脸上被扔蛋糕还是人们对耐克公司的'勾形'标志不断地进行拙劣的戏仿和说事,是什么力量推动越来越多的人开始对全球增长的直接驱动引擎——跨国公司,抱持质疑甚至是直截了当的愤怒态度的呢? 或者说得更为清楚点,是什么唤醒了如此多的人——尤其是年轻人,使他们推动了这场针对跨国公司的愤怒和质疑的呢?"[1]答案就在于:因为这些跨国公司的力量已经发展到足以取代政府的地步,使得当代社会变成了一个"强公司,弱政府"的时代。不幸的是,这些强大的跨国公司只对它们的股东负责,而"我们缺乏促使它们回应更加广泛的公共利益的有效机制"[2]。柯兰对此问题的立场正如她的那本畅销书本名一样鲜明——"否定品牌"(No Logo)。这是因为,否定了品牌这个跨国公司和跨国公司主义的"急先锋",也就

---

① ② KLEIN N. No Logo[M]. New York: Picador, 2009: xli.

事实上否定了跨国公司和跨国公司主义以及以它们为代表的对人的压迫本身。

柯兰对消费社会中品牌化的否定也是对传统广告和营销理论的否定,她的这种反品牌、反广告的立场显然代表相当一部分西方人,特别是思想相对更加活跃、更具革命性倾向的年轻人。我以为,这样的立场代表了一种进步的力量,因为它是对日益增长的跨国公司以及后现代社会中品牌化趋势背后蕴藏着的不平等的权力关系的质疑与否定。毋庸置疑的是,在当代社会中,跨国公司的力量已经渗透进生活中的方方面面,品牌以及品牌的推动性力量广告及由广告制造出来的广告符号对现代人的日常生活的殖民化已经无处不在、无时不在。这种不平等的权力关系以及符号殖民加深了人与人、人与社会以及人与自己的类本质之间的异化,使得现代人从生到死都生活在一张由跨国公司和跨国公司制造出来的广告符号所编织的大网之中而不能自拔。

这样的状态绝不仅仅存在于西方发达资本主义社会中,在中国这样的新兴的全球性经济体中,跨国公司以及由跨国公司制造出来的大量的广告符号对人们日常生活空间的殖民同样存在,甚至有过之而无不及。这在一定程度上验证了詹姆逊(2009)对"单一的现代性"的论断,即现代性的力量作用方向是单一的,绝无社会主义的现代性和资本主义的现代性之分,如果说有,那也只是称谓和程度上的不同罢了。因此,西方国家的现代性进程中表现出来的诸多负面作用值得作为后发国家的中国引以为戒。质而言之,在中国这样的社会主义国家发展现代性如何能够在一方面充分发挥其积极一面的同时又能有效地规避其消极的一面便变得十分重要。现代性如此,现代广告自然也是如此。通过我们前面各章节的研究,我们已经为广告重新正了名,我们对现代广告的结论也已袒露无遗。这一结论绝不仅仅适用于西方发达国家的广告,同样适用于当代中国的广告,正如现代性具有"单一性"一样。

最后,我们愿意再一次引用丹尼尔·贝尔在他那本研究资本主义文化矛盾的巨著末尾的一段话来为本研究作结。贝尔写道:

> 在西方,在经济领域和文化领域中,新教伦理(如今是个神话了)被贪欲战胜,而现代主义在后现代主义和后现代的沼泽中终结。在全球经济的回流中,资本主义被向东推至太平洋,在那里,贪欲(和不平等)的新潮流和新儒教(政治国家主义)的意识形态成为新时代的标记。这些亚洲国家此时自豪地站在历史舞台上,可能是个足够满意的成就。但更深层次的问题仍然存在:对这些"新"文明来说,如果失去了传统和宗教之锚,其经济力量和文化融合留下的是什么,如果它不是资本主义更深层

次矛盾的话?①

　　如果说,类似资本主义那样的文化矛盾②已经随着现代性及其伴生物——现代广告,跨过宽广的太平洋开始在包括中国在内的亚洲范围内落地生根的话,那么,中国的学术界,包括中国的广告学术界,下一步需要努力的方向将是:如何能在一方面充分发挥现代性和现代广告之在发展经济和社会生产力方面的积极作用的同时,有效地规避或弱化其在社会和文化维面的消极作用? 如何才能规避现代性的文化矛盾? 这难道是一项不可能完成的任务抑或汤林森意义上的"文化宿命"(cultural fate)? 我们期待中国学者能够运用自己的"主体性"对其作出回答。因为毕竟,在社会主义中国,我们的最终目标始终都被坚定地指向了马克思和恩格斯在《共产党宣言》中描绘的那样的"每个人的自由发展是一切人的自由发展的条件"的消灭了商品拜物教和异化、消灭了分工和压迫、消灭了"人利用人"之丑陋现象的共产主义社会!

---

① 贝尔.资本主义文化矛盾[M].叶蓓雯,译.南京:江苏人民出版社,2012:364.

② 对贝尔来说,资本主义社会体系绝非是和谐一致的铁板一块,而是被区分成三个相对自立与自制的领域——经济、政治和文化,它们受不同的"轴心原则"所统治。经济领域的轴心原则是"效益",政治领域的轴心原则是"平等"和"参与",文化领域的轴心原则则是"自我实现和自我表达"。这三个轴心原则彼此之间存在着难以消除的牴牾与张力,甚至是"互相对抗的","由此造成的分裂构成了西方社会过去150年来的紧张关系和社会冲突。"亦即是说,这三个领域的分裂以及来自这三个领域所遵循的不同轴心原则之间的冲突构成了资本主义的文化矛盾乃至大而化之的社会矛盾。贝尔尤其对后工业社会中的文化问题保持了足够的警醒,在他看来,如今证明资本主义正当的是消费主义、享乐主义、纵欲主义,奉行的是弗洛伊德意义上的"快乐原则","在当今普遍流行的自由主义风气中,文化意象的模本就是现代主义者的冲动,其意识形态原理是将**冲动探求**作为行为方式。这就是资本主义的文化矛盾。这就是导致现代性之双重羁绊产生的原因。"亦即是说,资本主义文化矛盾实际上表现在了两个维度,一方面,追求享乐主义、纵欲主义以及快乐原则的后现代主义文化与技术经济领域的功能主义的效用原则相牴牾并由此产生持续的张力;另一方面,它也与资产阶级传统文化中的自制、审慎、禁欲、节俭等价值观之间产生了断裂,"正是这种**断裂**导致了所有西方资产阶级社会的**历史文化危机**。这种文化矛盾将作为社会的致命分裂而长期存在。"(前引书,第88页;黑体为笔者所加)我以为,类似贝尔所说的"文化矛盾"在当代中国社会同样存在,只不过程度不同罢了。一方面,经济现代性的加速发展必然要以效益原则为指导,它导向更为细密的社会分工及其伴生物——技术官僚体系,这种体系又必然要追求社会的一体化及对人的有效整合(整合在这里可理解为"压制");另一方面,在文化领域我们也越来越呈现出远离传统的趋势,追求个人表达,注重当下感受……在一个"众声喧哗"的时代,拿什么东西来在文化上有效整合社会的问题已变得愈来愈突出。如果说经济领域的特征可用"整一主义""理性主义"来表示的话,那么文化领域的特征则是"自由主义""感性主义",二者之间的牴牾与张力以及这种牴牾与张力的持续发展构成了当代中国主要的社会与文化矛盾。

参考文献

一、中文部分

[A]

[1]阿尔都塞.意识形态和意识形态国家机器[J].李迅,译.当代电影,1987(3):98-110.

[2]阿尔都塞.保卫马克思[M].顾良,译.北京:商务印书馆,2010.

[3]阿伦斯.当代广告学[M].丁俊杰,程坪,译.北京:人民邮电出版社,2006.

[4]阿诺德.文化与无政府状态[M].韩敏中,译.北京:三联书店,2012.

[5]奥格威.一个广告人的自白[M].林桦,译.北京:中国物价出版社,2003.

[B]

[6]巴拉兹.电影美学[M].何力,译.北京:中国电影出版社,1986.

[7]巴尔特.符号学原理[M].李幼蒸,译.北京:中国人民大学出版社,2008.

[8]波德里亚.消费社会[M].刘成富,全志钢,译.南京:南京大学出版社,2000.

[9]鲍德里亚.生产之镜[M].仰海峰,译.北京:中央编译出版社,2005.

[10]鲍德里亚.象征交换与死亡[M].车槿山,译.南京:译林出版社,2012.

[11]鲍德里亚.符号政治经济学批判[M].夏莹,译.南京:南京大学出版社,2015.

[12]鲍曼.流动的现代性[M].欧阳景根,译.上海:三联书店,2002.

[13]贝尔.意识形态的终结[M].张国清,译.南京:江苏人民出版社,2001.

[14]贝尔.资本主义文化矛盾[M].叶蓓雯,译.南京:江苏人民出版

社,2012.

[15]波德莱尔.波德莱尔美学文选[M].郭宏安,译.北京:人民文学出版社,1987.

[16]博克斯.欧洲风化史:风流世纪[M].侯焕闳,译.辽宁:辽宁教育出版社,2000.

[17]柏拉图.柏拉图全集:第3卷[M].王晓朝,译.北京:人民出版社,2003.

[18]伯杰.视觉艺术鉴赏[M].戴行钺,译.北京:商务印书馆,1994.

[19]波兹曼.娱乐至死:童年的消逝[M].章艳,吴燕莛,译.桂林:广西师范大学出版社,2009.

[20]本雅明.机械复制时代的艺术作品[M].王才勇,译.杭州:浙江摄影出版社,1993.

[21]本雅明.发达资本主义时代的抒情诗人[M].张旭东,魏文生,译.北京:三联书店,2012.

[22]波斯特.信息方式:后结构主义与社会语境[M].范静哗,译.北京:商务印书馆,2000.

[23]波斯特.第二媒介时代[M].范静哗,译.南京:南京大学出版社,2001.

[C]

[24]蔡勇.消费者发现与主体性缺席:现代广告理论及运用史评[M].北京:中国传媒大学出版社,2008.

[25]曹晋.批判的视野:媒介与社会性别研究评述[J].新闻大学,2005(4):12.

[26]曹晋,赵月枝.传播政治经济学英文读本:上下册[M].上海:复旦大学出版社,2007.

[27]陈定家.审美现代性[M].北京:中国社会科学出版社,2011.

[28]陈宏军,江若杰.关于广告的社会学思考[J].贵州商业高等专科学校学报,1994(3):24-27.

[29]陈洁.从上海月份牌解读近代中国社会文化的变迁与发展[D].长沙:湖南师范大学,2011.

[30]陈培爱.中外广告史新编[M].北京:高等教育出版社,2009.

[31]陈书杰.国际广告传播策略及其影响因素分析[J].重庆工商大学学报(社会科学版),2011,28(5):131-135.

[32]陈苏阳.近十年商业电视广告的后现代转向研究[D].成都:西南交通大学,2009.

[33] 陈卫星.传播的观念[M].北京:人民出版社,2004.

[34] 陈卓,吕晖,张冰.广告文化学教程[M].成都:四川大学出版社,2012.

[D]

[35]德波.景观社会[M].王昭风,译.南京:南京大学出版社,2006.

[36]德布雷.普通媒介学教程[M].陈卫星,王杨,译.北京:清华大学出版社,2014.

[37] 丁汉青.广告经济学[M].北京:经济管理出版社,2009.

[38] 丁俊杰,康瑾.现代广告通论:第2版[M].北京:中国传媒大学出版社,2007.

[39] 丁俊杰,黄河.为广告重新正名:从主流媒体的广告观开始[J].国际新闻界,2007(9):5-10.

[40] 丁允朋.为广告正名[N].文汇报,1979-1-14(2).

[41] 杜积西.1978-2008:广告审美意识的流变[D].重庆:西南大学,2012.

[F]

[42]凡勃伦.有闲阶级论[M].蔡受百,译.北京:商务印书馆,1964.

[43]费斯克.理解大众文化[M].王晓珏,宋伟杰,译.北京:中央编译出版社,2006.

[44]福柯.规训与惩罚[M].刘北成,杨远婴,译.北京:三联书店,2003.

[45]福柯.疯癫与文明[M].刘北成,杨远婴,译.北京:三联书店,2003.

[46]弗罗姆.健全的社会[M].王大庆,许旭虹,李延文,蒋重跃,译.北京:国际文化出版公司,2003.

[47]弗洛伊德.精神分析引论[M].高觉敏,译.北京:商务印书馆,1984.

[G]

[48] 高渊,李晓英.后现代广告从"文本文化"向"视觉文化"的转变[J].新闻世界,2010(7):136-137.

[49]葛兰西.狱中札记[M].葆煦,译.北京:人民出版社,1983.

[50]葛兰西.狱中札记[M].曹雷雨,姜丽,张跣,译.北京:社会科学文献出版社,2000.

[51]格里芬.后现代精神[M].王成兵,译.北京:中央编译出版社,2011.

[52] 葛在波.广告工具理性批判:从传播研究范式看广告理论研究[J].现

代广告(学术刊),2014(7):4-12.

[53]葛在波.对广告传播中"二律背反"现象的美学思考[J].美与时代（上）,2014(5):9-13.

[54]葛在波,陈培爱.论广告学的文化研究路径[M]//周宪,陶东风.文化研究(集刊).2015(3):233-248.

[55]郭忠华.现代性、全球化与社会模式的重建[N].社会科学报,2008－02－14(1).

[H]

[56]海德格尔.世界图像时代[M]//孙周兴.海德格尔选集.上海:三联书店,1996.

[57]黑格尔.法哲学原理[M].范扬,张企泰,译.北京:商务印书馆,1961.

[58]黑格尔.精神现象学:上下卷[M].贺麟,王玖兴,译.北京:商务印书馆,1979.

[59]侯风云.政治经济学研究对象、学科地位及相关问题思考[J].经济理论与政策研究.2008(1):136-155.

[60]胡正荣,段鹏,张磊.传播学总论[M].北京:清华大学出版社,2008.

[61]怀特海.科学与近代世界[M].何钦,译.北京:商务印书馆,1959.

[62]怀特海.过程与实在:宇宙论研究[M].李步楼,译.北京:商务印书馆,2011.

[63]黄升民.广告的消失和复活:中国广告市场发展的重要转折[M]//黄升民.黄升民自选集:史与时间.上海:复旦大学出版社,2004.

[64]黄升民,段晶晶.广告策划[M].北京:中国传媒大学出版社,2013.

[65]霍布斯鲍姆.如何改变世界:马克思和马克思主义的传奇[M].吕增奎,译.北京:中央编译出版社,2014.

[66]霍尔.文化研究:两种范式[M].孟登迎,译//陶东风,周宪.文化研究(集刊),2013(1):303-325.

[67]霍克海默,阿道尔诺.启蒙辩证法:哲学断片[M].渠敬东,曹卫东,译.上海:上海人民出版社,2006.

[J]

[68]吉登斯.现代性的后果[M].田禾,译.南京:译林出版社,2011.

[69]吉登斯.资本主义与现代社会理论:对马克思、涂尔干和韦伯著作的分析[M].郭忠华,潘华凌,译.上海:上海译文出版社,2013.

[70]吉布森.文化与权力[M].王加为,译.北京:北京大学出版社,2012.

[71]伽摩利珀.全球传播[M].尹宏毅,译.北京:清华大学出版社,2008.

[72]杰哈利.广告符码:消费社会中的政治经济学和拜物现象[M].马姗姗,译.北京:中国人民大学出版社,2004.

[73]鞠惠冰.形象文化与后现代广告的狂欢[J].电影艺术,2008(6):142-145.

[74]鞠惠冰.广告文化学[M].北京:北京师范大学出版社,2013.

[K]

[75]卡林内斯库.现代性的五副面孔[M].顾爱彬,李瑞华,译.北京:商务印书馆,2002.

[76]卡西尔.人论:人类文化哲学导引[M].甘阳,译.上海:上海译文出版社,2013.

[77]凯尔纳.波德里亚:一个批判性读本[M].陈维振,陈明达,王峰,译.南京:江苏人民出版社,2008.

[78]库恩.科学革命的结构[M],4 版.金吾伦,胡新和,译.北京:北京大学出版社.2012.

[L]

[79]拉尼奥.广告社会学[M].林文,译.北京:商务印书馆,1998.

[80]李建立.现代广告文化学[M].北京:中国传媒大学出版社,2007.

[81]利科.诠释学与人文科学:语言、行为、解释文集[M].J.B.汤普森,英文编译.孔明安,张剑,李西祥,译.北京:中国人民大学出版社,2012.

[82]里斯 A,里斯,L.公关第一,广告第二[M].罗汉,虞琦,译.上海:上海人民出版社,2004.

[83]李思屈.广告符号学[M].成都:四川大学出版社,2004.

[84]李幼蒸.理论符号学导论[M].北京:社会科学文献出版社,1999.

[85]李宗诚.广告文化学[M].郑州:郑州大学出版社,2008.

[86]刘泓.广告社会学[M].武汉:武汉大学出版社,2006.

[87]刘泓.广告美学[M].北京:中央广播电视大学出版社,2011.

[88]刘家林.新编中外广告通史[M].广州:暨南大学出版社,2000.

[89]卢卡奇.历史与阶级意识:关于马克思主义辩证法的研究[M].杜章智,任立,燕宏远,译.北京:商务印书馆,2009.

[90]路易斯,皮茨.乔治·路易斯大创意[M].何辉,译.北京:中国人民大学出版社,2008.

[91]罗钢,刘象愚.文化研究读本[M].北京:中国社会科学出版社,2000.

[92] 罗钢,王忠忱.消费文化读本[M].北京:中国社会科学出版社,2003.

[93] 洛文塔尔.文学、通俗文化和社会[M].甘锋,译.北京:中国人民大学出版社,2012.

[94] 罗志超.美国高校广告教育发展研究[J].广告大观(理论版),2014(8):26-39.

[M]

[95] 马尔库塞.单向度的人[M].刘继,译.上海:上海译文出版社,2008.

[96] 马尔库塞.爱欲与文明[M].黄勇,薛民,译.上海:上海译文出版社,2012.

[97] 马克思.1844年经济学哲学手稿[M].中共中央马克思恩格斯列宁斯大林著作编译局,译.北京:人民出版社,2000.

[98] 马克思主义理论研究和建设工程广告学概论编写课题组.广告学概论编写提纲[2014年12月][M].内部资料,未公开.

[99] 马克思,恩格斯.德意志意识形态:节选本[M].中共中央马克思恩格斯列宁斯大林著作编译局,译.北京:人民出版社,2003.

[100] 马克思,恩格斯.马克思恩格斯选集:第1卷[M].中共中央马克思恩格斯列宁斯大林著作编译局,译.北京:人民出版社,2012.

[101] 马克思,恩格斯.马克思恩格斯选集:第2卷[M].中共中央马克思恩格斯列宁斯大林著作编译局,译.北京:人民出版社,2012.

[102] 马克思,恩格斯.马克思恩格斯选集:第3卷[M].中共中央马克思恩格斯列宁斯大林著作编译局,译.北京:人民出版社,2012.

[103] 迈耶.麦迪逊大道:不可思议的美国广告业和广告人[M].刘会梁,译.海口:海南出版社,1999.

[104] 米尔佐夫.视觉文化导论[M].倪伟,译.南京:江苏人民出版社,2006.

[105] 米利特.性政治[M].宋文伟,译.南京:江苏人民出版社,2000.

[106] 莫斯可.传播政治经济学[M].胡春阳,黄红宇,姚建华,译.上海:上海译文出版社,2013.

[O]

[107] 欧阳康.现代广告:表达与创意[M].北京:中国社会出版社,1996.

[P]

[108] 帕森斯.社会行动的结构[M].张明德,夏遇南,彭刚,译.南京:译林

出版社,2008.

[109] 逄锦聚,洪银兴,林岗,等.政治经济学[M].北京:高等教育出版社,2014.

[110] 彭吉象.艺术学概论[M].北京:北京大学出版社,2006.

[111] 彭吉象.影视美学[M].北京:北京大学出版社,2009.

[S]

[112] 塞德曼.后现代转向[M]. 吴世雄,陈维振,王峰,等译.沈阳:辽宁教育出版社,2001.

[113] 赛佛林,坦卡德.传播理论:起源、方法与应用:第 5 版[M].郭镇之,等译.北京:中国传媒大学出版社,2006.

[114] 舒尔茨,马丁,布朗.广告运动策略新论:上下册[M].刘毅志,译.北京:中国友谊出版社,1991.

[115] 斯道雷.文化理论与大众文化导论:第 5 版[M].常江,译.北京:北京大学出版社,2010.

[116] 司马迁.史记·吕不韦列传第二十五[M].北京:中华书局,2013.

[117] 斯密.道德情操论[M].陈出新,陈艳飞,译.北京:人民文学出版社,2011.

[118] 斯密.国富论:I—III 卷 [M].谢宗林,李华夏,译.北京:中央编译出版社,2011.

[119] 斯密.国富论:IV－V 卷[M].谢宗林,译.北京:中央编译出版社,2011.

[120] 斯沃茨.文化与权力:布尔迪厄的社会学[M].陶东风,译.上海:上海译文出版社,2012.

[121] 宋严萍.试论 19 世纪法国中间阶层的兴起及其社会影响[J].徐州师范大学学报:哲学社会科学版,1999,25(4):100-103.

[122] 宋玉书,王纯菲.广告文化学[M].长沙:中南大学出版社,2004.

[123] 苏国勋.理性化及其限制[M].上海:上海人民出版社,1988.

[124] 孙守安.广告文化学[M].沈阳:东北大学出版社,2008.

[125] 索绪尔.普通语言学教程[M].刘丽,译.北京:中国社会科学出版社,2009.

[T]

[126] 汤林森.文化帝国主义[M].冯建三,译.上海:上海人民出版社,1999.

[127] 陶东风,和磊.文化研究[M].桂林:广西师范大学出版社,2006.

[128] 陶东风,周宪.文化研究:第 14 辑[M].北京:社会科学文献出版社,2013.

[129] 陶东风.文化研究读本[M].南京:南京大学出版社,2013.

[130] 特威切尔.美国的广告[M].南京:江苏人民出版社,2006.

[131] 涂尔干.社会分工论[M].渠东,译.北京:三联书店,2013.

[W]

[132] 瓦蒂莫.现代性的终结[M].李建盛,译.北京:商务印书馆,2013.

[133] 王建平.中产阶级:概念的界定及其边界[J].学术论坛,2005(1):146-150.

[134] 王瑾.品牌新中国:广告、媒介与商业文化[M].何朝阳,韦琳,译.北京:北京大学出版社,2012.

[135] 王一川.大众文化导论[M].北京:高等教育出版社,2009.

[136] 王治河,樊美筠.第二次启蒙[M].北京:北京大学出版社,2011.

[137] 韦伯.经济与社会:第 2 卷[M].阎克文,译.上海:上海人民出版社,2010.

[138] 韦伯.新教伦理与资本主义精神[M].斯蒂芬·卡尔伯格,英译.苏国勋,覃方明,赵立玮,秦明瑞,译.北京:社会科学文献出版社,2010.

[139] 威廉斯.关键词:文化与社会的词汇[M].刘建基,译.北京:三联书店,2005.

[140] 吴琼.视觉文化的奇观[M].北京:中国人民大学出版社,2005.

[141] 吴琼,杜予.形象的修辞:广告与当代社会理论[M].北京:中国人民大学出版社,2005.

[142] 吴易风.论政治经济学或经济学的研究对象[J].中国社会科学,1997(2):53-66.

[X]

[143] 席勒.审美教育书简[M].张玉能,译.南京:译林出版社,2012.

[144] 西沃卡.肥皂剧、性和香烟:美国广告 200 年经典范例[M].周向民,田力男,译.北京:光明日报出版社,1999.

[145] 西美尔.时尚的哲学[M].费勇,吴燕,译.北京:文化艺术出版社,2001.

[146] 西美尔.金钱、性别、现代生活风格[M].顾仁明,译.上海:华东师范大学出版社,2010.

[147] 萧俊明.从结构主义到后结构主义:一种文化思考[J].国外社会科学,2001(5):18-26.

[148]许茨.社会理论研究[M].霍桂桓,译.杭州:浙江大学出版社,2011.

[Y]

[149]亚里士多德.形而上学[M].吴寿彭,译.北京:商务印书馆,1959.

[150] 杨河.马克思主义的意识形态理论与实践[J].北京大学学报(哲学社会科学版).2008,45(2):41-56.

[151] 叶朗.美学原理[M].北京:北京大学出版社,2009.

[152]伊尼斯.帝国与传播[M].何道宽,译.北京:中国人民大学出版社,2003.

[153]伊尼斯.传播的偏向[M].何道宽,译.北京:中国人民大学出版社,2003.

[Z]

[154]杰姆逊.后现代主义与文化理论[M].唐小兵,译.北京:北京大学出版社,1997.

[155]詹姆逊.单一的现代性[M].王逢振,王丽亚,译.北京:中国人民大学出版社,2009.

[156]詹明信.晚期资本主义的文化逻辑[M].陈清侨,严锋,等译.北京:三联书店出版社,2013.

[157] 张殿元.广告视觉文化批判[M].上海:复旦大学出版社,2007.

[158] 张殿元.失衡的权力:国际广告的政治经济学批判[J].中国地质大学学报(社会科学版),2009,9(1):105-110.

[159] 张金海.20 世纪广告传播理论研究[M].武汉:武汉大学出版社,2002.

[160] 张明新,余明阳.我国公益广告探究[J].当代传播,2004(1):68-70.

[161] 张品良.后现代广告艺术风格的特征[J].美与时代,2005(1):36-38.

[162] 张一兵.文本的深度耕犁:西方马克思主义经典文本解读[M].北京:中国人民大学出版社,2004.

[163] 张一兵.文本的深度耕犁:后马克思思潮哲学文本解读[M].北京:中国人民大学出版社,2008.

[164] 张一兵.符号政治经济学的"革命":鲍德里亚"符号政治经济学批判"解读[J].现代哲学,2009(4):26—34.

[165] 赵月枝.传播与社会:政治经济与文化分析[M].北京:中国传媒大

学出版社,2011.

　　[166] 赵稀方.后殖民理论[M].北京:北京大学出版社,2009.

　　[167] 郑杭生.社会学概论新修[M].北京:中国人民大学出版社,2009.

　　[168] 周宪.审美现代性批判[M].北京:商务印书馆,2005.

　　[169] 周宪.视觉文化的转向[M].北京:北京大学出版社,2008.

　　[170] 朱光潜.西方美学史[M].北京:人民文学出版社,1979.

二、英文部分

　　[171] ALTHUSSER L. Ideology and Ideological State Apparatuses: Notes towards an Investigation[M]//ALTHUSSER L.Lenin and Philosophy and Other Essays. New York:Monthly Review Press,1971.

　　[172] BAEHR P. The"Iron Cage"and the'Shell as Hard as Steel':Parsons,Weber,and the Stahlhartes Gehäuse Metaphor in the Protestant Ethic and the Spirit of Capitalism[J]. History and Theory,2001,40(2):153-169.

　　[173] BAUDRILLARD J. For a Critique of the Political Economy of the Sign[M]. New York:Telos Press,1981.

　　[174] BAUDRILLARD J. Symbolic Exchange and Death[M].trans.Iain Hamilton Grant. London & Thousand Oaks:Sage,1993.

　　[175] BAUDRILLARD J. The Consumer Society:Myths and Structures[M].trans.Chris Turner. London & Thousand Oaks:Sage,1998.

　　[176] BAUMAN Z. Liquid Modernity[M].London:Polity Press,2000.

　　[177] BERMAN R. Advertising and Social Change[M]. London:Sage,1981.

　　[178] BOURDIEU P. The Forms of Capital[M]//RICHARDSON J.(ed.) Handbook of Theory and Research for the Sociology of Education, New York:Greenwood,1986:241-258.

　　[179]BUTLER J. Gender Trouble:Feminism and the Subversion of Identity. New York:Routledge,1990.

　　[180] CAREY J.W. Communication as Culture[M].Rev.ed. New York & London:Routledge,2008:29.

　　[181] DE BEAUVOIR S. The Second Sex[M].trans.BORDE C,MALOVANY−CHEVALLIER S. New York:Vintage Books,2011.

　　[182] BOURDIEU P. Distinction:A Social Critique of the Judgment of Taste[M]. London:Routledge,1984.

[183] DE CERTEAU M.The Practice of Everyday Life[M].trans.REN-
DALL S.Berkeley & Los Angeles,CA:University of California Press,1984.

[184] CURRAN J. Capitalism and Control of the Press[M]//CAO J,
ZHAO Y Z.The Political Economy of Communication:A Reader. Shanghai:
Fudan University Press,2007:296-321.

[185] DE MARLY D.Working Dress:A History of Occupational Clothing
[M]. London:Batsforf,1986.

[186] GIDDENS A. Studies in Social and Political Theory [M].
London:Hutchinson,1977.

[187] GIDDENS A. The Constitution of Society:Outline of a Theory of
Structuration[M]. Berkeley,CA:University of California Press,1984.

[188] GIDDENS A. The Consequences of Modernity[M]. Stanford:
Stanford University Press,1990.

[189] HABERMAS J. Modernity versus Postmodernity[J]. tans. BEN—
HABIB S. New German Critique[Special Issue on Modernism],1981(22):
3-14.

[190] HALL S. Cultural Studies:Two Paradigms[M]// Media,Culture
and Society,January 1980 2:57-72.

[191] HALL S. The Rediscovery of'Ideology':Return of the Repressed
in Media Studies[M]//GUREVITCH M,BENNETT T,CURRAN J,et al.
(eds).Culture,Society and the Media. London:Methuen,1982:56-90.

[192] HARVEY D. The Condition of Postmodernity[M]. Oxford:
Blackwell,1990.

[193] HOBSBAWM E. Karl Marx's Contribution to Historiography
[M]//BLACKBURN R.(ed),Ideology in the Social Sciences. New York:
Vintage,1973.

[194] HOBSBAWM E. How to Change the World:Tales of Marx and
Marxism[M]. London:Abacus,2012.

[195] JAKOBSON R. Poetry of Grammar and Grammar of Poetry
[M]//JAKOBSON R.Selected Writings,Vol.3 of 7.The Hague:Mouton,1981.

[196] JOHNSON R. What Is Cultural Studies Anyway? [J]. Social
Text,1987(16):38-80.

[197] KLEIN N. No Logo[M]. New York:Picador,2009.

[198] LAZARSFELD P. Remarks on Administrative and Critical Com-
munications Research[J]. Studies in Philosophy and Social Science,1941(9):

2-16.

[199] LEFEBVRE H (1979). Space:Social Product and Use Value [M]//FREIBERG J W. Critical Sociology:European International Perspectives. New York:Irvington,1979:285-296.

[200] LEFEBVRE H. Everyday Life in the Modern World[M].trans. RABINOVITCH S. London & New York:Continuum,1984.

[201] MASLOW A.H. A Theory of Human Motivation[M]//Psychological Review,1943(50):370-396.

[202] MCCHESNEY R W. The Political Economy of Communication and the Future of the Field[M]//CAO J,ZHAO Y Z. The Political Economy of Communication:A Reader,Vol.1 of 2. Shanghai:Fudan University Press, 2007:271.

[203] MOSCO V.The Political Economy of Communication:Rethinking and Renewal. London:Sage,1996.

[204] MOSCO V. The Political Economy of Communication[M]. London & Thousand Oaks,CA:Sage,2009.

[205] OMNICOMGROUP. Omnicom Group Reports Third Quarter and Year－To－Date 2014 Results[EB/OL].[2014-10-23].http://s2.q4cdn. com/400719266/files/doc_financials/quarterly/130583253178776032.pdf.

[206] OMNICOMGROUP. Third Quarter 2014 Results ｜ Investor Presentation[EB/OL].[2014-10-23].http://s2.q4cdn.com/400719266/files/ doc_financials/quarterly/130583662677406570.pdf.

[207] PAREKH R,PATEL K. Not the "Big Four" Holding Firms in Adland Anymore:Now It's the Big Five[EB/OL].[2014-12-14]. http:// adage.com/article/agency－news/big－holding－firms－adland－anymore－ big/236001.

[208] POTTER D.M. People of Plenty:Economic Abundance and the American Character[M]. Chicago:University Of Chicago Press,1958.

[209] SAID E W. Orientalism[M]. New York:Vintage Books,1978.

[210] SCHILLER H (1991). Not Yet the Postimperialist Era[M]// CAO J, ZHAO Y Z. The Political Economy of Communication:A Reader. Vol.1 of 2. Shanghai:Fudan University Press,2007:249-263.

[211] SCHILLER H. Information Inequality:The Deepening Social Crisis in America[M]. New York:Routledge,1996.

[212] SCHUMPETER J. Capitalism,Socialism and Democracy[M].

New York:Harper and Brothers,1942.

[213] SMYTHE D W. Communications:Blindspot of Western Marxism [M]//CAO J,ZHAO Y Z. The Political Economy of Communication: A Reader.Vol.1 of 2. Shanghai:Fudan University Press,2007:38-58.

[214] WANG J. Brand New China:Advertising,Media,and Commercial Culture[M]. Cambridge,MA:Harvard University Press,2008.

[215] WELLS W.D.,MORIARTY S. and BURNETT J. Advertising: Principles and Practice[M]. NJ:Prentice Hall,2005.

[216] WILLIAMS R. Advertising:The Magic System[M]//Problems in Materialism and Culture. London:Verso,1980:170-195.

[217] WILLIAMSON J. Decoding Advertisements: Ideology and Meaning in Advertising[M]. London:Marion Boyars,2010.

[218] URBAN W M. Language and Reality: The Philosophy of Language and the Principles of Symbolism[M]. London & New York:Routledge,2002.

后 记

　　这项研究是我为了获得中国传媒大学的博士学位而开展的。作为广告学博士,我对于广告的发现体现在本研究的各章节中,在本研究的结论中得到进一步的阐明。申明这些结论是知识分子的责任,是知识分子对于社会,对于人类的总体福祉所应有的担当。这一点,马克思、葛兰西、法兰克福学派的社会批判理论家们,以及萨特、布尔迪尔、斯迈思、席勒等公共知识分子早已为我们树立了典范。

　　广告学的研究对象,简单地说就是广告,但要讲究研究方法。正如我们已经知道的那样,传统的广告理论研究的主体担纲者是广告大师,说的宽泛一点是广告人。广告人无疑代表广告主的利益,关注销售。可以想见,由广告人担纲的 20 世纪以来的广告研究的成果一定是技术操作型的,是功能主义、实用主义的。这也符合现代性近百年来的发展旨趣。

　　现代性是人类社会历史中的前所未有的革命,今天全部生活便利,尤其是经济和技术领域的便利,都仰赖于现代性的惠赐。现代广告本身也是现代性大发展的产物。因此,将现代广告置入现代性的宏观的、历史的学术语境下进行考察才能切中肯綮。现代性的特征是科层化、理性化、世俗化、官僚制化、现代民族国家的建立、殖民主义和后殖民主义、东方主义和文化帝国主义,等等。然而,进入 20 世纪下半叶,西方发达资本主义社会率先进入后现代社会,后现代性进入西方学者们的研究视野。与现代社会中的现代性和现代主义相似,后现代社会中一定也存在着后现代性和后现代主义的文化意识形态。这样的文化意识形态是什么,这是十分复杂的问题,我们也只能从自己的研究视角去分析,去提炼。

　　后现代社会亦称后工业社会、丰裕社会、消费社会……言外之意是当代社会是物质上极大丰富的社会,是以消费为控制重心的社会。只要涉及消费,广告便不可避免地进入我们的视野。现代广告正是大量生产大量消费的产物,广告是促成消费社会形成的主要动因。不管谁是因谁是果,广告与消费二者之间的"选择性亲和"关系毋庸置疑。

特威切尔说得好,"人一旦衣食无虞,其需求从来都是文化的";中国古人亦云"仓廪实而知礼节,衣食足而知荣辱",古人如此,现代人亦复如此。在上帝、宗教、家族和血缘等传统社会整合力量被边缘化的时代,广告堂而皇之地承担起了社会整合的责任。广告为现代人营建起巨大的社会"结构",我们无一例外地都生活于这个"结构"中。不幸的是,这个由广告建立起来的"结构"是对人的主体性的否定,是对人的类本质的否定,是对人与人之间那种有机的、亲密的关系的否定,是对人和人类的自由和终极幸福的否定。西美尔在论及货币问题时深刻地指出"货币只是手段,绝非目的",现代人的悲哀就在于不得不生活在一个手段不断否定目的,手段不断地对目的进行殖民的现实世界之中。同理,广告也仅仅是手段而已,这种手段的等级只会在货币之下;但正是这种较次的手段却正在大肆地对我们的生活空间进行殖民,对我们的终极幸福进行否定。手段顶多也只能算是桥,"而人是无法栖居于桥上的"(西美尔)。

在现代向后现代,现代性向后现代性、现代主义向后现代主义加快过渡的当代语境下,揭示广告的本质,揭示广告背后的权力关系及其运行机制已经刻不容缓。这就需要广告研究应该少一些功利主义取向,多一些批判取向。本书研究正是在这样的背景之下展开的。

批判性地研究广告有两个可行的路径选择,一是法兰克福学派的社会批判路径,一是起源于英国伯明翰的文化研究路径,这两条路径,自 20 世纪 70 年代以降,随着文化研究的结构主义转向和"葛兰西转向"的出现,逐渐地在马克思主义批评的宏旨下实现汇流。因此,融二者于一体便成为可行的选择,融汇的过程中以谁为主却是需要认真考虑的问题。本研究从研究对象出发选择以文化研究的框架融汇法兰克福社会与文化批判路径,这主要基于两点考虑:其一是广告的文化属性在当代语境下愈发彰明较著。众所周知,广告既是经济现象,也是社会现象,更是文化现象。在经济文化化、文化经济化的当代语境之下,文化的重要性愈益凸显。文化现象与社会现象的界线亦越来越模糊,在消费社会中,一切几乎都与文化扯上关系。其二,文化研究自诞生以来一直倡导跨学科、超学科甚至是反学科的研究方法,这切合本研究的旨趣。

当然,这里的研究还只是尝试,一如文章的题目所标明的那样,只是"导论"性的;对广告进行文化式的反思还有待于更多的学者,尤其是广告学者,积极地加入进来。

在后现代之风劲吹的时代,人们越来越关注文化,也越来越需要文化,人类社会已进入"文化至上"的时代。人们关注文化是因为文化对于社会的整合作用从未像今天这般重要。这是"上帝已死"的时代,这是一个"娱乐至死"的时代,这是一边文化泛滥另一边却文化匮乏的时代……总之,现代人更加需要文化,且更加需要"健康文化"。广告及由广告极力营造出来的消费文化无论如何都难以堪称"健康文化"——其实质,正如本研究揭示的那样,是"反自由"的,是"异化"的,满载了"资本主义文化矛盾"……因此,它需要改造!

对于广告的研究,对于文化式地研究与改造广告,我们还有很长的路要走。

感谢厦门大学出版社同意出版本研究的成果。厦门大学是中国广告教育的摇篮,厦门大学出版社出版的广告学书目为国内的广告学人提供了源源不断的精神食粮,其对于中国广告教育和广告研究的贡献功莫大焉! 感谢责任编辑王鹭鹏的辛勤付出,其对编辑工作的严谨、认真和耐心让人叹服。

特别要感谢我的硕士导师陈培爱教授的帮助与资助。陈老师对本研究的指点与帮助已无需多言——他是我学术生涯的引路人。这里特别要感谢他对本书出版的资助。由于我博士毕业刚参加工作不久,学校给的科研启动经费又不足以支付出版本著的费用,陈老师便从自己的科研经费中拨付一部分用于资助本研究的出版。陈老师对学生的这种关怀和慷慨相助已令我无以言表自己的感激之情! 我也深知,唯有不断地在学术道路上精进再精进才能报答老师为学生所做的一切!

感谢我的母校中国传媒大学! 在母校的三年读博时光是美好

而充实的。感谢我的博士导师刘立宾教授！感谢中国传媒大学所有教过我或在学术上有惠于我的老师。其中，广告学院的许多老师都曾给予过我以学术上的启迪与帮助。黄升民教授、丁俊杰教授、初广志教授、何辉教授、刘林清教授、张宏教授、赵子忠教授、冯丙奇副教授、杜国清老师、邵华冬老师，等等，他们都曾在不同场合给予过我以不同程度的启迪与帮助。尤其要感谢丁俊杰教授在开题和中期考试中给予我的指点。感谢陈卫星教授、荆学民教授、胡智锋教授、张晶教授、施旭升教授、张鸿声教授，他们都对我有授业之恩。

感谢刘国基教授、黄京华教授、张海潮老师、徐永清老师在答辩过程中给予我的指点。

特别要感谢我的爱妻陈荣女士。三年来是她默默的支持和无私的奉献才让我能够顺利完成博士学业！没有她，我的"博士梦"根本无从谈起。感谢我们的宝贝儿子葛鹏程，三年来你与老爸一同学习、一起成长，并且还能时不时地鼓励和"鞭策"我一番，让人无比地感动！

感谢我的"2012广告博"的全体小伙伴们——李亚林、梁建飞、王凌峰、钟书平、孙梦诗、刘庆振、高山、巴丹、张晓丽、杨燎原、王婉婉、朴俊丽、俄秦钰！有了你们的陪伴我的三年读博生活并不孤独。三年来我们朝夕相处，互帮互助，情同手足，如同一个和睦甜美的大家庭。在这个大家庭中我们还按照年龄大小排出了"座次"，由于年长之故你们都称我为"老大"，这让我倍感责任之重。我想，这个大家庭也将是我们终身的大家庭！小伙伴们，加油！尤其要感谢俄秦钰博士在美国帮我购买并寄回了研究用图书资料。感谢"老班长"刘庆振博士为我提供了一个清静、清凉的研究环境。感谢王凯山博士、叶彤博士等同窗好友们的三年陪伴。

感谢中国传媒大学图书馆的每一位老师和其他工作人员，特别是信息咨询部的南玉霞老师、时蔚老师、张秀坤老师，我为你们的出色工作点赞！感谢曾通过"馆际互借"系统和"原文传递"系统惠借我以图书资料的国家图书馆、上海图书馆、清华大学图书馆、北京大学图书馆、中国人民大学图书馆、北京师范大学图书馆、北京工商大学图书馆、北京第二外国语学院图书馆、国际关系学院图书馆、中国青年政治学院图书馆、中国政法大学图书馆、北京联合大学图书馆、首都师范大学图书馆、北京航空航天大学图书馆、北京交通大学图书馆等。

感谢所有为此著的付梓作出贡献的人。

少作付梓，本是件令人高兴的事，但我却心怀忐忑，诚惶诚恐。作为一部以批判为宏旨的广告研究著作，它能否受到读者的关注，又能在学界产生多大的反响，实难预料。此其一。其二，限于精力和学识水平，相信书中仍存不少缺点与不足，这些，都有待各路方家的批评与指正。

葛在波
2018 年 4 月 18 日于湛江